야살의 책 2

야살의 책 2

초판 1쇄 발행 | 2016년 9월 27일
초판 14쇄 발행 | 2025년 11월 4일

옮긴이 | 이상준
펴낸이 | 이상준
펴낸곳 | 이스트윈드
등록 | 제 2014-000067호
주소 | 서울시 서초구 서초대로54길 39 지하
홈페이지 | 버드나무 아래 birdnamoo.com

값 12,000원

ISBN 979-11-954252-8-0
ISBN 979-11-954252-1-1 (세트)

잘못된 책은 바꾸어 드립니다.
이 책의 전부 또는 일부를 다시 사용하려면 저작권자의 동의를 받아야 합니다.

야살의 책 2

버드나무말씀연구회 이상준 역

Eastwind
이스트윈드

차례

서문 7
영문판 서문 15
히브리어판 서문 21
41장 요셉의 꿈 31
42장 요셉이 노예로 팔림 37
43장 요셉의 형들이 슬퍼함 46
44장 요셉이 보디발에게 팔림 53
45장 야곱의 아들들의 가족 65
46장 요셉이 두 관원장의 꿈을 해석함 70
47장 야곱과 에서의 화해 73
48장 요셉이 바로의 꿈을 해석함 78
49장 요셉이 총리가 됨 86
50장 이집트 사람들이 기근에 대비함 92
51장 야곱의 아들들이 이집트로 감 97
52장 야곱의 편지 105
53장 요셉이 베냐민을 만남 112
54장 요셉이 형들에게 자기를 드러냄 117
55장 이스라엘 사람들이 이집트에 정착함 132
56장 야곱의 죽음 137
57장 야곱의 아들들과 에서 자손의 전쟁 146
58장 야곱의 아들들과 에서 자손의 전쟁 152
59장 요셉의 죽음 157
60장 앙게아스와 투누스의 전쟁 160
61장 깃딤 왕 스보 165
62장 야곱의 아들들이 죽음 170
63장 아프리카와 깃딤의 전쟁 175
64장 깃딤과 이집트의 전쟁 180

65장 이스라엘 자손의 고된 노동 186
66장 바로가 이스라엘 남자 아이들을 죽이려고 함 191
67장 이스라엘의 남자 아이들이 강에 던져짐 195
68장 모세가 태어남 203
69장 이스라엘 자손의 노역이 무거워짐 207
70장 모세가 바로의 왕관을 빼앗음 209
71장 모세가 이집트 사람을 죽임 215
72장 모세가 구스로 도망함 217
73장 구스 왕 모세 222
74장 깃딤과 아프리카의 전쟁 227
75장 에브라임 자손이 이집트를 떠남 230
76장 모세가 미디안으로 감 233
77장 하나님의 지팡이 239
78장 모세의 가족 244
79장 하나님이 모세를 바로에게 보내심 246
80장 이집트에 내린 재앙 253
81장 이스라엘 자손이 이집트를 떠남 260
82장 시내 산에서 율법을 받음 267
83장 가나안 정탐 271
84장 광야에서의 40년 276
85장 모압 자손이 이스라엘 자손을 유혹함 280
86장 이스라엘 자손이 미디안을 물리침 287
87장 모세의 죽음 289
88장 이스라엘이 요단을 건넘 291
89장 가나안 정복 298
90장 가나안 땅의 분배 304
91장 장로들의 다스림 310

서문

야살의 책은 성경이 언급하는 고대 역사서 가운데 하나로 여호수아서와 사무엘서에 언급된다. 여호수아서에서 하나님은 여호수아의 군대가 아모리 사람들을 모두 물리칠 때까지 태양을 멈추셨다. 여호수아서의 저자는 이것이 야살의 책에 기록되어 있다고 말한다. 이것은 야살의 책이 여호수아서가 기록되기 전에 이미 있었다는 것을 의미한다.

> 여호수아가 여호와께 아뢰어 이스라엘의 목전에서 이르되
> 태양아 너는 기브온 위에 머무르라
> 달아 너도 아얄론 골짜기에서 그리할지어다 하매
> 태양이 머물고 달이 멈추기를
> 백성이 그 대적에게 원수를 갚기까지 하였느니라
> **야살의 책에** 태양이 중천에 머물러서 거의 종일토록
> 속히 내려가지 아니하였다고 **기록되지 아니하였느냐**
> 여호수아 10:12-13

야살의 책은 이 일을 다음과 같이 기록하고 있다.

여호수아가 온 백성들의 눈 앞에서 말하기를
태양아 너는 기브온 위에 머무르라
달아 너는 아얄론 골짜기에 머무르라
너희는 이 민족이 그 대적들에게 원수를 갚을 때까지 그리하라 하였다.
주께서 여호수아의 목소리를 들으셔서
태양이 하늘들의 가운데에 서른여섯 때 동안 멈추었고
달도 멈추어 온종일 속히 내려가지 않았다.
야살의 책 88:63-64

사무엘서는 다윗이 사울과 그의 아들 요나단의 죽음을 애도할 때 야살의 책을 언급한다.

다윗이 이 슬픈 노래로 사울과 그의 아들 요나단을 조상하고
명령하여 그것을 유다 족속에게 가르치라 하였으니
곧 **활 노래**라 **야살의 책에 기록되었으되**
사무엘하 1:17-18

개역개정 성경은 다윗이 유다 족속에게 가르치라고 한 것을 '활 노래'라고 번역했지만 히브리어 성경에는 오직 '활'을 의미하는 '카셰트(קשת)'라는 단어만 기록되어 있다. 히브리어 성경의 이 부분은 직역하면 '유다 자손에게 활을 가르치라고 말했다'가 된다. 킹제임스 성경은 이것을 '활 다루는 법'이라고 번역했다.

다윗이 이 애가로 사울과 그의 아들 요나단을 위해 애곡하고
(또 그들에게 명하여 **활 다루는 법**을 유다 자손에게 가르치게

하였으니, 보라, 그것이 야살의 책에 기록되어 있느니라)
사무엘하 1:17-18 킹제임스 성경

다윗이 유다 자손에게 가르치라고 한 것은 '활 노래'가 아니라 '활 다루는 법'이라고 해석하는 것이 더 정확하다. 그 이유는 사울이 죽게 된 결정적인 원인이 그가 활에 맞아 중상을 입었기 때문이다.

사울이 패전하매 활 쏘는 자가 따라잡으니
사울이 그 활 쏘는 자에게 중상을 입은지라
사무엘상 31:3

또한 다윗은 사울과 요나단을 위한 애가에서 요나단의 활을 찬양한다.

죽은 자의 피에서, 용사의 기름에서 **요나단의 활이** 뒤로 물러가지
아니하였으며 사울의 칼이 헛되이 돌아오지 아니하였도다
사무엘하 1:22

그리고 바벨론 포로기 이후에 유대인들이 히브리어 성경의 의미를 어떻게 해석했는지를 알려주는 아람어로 기록된 탈굼 성경은 사무엘하 1장 18절을 다음과 같이 해석했다.

그가 말하기를 유다 자손에게 **활 당기는 법**을 가르치라 하였다 …
사무엘하 1장 18절 탈굼 요나단

서문 9

그러므로 야살의 책에 기록된 것은 사울과 요나단을 애도한 '활 노래'가 아니라 '유다 자손에게 활 다루는 법을 가르치라'는 내용이다. 이것은 야살의 책에 야곱이 죽기 전에 열두 아들에게 예언하는 장면에 기록되어 있다. 야곱의 열두 아들에 대한 예언은 성경의 창세기 49장에 기록되어 있지만 유다에게 활을 가르치게 하라는 내용은 없다. 그러나 야살의 책은 다음과 같이 기록했다.

> 야곱이 유다에게 말했다. …
> 다만 네 아들들에게 **활과 모든 종류의 전쟁 무기들을 가르쳐**
> 그들이 **자기 대적들을 다스릴 그들의 형제**의 전쟁에서 싸우게 하라.
> 야살의 책 56:8-9

여기서 '자기 대적들을 다스릴 그들의 형제'는 궁극적으로 유다 자손 중에서 원수들을 다스릴 예수님을 예언하는 것이다.

> 여호와께서 내 주에게 말씀하시기를 내가 **네 원수들로**
> **네 발판이 되게 하기까지** 너는 내 오른쪽에 앉아 있으라 하셨도다
> 여호와께서 시온에서부터 주의 권능의 규를 내보내시리니
> **주는 원수들 중에서 다스리소서**
> 시편 110:1-2

또한 이것은 구약에서 예수님을 예표하는 대표적 인물인 다윗을 예언하는 것이다. 다윗은 그의 말년에 하나님이 그의 모든 원수를 굴복시키신 것을 노래하며 하나님이 전쟁을 위하여 그를 가르치셔서 활을 당기게 되었다고 말한다.

> 내가 **내 원수를 뒤쫓아 멸하였사오며**
> 그들을 무찌르기 전에는 돌이키지 아니하였나이다
> 내가 **그들을 무찔러 전멸시켰더니**
> 그들이 **내 발 아래에 엎드러지고** 능히 일어나지 못하였나이다
> 사무엘하 22:38-39

다윗의 원수들이 그의 발 아래에 엎드러진 것은 시편 110편에 원수들이 예수님의 발판이 되어 그분의 발 아래에 있는 것과 연결된다.

> 내 손을 가르쳐 싸우게 하시니 **내 팔이 놋 활을 당기도다**
> 사무엘하 22:35

하나님이 다윗의 손을 가르쳐 전쟁하게 하셔서 그가 활을 당기게 되었다는 것은 곧 하나님이 전쟁을 위하여 다윗에게 활 쏘는 법을 가르치셨다는 것이다. 이처럼 다윗은 전쟁에서 활을 중요하게 생각했고 사울이 적의 활에 맞아 치명상을 입어 죽었을 때 야곱이 유다 자손에게 활을 가르치라고 한 예언을 다시 강조하여 말한 것이다. 성경과 야살의 책을 함께 연구하면 이렇게 성경에 나오지 않는 숨은 연결고리를 발견하는 유익이 있다.

신약에는 야살의 책이 직접 언급되지는 않지만 신약의 저자들이 야살의 책을 참고했음을 알 수 있는 구절이 있다. 바울은 디모데후서에 모세에게 대항한 두 마술사의 이름을 기록했다.

> **얀네와 얌브레**가 모세를 대적한 것 같이 그들도 진리를 대적하니
> 디모데후서 3:8

바울은 출애굽기 7장 8-13절을 말하고 있지만 구약 성경 어디에도 이 마술사들의 이름은 나오지 않는다. 바울과 다른 사도들은 성경 이외의 다른 자료들을 참고하고 인용했다. 그 자료 중 하나로 야살의 책이 포함될 수 있다. 이 책은 이 사건을 다음과 같이 기록했다.

> 그들이 떠나자 바로는 마술사 발람과 그의 아들
> **얀네와 얌브레**와 왕에게 속한 모든 마술사들과 모사들을 불러
> 그들이 모두 와서 왕 앞에 앉았다.
> … 아론이 급히 그의 손에 있던 지팡이를
> 바로와 그의 신하들 앞에 던지자 그 지팡이가 뱀이 되었다.
> 야살의 책 79:27, 36

랍비들이 야살의 책을 연구 자료로 활용했다는 증거도 있다. 세데르 올람(Seder Olam)은 히브리어 역사서로 기원후 169년경에 기록되었다. 이 책에 랍비 엘리에셀(Rabbi Eliezer)이 그의 연대기를 기록할 때 야살의 책을 사용했다는 내용이 여러 번 나온다. 이 책은 또한 그가 계산한 날짜와 절기가 가장 정확했는데 그것이 그가 야살의 책을 최고의 자료로 사용했기 때문이라고 말한다. 이것은 야살의 책이 기원후 2세기에 이미 사용되고 있었고 잘 알려진 책이었다는 것을 말해준다.

야살의 책이 발견된 역사는 다음과 같이 전해진다. 랍비 전승에 의하면 야살의 책과 다른 고대의 비성경적 히브리어 문서들은 기원후 70년 예루살렘이 함락된 후에 예루살렘에서 스페인으로 옮겨졌다. 티투스의 장교 중 한 사람인 시드루스는 히브리인의 하나님을 믿는 사람이었다. 그는 여러 성문서들을 안전하게 보관하기 위하여 그 문서들을 예루살렘에서 스페인의 세비야로 옮겼고 세파르디 랍비들이 그 문

서들을 안전하게 보관했다. 그리고 1613년에 이탈리아 베니스에서 최초로 야살의 책의 공식적인 히브리어판이 출판되었다. 야살의 책 히브리어판을 처음으로 영어로 번역하는 일은 1840년에 완료되었다. 현재 남아있는 가장 오래된 야살의 책은 1625년 베니스에서 히브리어로 인쇄된 것이다.

야살의 책은 최소한 두 개의 위작이 있었다. 하나는 중세 시대의 윤리적인 논문인데 현재 영어로 된 것은 존재하지 않는다. 그 책은 창조의 신비에 대한 부분으로 시작하는 데 그 내용이 다소 영지주의적이다. 또 다른 위작은 1829년에 출판된 것으로 플라쿠스 알비누스 알퀴누스(Flaccus Albinus Alcuinus)가 번역한 것으로 추정된다. 이 두 책은 이 책의 가치에는 미치지 못하며 성경에 두 번 나오는 야살의 책에 대한 내용을 찾을 수 없다.

이 책이 고대에 기록된 야살의 책이라는 직접적인 증거는 없다. 하지만 이 책은 성경이 야살의 책에 대하여 말하는 내용을 담고 있는 유일한 책이다. 또한 이 책은 많은 히브리어의 관용적 표현으로 기록되었다. 히브리어 학자인 사무엘 H. 터너(Samuel H. Turner) 교수는 1840년에 처음 영문판이 출판되었을 때 이 책이 히브리어로 기록된 원서의 내용과 어려운 히브리적 관용구들을 잘 표현하고 있다고 인정했다. 이것은 이 책이 히브리인에 의하여 히브리어로 기록되었으며 많은 히브리적 개념을 담고 있다는 것을 의미한다.

야살의 책은 창세기부터 사사기 1장까지의 이야기를 다루고 있으며 성경에 짧게 나오거나 성경에는 나오지 않는 사건들 사이의 이야기들을 기록했다. 특히 창세기의 내용은 성경보다 약 두 배 정도 더 많은 정보를 담고 있다. 또한 이 책은 한글이나 영어 성경으로는 알 수 없는 성경 원문의 히브리적 개념을 설명하고 있다.

예를 들면 성경은 야곱이 '조용한 사람'이고 '장막에 거주한다'고 말한다(창 25:27). 이 두 가지 표현은 성경의 히브리적 개념을 말하는 것이지만 번역된 성경으로는 그 뜻을 알 수 없다. 여기서 '조용한'은 히브리어로 '톰'인데 '흠이 없는, 완전한'이라는 뜻으로 '하나님의 말씀을 듣고 행하여 하나님이 보시기에 흠이 없고 완전한 자'를 의미한다(창 17:1, 욥 1:1). 또한 '장막에 거한다'는 것은 '장막 안에서 그의 부모나 조부모로부터 하나님의 말씀을 배운다'는 것을 의미한다. 하나님은 이스라엘 백성에게 부모가 집에서 자녀들에게 하나님의 말씀을 가르치도록 명령하셨기 때문이다(신 6:7). 야살의 책은 이 히브리적 개념을 정확하게 설명하고 있다.

야곱은 온전하고 지혜로운 자로 장막 안에 거하며 양 떼를 먹이고 주의 교훈과 그의 아버지와 어머니의 명령을 배웠다
야살의 책 26:17

이 외에도 이 책은 우리가 성경에서 읽지 못하고 놓치고 있는 중요한 히브리적 개념들을 담고 있다. 그러므로 말씀에 관심이 있는 사람이라면 이 책 안에서 하나님께서 성경을 통하여 이스라엘 백성과 우리에게 가르쳐 주시려는 중요한 가르침들을 발굴해 낼 수 있을 것이다.

이 책은 누구든지 말씀을 알고자 하는 사람들에게 참고 자료로 추천할 만한 훌륭한 책이다. 이 책을 통해서 많은 사람들이 성경의 이야기들을 읽는 기쁨과 말씀 속에 감추어져 있는 하나님의 놀라운 가르침에 대한 깨달음을 얻기를 바란다.

영문판 서문

미국 국민에게 야살의 책 번역본을 내놓을 수 있게 되어 기쁘다. 이 책은 여호수아와 사무엘하에서 언급되었다. 나는 영국에 있는 원작의 소유권자 및 번역가와 수년 간의 협상 끝에 이것을 얻을 수 있었다.

구약에 이름이 등장하는 많은 책이 있는데 그것들은 이제 분실되었거나 유대에서 일어난 많은 혁명 가운데 사라진 것으로 분류되고 있다. 이 책들은 유대 정경에 포함되지 않았으며 탁월한 저자들에게서 나온 것으로 여겨지는 것 중에 사라진 것이 있는지 의문이 제기되고 있다. 왜냐하면 사람들이 성경에서 열거하는 책들을 열심히 찾아보았으나 찾을 수 없게 되자 그 제목들이 다른 책들이나 같은 작품의 다른 버전에 적용되었다고 결론을 내렸기 때문이다.

이를테면, 언약서(출 24:7)는 전능하신 하나님이 모세에게 주신 법과 명령을 모은 것이다. 그래서 이것을 또한 율법책(신 30:9)이라고 부르기도 했을 것이다. 여호와의 전쟁기(민 21:14)는 발견되지 않았으며 모든 곳에서 사라진 책 중 하나라고 말한다. 라이트풋 박사는 그의 역대기 저서에서 이것이 모세가 하나님의 명령(출 17:14)으로 모세 자신이 기록한 책을 말하는 것이라고 했다. 그러나 우리는 사사기가 여호와의 전쟁기로 언급되는 책이라고 생각한다. 왜냐하면 우리가 그 책에서 히브리인들의 업적을 자세히 볼 수 있기 때문이다.

우리는 역대기와 열왕기에 이름이 나오는 많은 책을 볼 수 있는데 그 책들은 발견되지 않았다. 다윗 왕의 행적은 선견자 사무엘의 책과 선지자 나단의 책과 선견자 갓의 책에 기록되었다(대상 29:29). 솔로몬의 행적은 선지자 나단의 책과 실로 사람 아히야의 책에 기록되었다(대하 9:29). 르호보암의 행적은 선지자 스마야의 책에 기록되었다(대하 12:15). 여호사밧의 행적은 예후의 책에 기록되었다(대하 20:34). 유다와 이스라엘 왕들의 역대기, 지혜로운 왕이 쓴 3,005개의 노래와 동식물에 대한 글들은 사라졌다. 므낫세의 행적도 마찬가지이다. 에스라가 발견하지 못한 이 작품들은 구약에 삽입될 수 없었으며 결과적으로 하나님의 영감에 의하여 기록된 것으로 여겨질 수 없었다. 그럼에도 불구하고 그 이상이 요구되는 것으로 여겨져 에스라의 시대에 하나님의 영감으로 여겨지는 것들 외에는 다른 책이 없었다.

성 오스틴은 이렇게 말했다. "성서의 저자들은 어떤 것들은 역사적 지식과 근면함을 가진 사람인 그들 자신으로서 기록했고, 다른 것들은 하나님에게서 온 영감으로 선지자로서 기록했다." 그래서 우리는 역사가와 선지자로서 그들이 수고한 것에 대한 분류를 가지고 있다. 고대 유대인들의 태만과 그들의 한 나라에서 다른 나라로 계속되는 이주로 많은 거룩한 문서들이 분실되었다. 신명기는 오랫동안 사라졌었다. 많은 책이 정경에 의하여 거부되었는데 그것들은 여전히 호기심의 대상이고 오래되어 유서가 깊은 것들이다. 므낫세 왕의 기도, 벨과 용, 에스드라의 두 책, 마카비서, 에녹서는 최근에 발견되어 에티오피아어로 된 것을 번역했다.

여호수아와 사무엘하에 언급되는 야살의 책은 오랫동안 큰 호기심의 대상이었다. 일부 히브리어 저자들은 이것이 야셔림(Jasherim), 즉 의인들이라고 불렸던 아브라함과 이삭과 야곱과 다른 족장들의 삶과 행적이라고 강하게 주장했다. 라이트풋 박사(Dr. Lightfoot)는 이것이 여호와의 전쟁기(민 21:14)라고 생각했고 독자들도 이 책이 이야기하고 있는 다양한 전쟁들을 읽고 그렇게 생각했다. 그로티우스(Grotius)는 이것을 승리의 시라고 불렀다. 요세푸스(Josephus)는 이렇게 말했다. "이 책은 목적을 가지고 어떤 안전한 곳에 확실한 기록들을 보관한 것으로 이해해야 하고, 해마다 히브리인들 가운데 어떤 일이 일어났는지를 설명하고 있으며, 역사적 기록의 정확성으로 인하여 야샬, 또는 정직함이라고 불렸다."

이 잃어버린 책을 발견하는 것에 대한 호기심과 열망이 있어서 이 책의 이름으로 된 위조 작품들이 때때로 나타났다고 알려졌다. 혼 목사(Rev. Mr. Horne)는 그의 성서 연구 개요에서 야샬의 책의 다양한 위조 작품들의 역사를 수집하기 위하여 애썼다고 한다. 그 가운데 가장 주목할 만한 것은 일리빅(Illive)이라는 사람이 1750년 영국에서 출판한 것으로 그는 이것이 페르시아에서 앨퀸(Alcuin)이 발견한 히브리어 작품을 번역한 것이라고 주장했다. 이 책은 1829년에 브리스톨에서 다시 출판되었으며 나는 그 책 한 권을 갖고 있다. 그것은 형편없는 위조 작으로 63페이지로 되어 있고 상세한 주석이 있으며 야샬을 사사 중 한 사람으로 기록했지만 야샬을 정직한 자 또는 정확한 기록으로 번역했다.

혼 박사는 같은 작품에서 야샬의 책에 대한 참고 사항을 말했는데 이것이 랍비 히브리어로 기록되었으며 예루살렘이 티투스 장군에게 점령되었을 때 그곳에서 발견되어 베니스에서 1613년에 인쇄된 것으로 전해진다고 했다. 이제 이 책이 처음으로 영어로 번역된 것이다.

예루살렘이 파괴되기 오래전에 유대인들은 스페인과 이탈리아의 다양한 지역에 정착했다. 역사가들의 주장에 따르면 그들은 역사의 초기에 지브롤터 만에서 무역을 했다. 바나쥐(Basnage)는 스페인에 있는 마을인 사군토에서 묘비가 발견되었는데 히브리어로 다음과 같은 비문이 새겨져 있었다고 한다. "이것은 아도니람의 무덤이다. 그는 솔로몬 왕의 신하로 공물을 징수하러 왔으며 ____에 죽었다." 스페인과 아마도 프랑스와 이탈리아가 솔로몬에게 공물을 바쳤다는 것은 의심의 여지가 없다.

그러나 유대인들이 흩어져 스페인으로 가면서 엄청난 수의 사본과 성문서를 함께 가져가 그곳에서 오랫동안 살았고 11세기에 그것을 코르도바의 큰 대학에 두었다. 그리고 그것은 인쇄가 처음 발명되었을 때에 베니스로 옮겨졌다. 야살의 책 인쇄인이 쓴 히브리어 서문은 그것이 아주 오래되고 거의 읽기 힘든 히브리어 문서를 인쇄하는 힘든 작업이었고 베니스에 있는 율법학자 대회의 승인을 받아 그들에 의하여 인쇄되었다고 말한다. 오직 그들만이 그들이 진짜라고 생각하는 히브리어 기록 문서들을 인쇄할 수 있는 권위를 갖고 있었다.

야살의 책의 베니스판에 이어서 수년 후에 렘베르크와 갈리시아에서 다른 판들이 출판되었다. 나는 히브리어로 된 두 판 모두를 보유하고 있다. 왕립 아시아 협회는 캘커타에서 야살의 책 한 권을 발견하여 그것을 번역하라고 명령했다. 그러나 영국에서 이 번역문이 상당 부분 진행되었다는 것이 확인되자 그 명령은 철회되었다. 아래에 장관이 번역가에게 보낸 서신의 사본은 이 작품에 대한 왕립 아시아 협회의 견해를 보여준다.

왕립 아시아 협회
1831년 9월 2일, 런던 본드 가 그래프톤 가
친애하는 귀하께

노아 씨의 서신을 보고 당신이 저에게 호의를 베푼 것으로 인해 당신의 서신에 대한 답으로 동양 번역회는 당신의 작품에 어떤 요구도 고려하지 않는다고 말하고 싶습니다. 만약 아담스 목사님이 야살의 책을 번역했다면 몇 년이 걸려도 못했을 것입니다. 당신의 그 흥미로운 작품에 대한 훌륭하고 값진 수고가 곧 어떤 형태로든 대중들에게 보이기를 기원합니다.

Wm. 후트만

주석가들이 야살의 책 위작들과 관련된 어떤 주석들을 기록하고 출판하였든지 간에 그들이 인쇄가 처음 발명되었을 때 베니스에서 출판된 이 작품에 대하여 언급한 것이 없었음이 확실하다. 혼 박사는 이 작품에 대하여 살짝 다루긴 했다. 그러나 그는 이것이 원래 예루살렘에서 가져온 것이라는 소문 외에 그것의 기원이나 역사에 대해서 아는 것이 없다. 야살의 책에 기록된 어떤 사건들은 탈무드에서도 볼 수 있는데 그것은 의심할 여지없이 야살의 책에서 베낀 것이다. 우리는 탈무드와 미쉬나와 게마라에서 도덕적, 종교적 목적으로 영향을 주기 위한 많은 우화와 상상의 이야기들을 발견한다. 그러나 우리는 야살의 책에서 볼 수 있는 모든 것이 성경에 기록된 것을 알 수 있는데 차이점은 야살의 책이 성경의 일들을 더 상세히 서술하고 길고 자세하다는 것이다. 유명한 철학가인 멘델슨은 이 작품을 높이 평가했다.

그럼에도 불구하고 야살의 책에 기록된 일부 사건들은 놀라움을 주는데 특히 사비나 사람들이 납치당하는 부분의 상세함이 그렇다. 나는 처음에 이것이 후대의 편집에서 삽입된 것으로 생각했다. 그러나 약간의 심사숙고 후에 그것이 연대기적으로 적합한 순서 안에 놓인 사건이라는 것을 알았다. 피즈론은 그의 제국들의 변혁이나 국가들의 유물에서 이렇게 말했다. "그러므로 그것은 내가 말한 것과 같이 우라누스 또는 적어도 새턴의 치세에서 티탄인들 중 몇이 테베레와 아펜니노 근처인 이탈리아의 한 지역에 머물러 정착했으며 그들은 나중에 움브리아인이라고 불렸다. 그렇다면 티탄인들이 이탈리아에 정착한 일은 아브라함이 부름 받은 때, 즉 그가 갈데아를 떠나 가나안 땅에 가서 거하던 때쯤이었을 것이다. … 이 모든 일이 일어났다면 그것은 대략 데우칼리온이 그리스에서 통치하던 시대나 그가 다스리던 때에 대홍수가 일어난 지 몇 년 후에 일어난 것이 분명하다." 피즈론이 말한 것처럼 만일 사비나인들이 움브리아인들로부터 분리된 것이 주전 1500년경에 일어났다면 그때는 야살이 사비나 여인들이 납치당한 사건을 둔 때, 즉 아브라함이 91세였을 때보다 그리 멀지 않았을 것이다.

히브리어판의 역자는 그의 공인된 학식과 능력에도 불구하고 원래 히브리어의 아름다움과 고상함과 단순함을 충분히 보여줄 수 없었다고 말한다. 나는 또한 히브리어 서문과 인쇄인 서문의 번역에도 참여했으며 그 문서들도 보유하고 있다.

이 책을 세상에 하나님의 영감으로 된 작품으로 공표하거나 이것이 영감으로 된 책이 아니라고 말하는 것에 책임을 묻기보다는, 나는 이것을 위대한 고대의 작품이자 흥미로운 것이며, 비록 이것을 진귀한 문학작품으로 여기더라도 성서 연구를 좋아하는 사람들 가운데 널리 읽힐 수 있는 작품으로 주저 없이 발표하는 바이다.

M. M. 노아
1839년 4월 뉴욕에서

히브리어판 서문

이것은 곧바른 책이라고 불리는 그 책이다.

이맘때쯤이었다. 티투스가 거룩한 성 예루살렘을 파괴하고 모든 군 지도자들이 들어와 도둑질하고 약탈했다. 티투스의 신하들 가운데에 시드루스라는 이름을 가진 사람이 들어와 예루살렘 안에서 매우 넓은 집을 발견하여 그가 그곳에서 발견한 모든 전리품을 가져갔다. 그가 그 집을 나가려고 할 때 그가 벽을 보고 그 안에서 보물들을 발견할 것으로 생각했다. 그래서 그가 그 벽과 건물을 부수자 율법과 선지자들과 성문서의 다양한 책들과 또한 이스라엘 왕들의 책들과 다른 나라 왕들의 책들과 이스라엘의 많은 다른 책들과 채택되고 확립된 미쉬나의 책들이 가득한 통을 발견했다. 그곳에는 또한 많은 두루마리가 있었다.

그가 또한 그곳에서 모든 종류의 식량과 포도주를 많이 발견하고 한 노인이 그곳에 앉아 있는 것을 발견했는데 그 노인은 그 책들을 읽고 있었다. 그 신하가 이 큰 광경을 보고 매우 놀라 그 노인에게 말했다. "당신은 왜 홀로 이곳에 앉아 있고 다른 사람들은 당신과 함께 있지 않은 것이오?" 그러자 그 노인이 대답했다. "여러 해 전에 나는 예루살렘의 이 두 번째 멸망을 알았기 때문이네. 그래서 나는 이 집을 짓고 나를 위하여 발코니를 만들고 읽을 책들과 충분한 식량을 사서 그것으로 내 목숨을 구하려고 했네." 그러자 하나님께서 그 노인이 그 신하의 눈에 은혜를 입게 하셔서 그가 그 노인을 존경하는 마음으로 그의 모든 책을 그 노인에게 가져다주었다. 그리고 그들은 도시들과 나라들을 돌아다니다가 세비야에 이르렀다. 그 신하는 이 노인이 지혜와 명철을 갖고 있고 다양한 종류의 과학을 알고 있다는 것을 발견했다. 그가 이것을 알고 그 노인을 부양하고 예우하며 그의 집에서 계속 지내면서 그로부터 모든 종류의 지혜를 배웠다. 그들이 세비야의 근처에 크고 높은 집을 짓고 그 모든 책을 그곳에 두었다.

이 집은 오늘까지 여전히 세비야에 있다. 그들이 그곳에서 이후에 우리의 메시아가 오실 때까지 세상의 왕들 가운데 일어날 사건들을 모두 기록했다.

하나님께서 우리를 에돔 왕들의 손에 의하여 강력하게 붙들어 데려가셔서 우리가 깊은 염려 가운데 도시들과 나라들을 돌아다닐 때 '아담의 세대'라고 불리는 이 책이 다른 책들과 함께 우리의 손안에 들어오게 되었다. 왜냐하면 이 책들이 세비야의 그 집으로부터 온 것이며 이후에 우리 도시인 나폴리로 왔기 때문이다. 나폴리는 스페인 왕의 통치 아래 있었다. (그의 영광이 높여지기를.) 우리가 이 책들이 모든 지혜의 책들이라는 것을 보고 우리 손에 들어온 모든 책들처럼 이 책들을 출판하겠다고 마음속으로 정했다. 그런데 이 책은 모든 책들 중에서 최고이며 가장 귀한 책이다. 이 책은 우리에게 열두 권이 왔는데 우리는 그 책들을 살펴보고 모두가 한 권의 책에서 나온 것이고 차이가 없다는 것을 알게 되었다. 거기에는 더해지거나 빠진 것이 없었고 글자나 단어나 사건이 변경된 것도 없었다. 그 책들은 모두 한 권의 책처럼 같은 것이었다.

우리는 이 책에서 이 결심을 행할 큰 가치를 발견했기에 이것을 인쇄하기로 했다. 이 책의 이름이 곧바른 책이라고 기록된 것을 발견했다. 왜냐하면 순서와 연속성에 대하여 모든 일이 그것이 세상에서 일어난 그 순서대로이기 때문이다. 그래서 이 책에서는 앞의 사건이 뒤로 가거나 뒤에 일어난 사건이 앞에 나오는 것을 찾을 수 없고 모든 일이 그것의 장소와 시간 안에서 기록되었다.

그래서 이 책은 한 사람의 죽음이 다른 사람의 인생의 어느 시기에 일어났다고 계속해서 말한다. 이것으로 인하여 이 책은 '세페르 하야샬(Sepher Hajashar)'이라고 불렸다. 그러나 관습적으로는 이것을 '아담의 세대'라고 불렀는데 그 이유는 사람들이 이 책이 시작되는 부분으로 그 이름을 불렀기 때문이다. 그렇지만 이 책의 대표적인 이름은 '야샬(JASHER) 책'인데 이것은 우리가 말한 이유 때문이다. 이제 이 책은 'Lo libris de los divitiis'라는 제목으로 그리스어로 번역되었다.

우리가 갖고 있는 아스모니아 사람들의 책에는 이렇게 기록되어 있다. 이집트 왕 프톨레미의 때에 그는 그의 신하들에게 가서 그들이 세상에서 찾을 수 있는 모든 율법책과 모든 역사서를 수집하도록 했다. 그가 그것들을 통하여 지혜로워지고자 했고, 그것들을 연구하여 세상의 주제들과 사건들을 알고자 했으며, 그 책들로부터 인생의 일들에 관한 모든 재판의 문제를 한 권의 책으로 편찬하고, 그것으로 순전한 정의를 행하고자 했다. 그래서 그들이 가서 965권의 책을 수집하여 그에게 가져갔다. 그가 그들에게 다시 가서 1,000권의 책을 채우라고 명령하자 그들이 그렇게 행했다.

이 일 후에 이스라엘을 박해하는 자들 중 몇이 그의 앞에서 일어나 말했다. "오 왕이시여, 왕께서 어찌하여 이 일로 스스로 괴롭게 하십니까? 예루살렘에 있는 유대인들에게 사람들을 보내어 그들의 선지자들에 의하여 주의 입에서 나온 말씀을 기록한 그들의 율법책을 가져오게 하셔서 그것으로 당신이 지혜롭게 되고 당신이 원하는 대로 모든 심판을 행하소서." 왕이 그들의 말을 듣고 이 일로 유대인들에게 사람을 보냈더니 유대인들이 왕에게 이 책을 보냈다. 이는 그들이 그에게 주님의 책을 줄 수 없었으므로 그들이 말하기를 "우리는 주의 율법을 이방인에게 줄 수 없습니다"라고 했기 때문이다. 이 책이 프톨레미의 손에 이르자 그가 이것을 읽고 크게 만족했다. 그가 그 안에서 지혜를 찾고자 했고 그것을 연구하여 그가 원하는 것을 그 안에서 발견했다. 그는 그들이 그를 위하여 모은 다른 모든 책은 신경 쓰지 않았고 그에게 이 일을 하도록 조언한 사람을 축복했다.

얼마 후에 이스라엘의 박해자들이 이스라엘 사람들이 왕에게 율법책을 보내지 않았다는 것을 알게 되었다. 그들이 와서 왕에게 말했다. "오 왕이시여, 이스라엘 사람들이 당신을 모욕했습니다. 그들이 우리가 당신에게 말씀드린 율법책을 당신에게 보내지 않고 그들의 손에 있는 다른 책을 보냈습니다. 그러므로 그들에게 사람을 보내어 그들이 왕께 그들의 율법책을 보내도록 하십시오. 그들이 당신에게 보낸 책보다 그 책에서 당신이 원하는 것을 훨씬 더 많이 얻게 될 것입니다." 왕이 그들의 말을 듣자 그가 이스라엘 사람들에게 몹시 화가 났다. 그들이 그에게 율법책을 보내도록 그가 다시 사람들을 보내기까지 그의 안에서 화가 타올랐다. 그가 그들이 계속 그를 경멸할까 걱정하여 그들에게 신중하게 행했다.

그가 그들의 장로 70명에게 사람들을 보내어 그들을 집 70채에 두고 각 사람이 율법책을 기록하게 하고 그것들 가운데 변개함이 발견되지 않도록 했다. 하나님의 영이 그들 위에 임하여 그들이 책 70권을 기록했는데 그것들이 모두 하나였고 가감된 것이 없었다. 왕이 이 일로 크게 기뻐하여 그가 장로들과 모든 유대인들을 존귀하게 여겼다.

그가 기록된 대로 예루살렘에 헌물과 선물들을 보냈다. 그가 죽을 때 이스라엘 사람들이 그의 아들과 교묘히 행하여 그의 보물들 중에서 율법책은 가져왔으나 이 책은 그곳에 두고 가져오지 않았다. 이는 앞으로 올 모든 왕들이 주의 이적들을 알고 그분의 이름을 축복하며 주께서 모든 나라 중에 이스라엘을 택하시고 그분 외에는 하나님이 없다는 것을 알게 하려는 것이었다. 그래서 이 책이 오늘까지 이집트에 있고 그때로부터 이것이 온 땅으로 전해지게 되어 오늘 스페인 왕의 통치 아래 나폴리 도시에서 포로 생활을 하는 우리에게 이르게 되었다. 비록 이 책이 그런 목적이나 의도에서 기록된 것은 아니지만, 이 책은 그 시대에 있었던 에돔과 깃딤의 왕들과 아프리카의 왕들 중 몇몇을 언급하는 것을 발견하게 될 것이다.

이것을 기록한 이유는 이 책을 얻는 모든 사람에게 이스라엘의 전쟁과 이방인들의 전쟁 사이의 큰 차이를 보이기 위한 것이다. 이방인들의 왕들이 하나가 다른 하나를 정복하는 것은 우연히 된 것이지만, 이스라엘 왕들이 이방인을 정복하는 것은 그렇지 않다. 그것은 이스라엘이 우리 주의 높은 이름을 믿는 한 주께서 행하신 기적으로 이루어진 것이다.

이 책은 많은 유익이 있지만 그 모든 것은 우리가 하나님을 믿는 것에 이르게 하며 (그분의 이름이 높임을 받기를) 우리가 그분과 그분의 길들에 신실하도록 이끈다.

첫째 유익은 이 책이 제공하는 추가적인 정보들로 인간의 창조와 대홍수의 주제에 대한 것과 스무 세대의 시대와 그들의 악한 행위들을 기록한 것이다. 또한 그들이 어떤 시기에 태어났으며 언제 죽었는지, 이런 것을 통해 우리가 주께서 이전의 날들에 행하신 놀라운 일들을 보고 우리의 마음이 주께로 고정되도록 한다.

둘째 유익은 아브라함의 출생과 그가 어떻게 주께 붙어 다녔는지와 그와 니므롯 사이에 있었던 일에 관한 추가적인 설명이다. 또한 바벨탑을 지은 자들에 대한 설명과 주께서 어떻게 그들을 땅의 사방으로 쫓아내셨는지와 그들이 어떻게 오늘까지 그들의 이름을 따라서 나라들과 땅을 세웠는지와 그것으로 우리가 우리의 창조주께 더 가까이 가게 되는 것이다.

셋째 유익은 족장들이 어떻게 주께 붙어 다녔는지와 그들이 주를 경외한다는 것을 우리가 확신하게 하는 그들의 일들에 대한 설명이다.

넷째 유익은 소돔의 일들과 그곳의 사람들의 악행에 대한 기록들과 그들의 죄와 그들의 징벌이 무엇인지에 대한 것으로 그것을 통해 우리가 모든 악한 행위를 삼가도록 하는 것이다.

다섯째 유익은 이삭과 야곱이 주를 믿은 것과 이삭이 제물로 묶였을 때 사라가 기도하고 애통한 것에 대한 설명으로 이것은 우리의 마음을 주님을 섬기도록 이끄는 큰 유익이다.

여섯째 유익은 야곱의 아들들이 세겜 사람들과 아모리 사람들의 일곱 성읍과 전쟁하는 것에 대하여 주는 정보이다. 이것은 우리의 마음을 깨워 우리 하나님을 믿도록 한다. 만일 그들의 마음에 주님에 대한 믿음이 없었다면 어떻게 열 명이 일곱 성읍을 멸할 수 있었겠는가?

일곱째 유익은 이집트에서 요셉이 보디발과 그의 아내와 이집트 왕 사이에 일어났던 모든 일에 대한 정보다. 이것이 우리의 마음을 일깨워 주를 경외하게 하고 우리의 마음으로부터 모든 죄가 사라지도록 하여 우리가 마지막 때에 잘되도록 하기 때문이다.

여덟째 유익은 구스와 미디안에서 모세에게 일어났던 일들에 대한 설명을 제공하는 것이다. 그것은 우리가 주께서 의인들을 위하여 행하신 이적들을 이해하여 주님을 온전히 따르게 하는 것이다.

아홉째 유익은 이집트에서 이스라엘 사람들에게 무슨 일이 있었는지와 그들의 노역이 언제 시작되었는지와 그들이 모든 고된 일로 어떻게 이집트 사람들을 섬겼는지와 무엇을 위하여 이 모든 일이 일어났는지와 이 일 후에 그들이 주를 믿음으로 주께서 어떻게 그들에게 은혜를 베푸셨는지에 대한 기록이다. 이 책에서 유월절 밤에 이집트에서 일어난 사건들을 읽는 자는 큰 상을 받을 것인데 축복받은 기억을 가진 우리의 율법학자들이 말하기를 출애굽을 이야기하는 것에 종사하는 자들은 찬양받을 것이라고 했다. 거기에는 이 책도 포함되는데 이 책은 하가다 다음으로 읽혀야 하는 진실한 이야기로 이것을 읽는 사람은 그가 크게 상을 받을 것이라고 확신할 것이기 때문이다. 우리는 오늘 스페인 지역의 포로생활에서 이렇게 한다. 하가다 읽기를 마친 후에 우리는 이 책을 읽기 시작하여 이스라엘 사람들이 이집트로 내려가는 것부터 그들의 출애굽까지 이집트의 모든 일을 읽는다. 이는 사람이 이 책에서 그것을 읽어야 하기 때문이다.

(열째 유익에 대한 내용은 없음 – 역자 주)

열한째 유익은 우리의 랍비들과 율법을 설명한 다른 주석가들의 해설이다. 이 책에서 야곱이 에서에게 갔다가 그 후에 메소포타미아에서 올 때 그를 만난 천사들의 이야기와 또한 요셉에게 70개의 언어를 가르치는 가브리엘에 관한 이야기를 설명하는 것을 발견할 수 있다. 또한 모압 들에서 미디안을 친 사람에 대하여 제공하는 설명과 같은 것들도 있다.

열두째 유익은 사람들 앞에서 강의하며 주석가들이 설명하지 않는 이 책의 주제들을 제시하는 모든 사람은 그것으로 인하여 청중들의 마음에 감명을 줄 것이라는 점이다.

열셋째 유익은 율법을 공부할 기회를 가진 모든 상인과 여행자는 이 책을 읽고 그들의 상을 받을 것이니 다른 어떤 책에도 기록되지 않은 새로운 내용을 발견하고 그 안에 마음의 보상과 몸의 기쁨이 있기 때문이다. 이것으로 사람들은 주를 아는 것을 깨닫고 그분을 따를 것이다.

이제 우리가 이 책의 장점, 큰 유익을 알았으니 우리는 이것을 가감 없이 인쇄해야 하며 지금부터 우리가 이 책을 인쇄하기 시작하여 이러한 책들이 우리의 언약 공동체와 우리의 포로 생활하는 사람들의 손에 있어 이것이 모든 세대와 모든 성읍과 족속과 나라에 더 멀리 퍼지도록 할 것이다. 그래서 사람들이 주께서 우리 조상들을 위하여 행하신 이적들과 예로부터 그들에게 베푸신 그분의 은혜와 그분이 모든 나라 중에 우리를 택하신 것을 알게 할 것이다.

주의 기름 부음 받은 자가 말한 것과 같이 자신의 마음을 주를 경외하는 데 헌신하는 자들이 이것을 공부함으로 유익을 얻게 되고 우리가 신들의 신이신 주를 신뢰하고 그분을 의지하며 그분으로부터 구원과 도우심을 구하고, 이 하늘의 작품으로 그분이 우리를 옳은 길로 번성하게 하고 실수로부터 구하고 숨은 허물에서 정결하게 하소서.

> 자기 허물을 능히 깨달을 자 누구리요
> 나를 숨은 허물에서 벗어나게 하소서
> 시편 19:12

주께서 우리에게 선한 길을 가르치시고 그분의 은혜와 자비로 우리를 순조로운 길로 인도하시며 우리 마음의 소원을 자비롭게 이루어 주시기를, 아멘, 그분의 뜻이 이루어질지어다.

야살의 책 2

41 요셉의 꿈

야곱의 아들들이 헤브론에 거주함

1 해가 바뀌고 야곱의 아들들이 세겜을 떠나 헤브론에 그들의 할아버지 이삭에게 이르러 그곳에 거주하였다. 그곳에 넓고 비옥한 초원이 있어 그들이 날마다 세겜에서 그들의 소 떼와 양 떼를 먹였다. 야곱과 그의 아들들과 그들의 모든 가족이 헤브론 계곡에 살았다.

레아가 죽음

2 그 때에 야곱이 106세 되었을 때, 야곱이 밧단아람에서 돌아온 지 10년에 야곱의 아내 레아가 죽었다. 그 여자가 헤브론에서 죽었을 때 51세였다. 3 야곱과 그의 아들들이 그 여자를 막벨라 밭의 굴에 장사했는데 그것은 헤브론에 있으며 아브라함이 헷 자손에게서 매장할 소유지로 산 것이다.

요셉이 자신을 형들보다 높임

4 야곱의 아들들이 그들의 아버지와 함께 헤브론 계곡에 거주했다. 그 땅의 모든 주민이 그들의 힘을 알았고 그들의 명성이 온 땅에 알려졌다. 5 그 때에 야곱의 아내 라헬의 아들들, 야곱의 아들 요셉과 그의 동생 베냐민이 아직 어려서 그들의 형들과 함께 아모리의 모든 성읍들

과의 전쟁에 나가지 않았다. 6 요셉이 그의 형들의 힘과 그들의 위대함을 보고 그가 그들을 칭찬하고 그들을 높였으나 그가 자신을 그들보다 크게 생각하여 자신을 그들 위로 높였다. 그의 아버지 야곱 또한 그의 아들들 중 누구보다 그를 더 사랑하였으니 이는 그가 늙었을 때에 낳은 아들이기 때문이다. 그가 요셉을 사랑하여 그에게 채색옷을 지어주었다. 7 요셉이 자기 아버지가 자기 형들보다 자기를 더 사랑하는 것을 보고 그가 계속해서 자기 형들보다 자신을 더 높였고 그가 그들에 대한 나쁜 일들을 자기 아버지에게 전했다. 8 야곱의 아들들이 요셉이 자기들에게 하는 모든 행위와 자기들의 아버지가 자기들 중 누구보다 그를 더 사랑하는 것을 보고 그들이 그를 미워하여 그와 항상 평화롭게 말할 수 없었다.

요셉의 꿈

9 요셉이 17살이었다. 그가 계속해서 그의 형들보다 자기를 크게 보이려 하고 그들보다 자기를 높이려고 했다. 10 그 때에 그가 꿈을 꾸고 그의 형들에게 가서 그의 꿈을 말했다. 내가 꿈을 꾸었습니다. 보십시오. 우리가 모두 들에서 곡식 단을 묶고 있었는데 내 단이 일어나 땅 위에 놓이고 당신들의 단이 그것을 둘러서서 절했습니다. 11 그의 형들이 그에게 대답하여 말했다. 네가 꾼 꿈이 무엇을 의미하느냐? 네가 네 마음에 우리를 통치하거나 다스리리라 생각하느냐? 12 그가 또 그의 아버지 야곱에게 이르러 그에게 그 일을 말했다. 야곱이 그의 입에서 이 말을 듣자 그가 요셉에게 입맞추고 그를 축복했다. 13 야곱의 아들들이 자기들의 아버지가 요셉을 축복하고 그에게 입맞추며 그를 몹시 사랑하는 것을 보자 그들이 그를 시기하여 그를 더욱 미워했다. 14 이 일 후에 요셉이 또 다른 꿈을 꾸고 그의 형들 앞에서 그의 아버

지에게 그 꿈을 이야기했다. 요셉이 그의 아버지와 형들에게 말했다. 보십시오, 내가 또 꿈을 꾸었는데 해와 달과 열한 별이 내게 절했습니다. 15 그의 아버지가 요셉의 말과 그의 꿈을 듣고 그의 형들이 이 일로 요셉을 미워하는 것을 보고 야곱이 이 일에 대하여 그의 형들 앞에서 요셉을 꾸짖으며 말했다. 네가 꾼 이 꿈과 너보다 나이 많은 네 형들 앞에서 너를 크게 보이려는 이것이 무엇을 의미하느냐? 16 네가 마음속으로 나와 네 어머니와 네 열한 형제가 와서 네게 절하리라 생각하여 네가 이 일들을 말했느냐? 17 그의 형들이 그의 말과 꿈으로 인하여 그를 시기하고 그들이 계속해서 그를 미워했다. 야곱은 그의 마음속에 이 꿈들을 담아두었다.

요셉이 형들을 찾아감

18 하루는 야곱의 아들들이 세겜에서 그들의 아버지의 양 떼를 먹이기 위하여 갔으니 이는 그 때에 그들이 여전히 양 치는 자들이었기 때문이다. 그 날 야곱의 아들들이 세겜에서 양 떼를 먹이고 있었는데 그들이 늦어져 가축을 모으는 때가 지났으나 그들이 도착하지 않았다. 19 야곱이 자기 아들들이 세겜에서 늦게 오는 것을 보고 마음속으로 말했다. 어쩌면 세겜 사람들이 그들과 싸우려고 일어나 오늘 그들이 늦게 오는 것일지도 모른다. 20 야곱이 그의 아들 요셉을 불러 명령하여 말했다. 네 형들이 오늘 세겜에서 양 떼를 먹이고 있으나 그들이 아직 돌아오지 않았다. 그러므로 이제 가서 그들이 어디 있는지 보고 네 형들이 잘 있는지 양 떼가 잘 있는지 내게 소식을 전해다오. 21 야곱이 자기 아들 요셉을 헤브론 계곡으로 보내어 요셉이 그의 형들을 만나러 세겜에 이르렀으나 그들을 찾을 수 없었다. 요셉이 세겜 근처의 들을 돌아다니며 그의 형들이 어디로 돌이켰는지 보려 했으나 그가 광야

에서 그의 길을 잃어 그가 어느 길로 가야 할지를 알지 못했다. 22 주의 천사가 그가 들로 가는 길에서 방황하는 것을 발견했다. 요셉이 주의 천사에게 말했다. 내가 내 형들을 찾고 있습니다. 당신은 그들이 어디서 양 떼를 먹이고 있는지 듣지 못했습니까? 주의 천사가 요셉에게 말했다. 내가 네 형들이 이곳에서 양 떼를 먹이는 것을 보았다. 그리고 내가 그들이 도단에 양 떼를 먹이러 가려고 한다는 것을 들었다. 23 요셉이 주의 천사의 말을 듣고 그가 그의 형들을 찾아 도단으로 가서 그가 도단에서 양 떼를 먹이는 그들을 만났다.

요셉의 형들이 요셉을 구덩이에 던짐

24 요셉이 그의 형들에게 나아갔다. 그런데 그가 그들에게 가까이 이르기 전에 그들이 그를 죽이기로 결심했다. 25 시므온이 그의 형제들에게 말했다. 보라 이 날 꿈의 사람이 우리에게 오고 있다. 오라 우리가 그를 죽이고 그를 광야에 있는 구덩이 중 하나에 던지자. 그의 아버지가 우리에게서 그를 찾으면 우리가 악한 짐승이 그를 잡아먹었다고 말하자. 26 르우벤이 그의 동생들이 요셉에 대하여 하는 말을 듣고 그가 그들에게 말했다. 너희가 이 일을 행해서는 안 된다. 우리가 어떻게 우리 아버지 야곱을 보겠느냐? 그를 이 구덩이에 던져 그곳에서 죽게 하라. 그러나 그에게 손을 뻗어 그의 피를 흘리지는 마라. 르우벤이 이것을 말함은 그를 그들의 손에서 구하여 그의 아버지에게 돌려보내려는 것이었다. 27 요셉이 그의 형들에게 이르러 그가 그들 앞에 앉았다. 그들이 일어나 그를 잡고 쳐서 땅에 쓰러뜨리고 그가 입고 있었던 채색옷을 벗겼다. 28 그들이 그를 잡아 구덩이에 던졌는데 그 구덩이에 물이 없었으나 뱀들과 전갈들이 있었다. 요셉이 그 구덩이 안에 있던 뱀들과 전갈들을 두려워했다. 요셉이 큰 소리로 외치자 주께서 그

구덩이 옆면에 있는 뱀들과 전갈들을 숨기셔서 그것들이 요셉에게 어떤 해도 입힐 수 없었다.

요셉이 형들에게 부르짖음

29 요셉이 구덩이에서 그의 형들에게 큰 소리로 외쳐 말했다. 내가 당신들에게 무엇을 했으며 내가 무슨 죄를 지었습니까? 어찌하여 당신들이 나에 대한 일로 주를 두려워하지 않습니까? 내가 당신들의 골육이 아니며 당신들의 아버지 야곱이 내 아버지가 아닙니까? 어찌하여 당신들이 오늘 나에게 이 일을 행하였으며 당신들이 어떻게 우리 아버지 야곱을 볼 수 있겠습니까? 30 그가 그 구덩이에서 계속해서 외치고 그의 형들을 부르며 말했다. 나의 형들 유다와 시몬이여 당신들이 나를 둔 흑암의 장소에서 나를 들어 올리고, 주의 자녀 내 아버지 야곱의 아들들이여 오늘 나를 불쌍히 여겨 주십시오. 만일 내가 당신들에게 죄를 지었더라도 당신들은 아브라함과 이삭과 야곱의 아들들이 아닙니까? 만일 그들이 고아를 보았다면 그를 불쌍히 여겼을 것이고 그들이 굶주린 자를 보았다면 그에게 먹을 양식을 주었을 것이며 목마른 자를 보았다면 그에게 마실 물을 주었을 것이고 벌거벗은 자를 보았다면 그를 옷으로 덮어주었을 것입니다! 31 내가 당신들의 골육인데 당신들이 어떻게 당신들의 동생에게 긍휼을 베풀지 않습니까? 만일 내가 당신들에게 죄를 지었더라도 분명 당신들은 내 아버지로 인하여 긍휼을 베풀 것입니다. 32 요셉이 그 구덩이에서 이 말을 했으나 그의 형들은 그의 말을 듣거나 그 말에 귀 기울이지도 않았다. 요셉이 그 구덩이 안에서 부르짖고 울었다. 33 요셉이 말했다. 이 날 내 아버지께서 내 형들이 나에게 행한 것과 그들이 오늘 나에게 말한 말들을 아셨더라면! 34 그의 모든 형들이 그가 그 구덩이에서 외치고 우는 소리를

들었다. 그의 형들이 가서 그 구덩이를 떠나 요셉이 구덩이에서 부르짖고 외치는 소리를 듣지 않으려 했다.

42 요셉이 노예로 팔림

요셉의 형들이 요셉을 이스마엘 사람들에게 팔기로 함

1 그들이 가서 맞은편에 화살 한 바탕 정도 거리에 앉아서 빵을 먹었다. 그들이 먹으면서 야곱에게 무엇을 행해야 할지 그를 죽일지 아니면 그의 아버지에게 돌려보낼지 모여서 의논했다. 2 그들이 의논할 때 그들이 그들의 눈을 들어 보니 보라 멀리서 한 무리의 이스마엘 사람들이 길르앗 길에서 이집트로 내려가고 있었다. 3 유다가 그들에게 말하였다. 우리가 우리 동생을 죽이면 우리에게 무슨 유익이 있겠느냐? 어쩌면 하나님이 우리에게 그를 요구하시리라. 그러므로 이것이 너희가 그에게 행할 그에 대한 계획이다. 보라 이 한 무리의 이스마엘 사람들이 이집트로 내려가고 있다. 4 그러므로 이제 우리가 그를 그들에게 넘기고 우리의 손을 그에게 대지 말자. 그들이 그들과 함께 그를 데리고 가고 그는 이 땅의 사람들 가운데 잃어버린 바 되어 우리가 우리의 손으로 그를 죽이지 않게 되리라. 그의 형제들이 그 제안을 기쁘게 여겨 그들이 유다의 말대로 행했다.

미디안 사람들이 요셉을 구덩이에서 꺼냄

5 그들이 이 일에 대하여 이야기하고 있는 동안 이스마엘 사람들의 무리가 그들 앞에 이르기 전에 미디안의 무역상 일곱 명이 그들 곁을

지나갔다. 그들이 지나갈 때 그들이 목이 말라 그들이 그들의 눈을 들어 요셉을 가두어 둔 구덩이를 보았다. 그들이 보니 보라 모든 종류의 새들이 그의 위에 있었다. 6 그 미디안 사람들이 물을 마시러 그 구덩이로 달려갔으니 이는 그들이 거기에 물이 있을 것이라고 생각했기 때문이다. 그들이 구덩이 앞에 이르러 요셉이 그 구덩이 안에서 부르짖으며 우는 소리를 들었다. 그들이 그 구덩이 속을 내려다보고 그들이 보니 거기에 용모가 아름답고 잘 생긴 청년이 있었다. 7 그들이 그를 불러 말했다. 너는 누구이며 누가 너를 이곳에 넣었고 누가 너를 광야에서 이 구덩이에 두었느냐? 그들이 모두 요셉을 들어 올리는 것을 도와 그를 잡아당겨 그를 그 구덩이에서 끌어냈다. 그들이 그를 데리고 그들의 길을 떠나 그의 형들을 지나갔다.

요셉의 형들이 미디안 사람들을 막음

8 그러자 그의 형들이 그들에게 말했다. 당신들이 왜 이 일을 행하여 우리의 종을 우리에게서 데려가려는 것이오? 분명히 우리가 이 청년을 그 구덩이 안에 두었으니 이는 그가 우리에게 거역했기 때문이오. 그리고 당신들이 와서 그를 끌어내고 그를 데려가려고 하였소. 그러니 이제 우리의 종을 우리에게 돌려주시오. 9 미디안 사람들이 야곱의 아들들에게 대답하여 말했다. 이 사람이 당신들의 종이오? 아니면 이 사람이 당신들을 시중드는 것이오? 아마도 당신들 모두가 그의 종들일 것이오. 그가 당신들 중 누구보다도 더 아름답고 잘 생겼기 때문이오. 어찌하여 당신들이 모두 우리에게 거짓을 말하는 것이오? 10 그러므로 이제 우리가 당신들의 말을 듣지 않을 것이오. 우리가 광야의 구덩이에서 그 청년을 발견하였으니 우리가 그를 데려가고 우리가 가던 길을 갈 것이오. 11 야곱의 모든 아들들이 그들에게 가까이 가서 그

들에게 맞서서 말했다. 우리의 종을 돌려주시오. 어찌하여 당신들이 모두 칼날에 죽으려 하시오? 그러자 미디안 사람들이 그들에게 소리치며 그들이 칼을 꺼내 들고 야곱의 아들들과 싸우려고 가까이 갔다. 12 보라 시므온이 그의 자리에서 일어나 그 땅에서 달려가 그의 칼을 들고 미디안 사람들에게 가까이 갔다. 그가 그들 앞에서 무시무시한 소리를 질러 그의 외치는 소리가 멀리서도 들렸고 땅이 시므온의 외침으로 흔들렸다. 13 미디안 사람들이 시므온과 그가 외치는 소리로 인하여 두려워하여 그들이 거꾸러지고 몹시 놀랐다. 14 시므온이 그들에게 말했다. 내가 진실로 히브리 사람 야곱의 아들 시므온이다. 내가 나의 형제들과 함께 세겜 성읍과 아모리 사람들의 성읍들을 멸하였다. 하나님께서 또한 내게 그렇게 행하셔서 만일 너희 모든 형제 미디안 사람들과 가나안 왕들이 너희와 함께 온다 할지라도 너희가 나에게 맞서 싸울 수 없을 것이다. 15 그러므로 이제 너희가 데려간 그 청년을 우리에게 돌려주어 내가 너희의 살을 공중의 새들과 땅의 짐승들에게 주지 않도록 하라.

요셉이 미디안 사람들에게 팔림

16 미디안 사람들이 시므온을 더욱 두려워하여 그들이 두려운 마음으로 야곱의 아들들에게 가까이 가서 불쌍한 말로 말했다. 17 분명 당신들이 그 청년이 당신들의 종이고 그가 당신들을 거역하여 당신들이 그를 구덩이 안에 두었다고 말했소. 그러면 당신들은 그의 주인을 거역한 종을 어떻게 할 것이오? 그러므로 이제 그를 우리에게 파시오. 당신들이 그에 대하여 요구하는 모든 것을 우리가 주겠소. 주께서 이 일 행하는 것을 기뻐하셔서 야곱의 아들들이 그들의 동생을 죽이지 않도록 하셨다. 18 미디안 사람들이 보니 요셉이 용모가 아름답고 잘 생

겼다. 그들이 마음속으로 그를 원하여 서둘러 그의 형들에게서 그를 사고자 했다. 19 야곱의 아들들이 미디안 사람들의 말을 듣고 그들에게 그들의 동생 요셉을 은 20개에 팔았으나 그들의 형 르우벤은 그들과 함께 있지 않았다. 미디안 사람들이 요셉을 데리고 길르앗으로 그들의 길을 계속 갔다.

요셉이 이스마엘 사람들에게 팔림

20 그들이 길을 가고 있을 때 미디안 사람들이 그 청년을 산 일을 후회했다. 한 사람이 다른 사람에게 말했다. 우리가 히브리 사람들에게서 용모가 아름답고 잘 생긴 이 청년을 데려온 이 일이 무엇이냐? 21 아마 이 청년은 히브리 사람들의 땅에서 잡혀 왔을 것이다. 그러니 우리가 어찌하여 이 일을 행했느냐? 만일 누군가가 그를 찾아서 우리의 손에서 그를 발견하면 우리가 그로 인하여 죽을 것이다. 22 이제 분명히 용감하고 강한 자들이 그를 우리에게 팔았다. 너희가 오늘 그들 중 하나의 힘을 보았다. 어쩌면 그들이 그들의 힘과 강한 팔로 그의 땅에서 그를 잡아와서 그들이 우리가 그들에게 준 적은 값에 그를 우리에게 팔았을 것이다. 23 그들이 그렇게 함께 이야기하고 있는 동안 그들이 보니 보라 야곱의 아들들이 보았던 처음에 오던 한 무리의 이스마엘 사람들이 미디안 사람들을 향하여 오고 있었다. 미디안 사람들이 서로에게 말했다. 오라 우리가 이 청년을 우리에게 오고 있는 이스마엘 사람 무리에게 팔자. 우리가 그를 넘겨 그에 대하여 주었던 적은 값을 얻고 우리가 그의 재앙에서 벗어날 것이다. 24 그들이 그렇게 하여 그들이 이스마엘 사람들에게 이르렀다. 미디안 사람들이 이스마엘 사람들에게 요셉을 그에 대한 값으로 그의 형들에게 준 은 20개에 팔았다. 25 미디안 사람들이 길르앗을 향하여 그들의 길로 갔고 이스마엘

사람들은 요셉을 데리고 갔다. 그들이 그를 낙타들 중 하나에 태우고 그를 데리고 이집트로 갔다.

하나님이 요셉으로 인하여 이스마엘 사람들을 치심

26 요셉이 이스마엘 사람들이 이집트로 나아가고 있다는 것을 듣고 요셉이 가나안 땅으로부터 그의 아버지에게서 그렇게 멀리 떨어지게 된 이 일로 슬퍼하며 울었다. 그가 낙타 위에 타고 앉아서 슬피 울었다. 그 사람들 중 하나가 그를 보고 그를 낙타에서 내려 발로 걷게 하였으나 그럼에도 불구하고 요셉이 계속해서 울며 말했다. 내 아버지, 내 어머니. 27 이스마엘 사람들 중 하나가 일어나 요셉의 뺨을 쳤으나 그가 여전히 계속해서 울었다. 요셉이 길에서 피곤하였고 그가 그의 마음의 비통함으로 인하여 나아갈 수 없었다. 그러자 그들 모두가 길에서 그를 때리고 그를 학대했다. 그들이 그를 두렵게 하여 그가 울음을 멈추도록 했다. 28 주께서 요셉의 소망과 그의 고난을 보시고 주께서 그 사람들에게 흑암과 혼돈이 내리게 하셨고 그를 치던 모든 사람의 손이 마르게 되었다. 29 그들이 서로에게 말했다. 하나님께서 길에서 우리에게 행하신 이 일이 무엇이냐? 그들은 이 일이 요셉으로 인하여 그들에게 일어난 것을 알지 못했다. 그 사람들이 길에서 계속해서 나아가 라헬이 장사된 에브랏 길을 따라 나아갔다.

요셉이 라헬의 무덤에서 애곡함

30 요셉이 그의 어머니의 무덤에 이르자 요셉이 급히 그의 어머니의 무덤으로 달려가 그 무덤에 엎드려 울었다. 31 요셉이 그의 어머니의 무덤에서 크게 울며 말했다. 내 어머니, 내 어머니, 나를 낳으신 분이여. 이제 깨십시오. 일어나 당신의 아들을 보십시오. 내가 어찌하

여 노예로 팔리게 되었습니까. 아무도 나를 불쌍히 여기지 않습니다. 32 일어나 당신의 아들을 보십시오. 내 환난으로 인하여 나와 함께 우십시오. 내 형들의 마음을 보십시오. 33 내 어머니, 깨어나십시오. 깨어나십시오. 나를 위하여 당신의 잠에서 깨어 내 형들에 대한 당신의 전쟁을 가르쳐주십시오. 그들이 어찌하여 내 옷을 벗기고 나를 두 번이나 노예로 팔고 나를 내 아버지에게서 떨어지게 하였습니까. 나를 불쌍히 여기는 사람이 아무도 없습니다. 34 일어나 그들에 대한 당신의 일을 하나님 앞에 두고 하나님께서 심판에서 누구를 의롭다 하시고 누구를 책망하시는지 보십시오. 35 내 어머니, 일어나 당신의 잠에서 깨어 내 아버지, 그의 혼이 어찌 오늘 나와 함께 있는지 보십시오. 그를 위로하시고 그의 마음을 평안하게 해주십시오. 36 요셉이 계속해서 이 말들을 하며 그가 그의 어머니의 무덤에서 크게 외치고 슬피 울었다. 그가 말하는 것을 그치고 그가 마음의 비통함으로 그 무덤에서 돌처럼 잠잠하게 되었다.

라헬의 응답

37 요셉이 땅 아래로부터 그에게 말하는 음성을 들었는데 그것은 마음의 슬픔으로 그에게 대답하고 이 말들로 슬퍼하며 기도하는 음성이었다. 38 내 아들아, 내 아들 요셉아, 내가 너의 울음소리와 너의 애통하는 소리를 들었다. 내가 너의 눈물을 보았다. 내 아들아, 내가 너의 고난을 알며 너로 인하여 그것이 나를 슬프게 하고 내 슬픔에 많은 슬픔이 더해졌다. 39 그러므로 이제 내 아들아, 내 아들 요셉아, 주를 소망하고 그를 기다리며 두려워하지 말라. 주께서 너와 함께 하시고 그가 너를 모든 고난에서 구하실 것이기 때문이다. 40 내 아들아, 일어나 네 주인들과 함께 이집트로 내려가고 두려워하지 말아라. 내 아들

아, 주께서 너와 함께 하시기 때문이다. 그 여자가 이와 같은 말로 요셉에게 계속해서 말하고 잠잠하였다. 41 요셉이 이것을 듣고 그가 이 일에 크게 놀라며 그가 계속해서 울었다.

하나님이 요셉으로 인하여 이스마엘 사람들을 다시 치심

이 일 후에 이스마엘 사람들 중 하나가 그가 무덤에서 외치고 우는 것을 보았다. 그가 요셉에게 화가 나서 그를 그곳에서 쫓아내고 그를 때리고 저주했다. 42 요셉이 그 사람에게 말했다. 내가 당신의 눈에 은총을 입어 나를 다시 내 아버지 집으로 돌려보내면 그가 당신에게 큰 재물을 줄 것입니다. 43 그들이 그에게 대답하여 말했다. 너는 종이 아니냐? 네 아버지가 어디 있느냐? 만일 네게 아버지가 있었다면 네가 그렇게 적은 값에 노예로 두 번이나 팔리지 않았을 것이다. 그들이 여전히 그에게 화가 나서 그들이 계속해서 그를 때리고 혼냈다. 요셉은 슬피 울었다. 44 주께서 요셉의 환난을 보시고 주께서 이 사람들을 다시 치고 책망하셨다. 주께서 땅 위에서 흑암이 그들을 뒤덮게 하셨다. 번개가 치고 천둥소리가 나며 땅이 그 천둥소리와 강한 바람으로 흔들렸다. 그 사람들이 두려워하며 그들이 어디로 가야 할지를 알지 못했다. 45 짐승들과 낙타들이 가만히 서 있었고 그들이 그것들을 이끌었으나 그것들이 가려고 하지 않았다. 그들이 그것들을 치자 그것들이 땅에 웅크리고 앉았다. 그 사람들이 각자에게 말했다. 하나님이 우리에게 행하신 이 일이 무엇이냐? 우리의 허물이 무엇이며 우리의 죄가 무엇이기에 우리에게 이 일이 임했느냐? 46 그들 중 하나가 대답하여 그들에게 말했다. 어쩌면 이 종을 고통스럽게 한 죄로 인하여 오늘 이 일이 우리에게 일어났을 것이다. 그러므로 이제 그에게 우리를 용서하도록 구하자. 그러면 우리가 누구로 인하여 이 재앙이 우리에게 생겼는지 알리라. 만일 하나님이 우리를 긍휼히 여기시면 우리가 이 종을 괴롭힌 죄로 인하여 이 모든 일이 우리에게 온 것을 알리라. 47 그 사람들이 그렇게 하여 그들이 요셉에게 자기들을 용서하도록 구하고 강권하며 그에게 말했다. 우리가 주께 그리고 당신에게 죄를 지었소. 그러니 이제 당신의 하나님께 구하여 그가 우리 가운데에서 이 사망을 없애도록 해주시오. 이는 우리가 당신에게 죄를 지었기 때문이오. 48 요셉이 그들의 말대로 행하였고 주께서 요셉의 말을 들으셨다. 주께서 요셉으로 인하여 그 사람들에게 내린 재앙을 거두셨다. 짐승들이 땅에서 일어나 그들을 태웠고 그들이 계속해서 길을 갔다. 사나운 폭풍이 줄어들고 땅이 잠잠해졌다. 그 사람들이 이집트로 내려가는 길로 나아갔고 그들이 이 재앙이 요셉으로 인하여 그들에게 임했다는 것을 알았다.

이스마엘 사람들이 요셉을 이집트로 데리고 감

49 그들이 서로에게 말했다. 보라 우리가 이 재앙이 우리에게 임한 것이 그의 고난으로 인한 것임을 알았다. 그러므로 이제 우리가 어찌하여 이 죽음이 우리 생명에 임하도록 하겠느냐? 우리가 이 종에게 어떻게 행해야 할지를 의논하자. 50 한 사람이 대답하여 말했다. 분명 그가 우리에게 자기 아버지에게 돌려보내 달라고 말했다. 그러니 이제 우리가 그를 되돌려 보내자. 그가 우리에게 말하는 그곳으로 우리가 가서 그의 가족에게서 그에 대하여 준 값을 받고 우리가 떠나가자. 51 한 사람이 다시 대답하여 말했다. 보라 이 계획이 매우 좋다. 그러나 우리가 그렇게 할 수 없으니 그 길이 우리에게 매우 멀고 우리가 우리의 길에서 벗어날 수 없기 때문이다. 52 또 다른 사람이 대답하여 그들에게 말했다. 이것이 받아들여야 할 계획이며 우리가 그것에서 벗

어날 수 없다. 보라 우리가 오늘 이집트로 가고 있다. 우리가 이집트에 이르게 되면 그곳에서 그를 비싼 값에 팔고 우리가 그의 재앙에서 벗어나게 될 것이다. 53 그 사람들이 이 일을 기쁘게 여겨 그들이 그렇게 했다. 그들이 요셉과 함께 계속해서 이집트로 향하는 길로 갔다.

43 요셉의 형들이 슬퍼함

요셉의 형들이 요셉을 판 일로 고통스러워함

1 야곱의 아들들이 자기들의 동생 요셉을 미디안 사람들에게 팔았을 때 그로 인하여 그들의 마음이 고통스러웠다. 그들이 자기들의 행위를 뉘우치고 그들이 그를 데려오기 위하여 그를 찾았으나 찾을 수 없었다. 2 르우벤이 요셉을 끌어올려 그를 그의 아버지에게 돌려 보내려고 그를 두었던 그 구덩이로 돌아왔다. 그가 그 구덩이 옆에 섰으나 그가 말 한마디도 들을 수 없었다. 그가 요셉아 요셉아 하고 불렀으나 아무런 대답도 한마디 말도 없었다. 3 르우벤이 말했다. 요셉이 두려움으로 인하여 죽거나 어떤 뱀이 그를 물어 죽였구나. 르우벤이 그 구덩이로 내려가 요셉을 찾았으나 그가 그 구덩이에서 그를 찾을 수 없었다. 그가 다시 밖으로 나왔다. 4 르우벤이 그의 옷을 찢으며 말했다. 그 아이가 이곳에 없다. 내가 어떻게 내 아버지에게 그가 죽었을지도 모른다고 말하랴? 그가 그의 동생들에게 가니 그들이 요셉의 일로 근심하며 자기들의 아버지에게 그에 대하여 어떻게 말해야 할지 함께 의논하고 있는 것을 발견했다. 르우벤이 그의 동생들에게 말했다. 내가 그 구덩이에 가보니 보라 요셉이 그곳에 없었다. 그러니 우리가 우리 아버지에게 무엇이라 말하랴? 내 아버지가 오직 내게서 그 아이를 찾을 것이다. 5 그의 동생들이 그에게 대답하여 말했다. 우리가 이러이

러하게 행했습니다. 그 후에 이 일로 인하여 우리의 마음이 고통스럽습니다. 이제 우리가 앉아서 우리 아버지에게 그것을 어떻게 말해야 할지 구실을 찾고 있습니다. 6 르우벤이 그들에게 말했다. 너희가 우리 아버지의 흰 머리가 슬픔 가운데 무덤으로 내려가도록 행한 이 일이 무엇이냐? 너희가 행한 그 일이 선하지 않다. 7 르우벤이 그들과 함께 앉았고 그들 모두가 일어나 서로에게 이 일을 야곱에게 말하지 않겠다고 맹세하였다. 그들이 모두 말했다. 이 일을 우리 아버지나 그의 가족에게 말하거나 이 일을 그 땅의 자손 중 누구에게든지 말하는 자는 우리가 모두 그를 대적하여 일어나 그를 칼로 죽일 것이다. 8 야곱의 아들들이 가장 어린 자부터 가장 큰 자까지 이 일로 서로를 두려워하고 아무도 말 한마디 하지 않았다. 그들이 그 일을 그들의 마음속에 숨겼다.

요셉의 형들이 요셉의 옷에 피를 묻혀 야곱에게 보냄

9 그 후에 그들이 앉아서 이 모든 일에 대하여 그들의 아버지 야곱에게 말할 것을 정하고 꾸며냈다. 10 잇사갈이 그들에게 말했다. 너희를 위한 조언이 있다. 이 일을 행하는 것이 너희 보기에 좋거든 요셉의 옷을 가져다가 그것을 찢고 염소들 중 새끼 하나를 잡아서 그 옷을 그것의 피에 담가라. 11 그리고 그것을 우리 아버지에게 보내라. 그가 그것을 볼 때 이렇게 말할 것이다. 이 악한 짐승이 그를 잡아먹어 그의 옷을 찢었으니 보라 그의 피가 그의 옷에 있구나. 너희가 이 일을 행함으로 우리가 그의 원망에서 벗어나게 될 것이다. 12 그들이 잇사갈의 조언을 좋게 여겨 그들이 그의 말을 듣고 잇사갈이 그들에게 조언한 그 말에 따라 행했다. 13 그들이 급히 요셉의 옷을 가져다가 그것을 찢고 그들이 염소들 중 새끼 한 마리를 죽여 그 옷을 그 새끼의 피에 담

갔다. 그리고 그것을 흙 속에서 밟고 그 옷을 납달리의 손에 그들의 아버지 야곱에게로 보냈다. 그들이 그에게 이 말을 하라고 명했다. 14 우리가 가축을 모으고 세겜으로 가는 길에 이르자 우리가 광야 길에서 피와 흙이 묻은 이 옷을 발견했습니다. 그러므로 이제 그것이 당신의 아들의 옷인지 아닌지 보십시오. 15 납달리가 가서 그가 그의 아버지에게 이르러 그에게 그 옷을 주었다. 그가 그 아버지에게 그의 형제들이 그에게 명령한 모든 말을 전했다. 16 야곱이 요셉의 옷을 보고 그가 그것을 알아보고 그가 땅에 엎드려 돌처럼 가만히 있었다. 그 후에 그가 일어나 큰 소리로 외치고 울며 말했다. 이것은 내 아들 요셉의 옷이다! 17 야곱이 급히 그의 종들 중 하나를 그의 아들들에게로 보내자 그가 그들에게 가다가 그들이 양 떼와 함께 길을 따라 오는 것을 발견했다. 18 야곱의 아들들이 저녁 즈음에 그들의 아버지에게 이르니 보라 그들의 옷이 찢어졌고 그들이 먼지를 그들의 머리에 뒤집어썼으며 그들이 그들의 아버지가 큰 소리로 부르짖고 우는 것을 발견했다. 19 야곱이 그의 아들들에게 말했다. 너희가 오늘 갑자기 내게 어떤 재앙을 가져왔는지 진실히 말해라. 그들이 그들의 아버지 야곱에게 대답하여 말했다. 우리가 오늘 양 떼를 모은 후에 함께 가서 광야 길 옆 세겜 성읍에까지 이르렀습니다. 우리가 땅에서 피로 물든 이 옷을 발견하고 우리가 그것을 알고 당신에게 보내어 당신이 그것을 알아보는지 알고자 했습니다.

야곱이 요셉으로 인하여 애통함

20 야곱이 그의 아들들의 말을 듣고 그가 큰 소리로 부르짖으며 말했다. 그것은 내 아들의 옷이다. 악한 짐승이 그를 잡아먹었다. 요셉이 찢겼구나. 이는 오늘 내가 그를 보내어 너희와 양 떼가 잘 있는지

보고 너희에게서 내게 소식을 가져오라고 했기 때문이다. 그는 내가 명령한 대로 갔고 내가 내 아들이 너희와 함께 있다고 생각할 때 이 날 이 일이 그에게 일어났구나. 21 야곱의 아들들이 대답하여 그에게 말했다. 그가 우리에게 오지도 않았고 우리가 나갈 때부터 지금까지 그를 보지 못했습니다. 22 야곱이 그들의 말을 듣자 그가 다시 크게 울었다. 그가 일어나 그의 옷을 찢고 베로 허리를 동였다. 그가 슬피 울며 애통하고 그의 목소리를 높여 울며 이렇게 말했다. 23 내 아들 요셉아, 요셉 내 아들아, 내가 오늘 너를 네 형들이 잘 지내는지 알아보려고 보냈으나 보라 네가 찢겼구나. 이 일이 내 손을 통하여 내 아들에게 일어났구나. 24 내 아들 요셉 너로 인하여 내가 슬프구나. 너로 인하여 내가 슬프구나. 네가 살아있는 동안에 내게 얼마나 사랑스러웠는가. 이제 네 죽음이 나에게 몹시 슬프구나. 25 내 아들 요셉아, 내가 너를 대신하여 죽었더라면. 내 아들 너로 인하여 내가 몹시 슬프구나. 내 아들, 내 아들아, 내 아들 요셉아, 네가 어디 있느냐? 네가 어디로 끌려갔느냐? 일어나라. 네가 있는 곳에서 일어나 와서 내가 너로 인하여 슬퍼하는 것을 보아라. 내 아들 요셉아. 26 이제 와서 내 눈에서 내 **뺨**으로 쏟아져 나오는 눈물을 세어 보아라. 그것을 주 앞에 가져가서 그분의 화가 나로부터 돌이켜지도록 해라. 27 내 아들 요셉아, 네가 어찌 창세부터 오늘까지 아무도 쓰러뜨리지 않았던 한 사람의 손에 쓰러졌느냐? 이는 네가 원수가 치는 것과 포악한 고통으로 죽게 되었기 때문이나 내가 분명히 이 일이 나의 많은 죄로 인하여 너에게 일어난 것을 아노라. 28 이제 일어나 내 아들 너로 인한 나의 고통이 얼마나 비통한지 보아라. 비록 내가 너를 세우지 않았고 너를 만들지 않았고 너에게 숨과 생명을 주지 않았으나 하나님이 너를 지으시고 네 **뼈**를 만드시고 그것을 살로 덮으시고 너의 코에 생명의 숨을 불어넣으시고 그가 너를 내게 주셨다. 29 이제 진실로 너를 내게 주신 하나님 그가 너를 내게서 데려가셨고 그 일이 네게 일어났다.

야곱의 가족이 그를 위로함

30 야곱이 계속해서 요셉에 대하여 이와 같은 말을 하며 그가 슬피 울다가 그가 땅에 엎드려 잠잠하게 되었다. 31 야곱의 모든 아들들이 자기들의 아버지의 고통을 보고 그들이 한 일을 뉘우치며 그들도 슬피 울었다. 32 유다가 일어나 그의 아버지의 머리를 땅에서 들어 그의 무릎 위에 두었다. 그가 아버지의 뺨에서 그의 눈물을 닦았다. 유다가 몹시 큰 소리로 울었고 그의 아버지의 머리는 그의 무릎에 기대어 여전히 돌처럼 가만히 있었다. 33 야곱의 아들들이 자기들의 아버지의 고통을 보고 그들이 그들의 소리를 높여 계속해서 울었으며 야곱은 여전히 돌처럼 가만히 땅에 누워있었다. 34 그의 모든 아들과 그의 종들과 그의 종들의 자녀들이 일어나 그의 주변에 서서 그를 위로하려 하였으나 그가 위로받기를 거절하였다. 35 야곱의 모든 가족이 일어나 요셉과 그들의 아버지의 고통으로 인하여 크게 애통했다. 그 소식이 야곱의 아버지, 아브라함의 아들 이삭에게 들리자 그와 그의 모든 가족이 요셉의 일로 슬피 울었다. 그가 그의 사람들과 함께 헤브론에서 그가 거주하던 곳에서 가서 그의 아들 야곱을 위로했으나 그가 위로받기를 거절했다.

야곱이 요셉의 시신과 요셉을 찢은 짐승을 찾으라고 명함

36 이 일 후에 야곱이 땅에서 일어났는데 그의 눈물이 그의 뺨에 흘러내리고 있었다. 그가 그의 아들들에게 말했다. 일어나 너희 칼과 너희 활을 들고 들로 나가라. 너희가 내 아들의 시신을 찾을 수 있는지

알아보고 그를 내게로 데려와 내가 그를 장사하게 하라. 37 또한 내가 너희에게 구하니 짐승들 가운데 찾아서 그것들을 사냥하여 너희 앞에 가장 먼저 나오는 것을 너희가 사로잡아 나에게 가져와라. 어쩌면 주께서 오늘 내 고통을 불쌍히 여기셔서 내 아들을 찢은 그것을 너희 앞에 예비하시리라. 그러면 그것을 내게로 가져오라. 내가 내 아들의 원수를 갚으리라. 38 그의 아들들이 자기들의 아버지가 자기들에게 명령한 대로 행했다. 그들이 아침 일찍 일어나 각자가 자기 칼과 활을 자기 손에 들고 그들이 짐승들을 사냥하러 들로 나갔다. 39 야곱은 여전히 크게 부르짖고 울며 집안을 이리저리 걸어 다니고 그의 손뼉을 치며 말했다. 내 아들 요셉아, 내 아들 요셉아. 40 야곱의 아들들이 짐승들을 잡기 위하여 광야로 가니 보라 늑대 한 마리가 그들에게로 왔다. 그들이 그것을 잡아 그들의 아버지에게로 가져가서 그에게 말했다. 이것이 우리가 찾은 첫 번째 짐승입니다. 당신이 우리에게 명령한 대로 우리가 그것을 당신에게 가져왔으나 당신의 아들의 시신은 우리가 찾을 수 없었습니다. 41 야곱이 그의 아들들의 손에서 그 짐승을 받았다. 그가 큰 소리로 부르짖고 슬피 울며 그 짐승을 그의 손에 붙들고 그가 슬픈 심정으로 그 짐승에게 말했다. 네가 어찌하여 내 아들 요셉을 잡아먹었느냐? 네가 어찌 이 땅의 하나님이나 내 아들 요셉에 대한 내 고통을 두려워하지 않았느냐? 42 내 아들이 어떤 폭력도 행하지 않았으나 네가 그를 이유 없이 잡아먹고 그것으로 내가 그의 일에 대하여 비난을 받도록 했다. 그러므로 하나님이 고통받은 그에 대하여 요구하실 것이다.

하나님이 짐승을 통하여 야곱을 위로하심

43 그러자 주께서 짐승의 말로 야곱을 위로하기 위하여 그것의 입

을 여겼다. 그 짐승이 야곱에게 대답하여 그에게 이 말을 했다. 44 땅에서 우리를 창조하신 주께서 살아계시고 당신의 생명이 살아있는 한, 내 주여, 내가 당신의 아들을 보지도 못했고 내가 그를 찢지도 않았습니다. 그러나 오늘 나도 나를 떠난 내 아들을 찾으려고 먼 땅에서 왔습니다. 나는 그가 살았는지 죽었는지 알지 못합니다. 45 내가 오늘 내 아들을 찾으러 들로 갔을 때에 당신의 아들들이 나를 찾아서 나를 잡아 내 슬픔을 더하고 오늘 나를 당신 앞으로 데리고 왔습니다. 이제 내가 내 모든 말을 당신에게 말했습니다. 46 사람의 아들이여, 그러므로 이제 내가 당신의 손에 있으니 오늘 당신의 눈에 좋게 여기는 대로 내게 행하십시오. 그러나 나를 창조하신 하나님의 살아계심으로 말하니 내가 당신의 아들을 보지 못했고 그를 찢지도 않았으며 내 삶의 모든 날에 사람의 살이 내 입에 들어오지도 않았습니다. 47 야곱이 그 짐승의 말을 들었을 때에 그가 크게 놀라 그의 손에서 그 짐승을 보내어 그것이 그의 길을 갔다. 48 야곱이 계속해서 날마다 요셉을 위하여 크게 부르짖으며 울었다. 그가 그의 아들을 위하여 많은 날을 애통했다.

44 요셉이 보디발에게 팔림

요셉이 므단 사람들에게 팔림

1 미디안 사람들이 요셉의 형들에게서 요셉을 사고 이스마엘 자손이 미디안 사람들에게서 그를 샀다. 그들이 요셉과 함께 이집트로 가서 그들이 이집트 국경에 이르렀다. 그들이 이집트 가까이에 이르렀을 때에 그들이 아브라함의 아들 므단의 자손 네 사람을 만났는데 그들은 이집트 땅에서 그들의 길을 가고 있었다. 2 이스마엘 사람들이 그들에게 말했다. 당신들이 우리에게서 이 노예를 사겠소? 그들이 대답했다. 그를 우리에게 넘기시오. 그들이 요셉을 그들에게 넘겼다. 그들이 그를 보니 그가 매우 잘생긴 청년이었다. 그들이 그를 20세겔에 샀다.

요셉이 바로의 친위대장 보디발에게 팔림

3 이스마엘 사람들은 이집트로 그들의 길을 갔고 므단 사람들도 그날 이집트로 돌아갔다. 므단 사람들이 서로에게 말했다. 보라 우리가 바로의 신하 친위대장 보디발이 그의 앞에 서서 그를 시중들고 그의 집과 그의 모든 소유를 돌볼 총무로 삼을 좋은 종을 찾는다는 것을 들었다. 4 그러므로 이제 만일 우리가 그에게 요구하는 대로 그가 줄 수 있다면 우리가 이 청년을 우리가 원하는 값에 그에게 팔자. 5 므단 사람들이 가서 보디발의 집에 이르러 그에게 말했다. 우리가 당신이 당

신을 시중들 좋은 종을 구한다는 것을 들었습니다. 보십시오 우리에게 당신이 마음에 들 만한 종이 있습니다. 만일 당신이 우리에게 우리가 원하는 것을 줄 수 있다면 우리가 그를 당신에게 팔겠습니다. 6 보디발이 말했다. 그를 내 앞으로 데려오라. 내가 그를 보겠다. 만일 그가 내 마음에 들면 너희가 그에 대하여 요구하는 것을 내가 너희에게 주겠다. 7 므단 사람들이 가서 요셉을 데려와 보디발 앞에 두었다. 그가 그를 보고 매우 만족스럽게 여겼다. 보디발이 그들에게 말했다. 너희가 이 청년에 대하여 요구하는 것이 무엇인지 말하라. 8 그들이 말했다. 우리가 그에 대하여 은 400개를 원합니다. 보디발이 말했다. 너희가 그가 너희에게 팔린 기록을 내게 가져오고 그의 내력을 내게 말하면 내가 그것을 너희에게 주겠다. 이는 혹시 그가 사로잡혔거나 이 청년이 노예나 노예의 아들이 아닐 수 있기 때문이다. 그러나 내가 그를 보니 용모가 아름답고 잘생긴 사람이다. 9 므단 사람들이 가서 그 청년을 자기들에게 판 이스마엘 사람들을 그에게 데려와 그들이 그에게 말했다. 그는 노예이며 우리가 그를 그들에게 팔았습니다. 10 보디발이 이스마엘 사람들의 말을 듣고 그가 은을 므단 사람들에게 주었다. 므단 사람들이 그 은을 가지고 그들의 길을 갔고 이스마엘 사람들도 집으로 돌아갔다.

요셉이 보디발 집의 총무가 됨

11 보디발이 요셉을 데리고 자기 집으로 데려가 자기를 섬기게 했다. 요셉이 보디발의 눈에 은혜를 입고 보디발이 요셉을 신임하여 그를 자기 집을 주관하는 총무로 삼고 자기의 모든 소유를 그의 손에 위탁하였다. 12 주께서 요셉과 함께 하셔서 그가 번창한 사람이 되었고 주께서 요셉으로 인하여 보디발의 집에 복을 주셨다. 13 보디발이 그

의 모든 소유를 요셉의 손에 맡겨 요셉이 일이 들어오고 나가는 것을 맡는 사람이 되었고 그가 보디발의 집의 모든 일을 자기가 원하는 대로 다스렸다.

보디발의 아내 슬리카가 요셉을 유혹함

14 요셉은 18세로 눈이 아름답고 용모가 잘생긴 청년으로 이집트 온 땅에 그와 같은 사람이 없었다. 15 그 때에 그가 그의 주인의 집을 들어오고 나가며 그의 주인을 시중들며 그 집에 있을 때였다. 그의 주인의 아내 슬리카가 요셉을 향하여 눈을 들어 그를 보니 그가 아름답고 잘생긴 청년이었다. 16 그 여자가 마음속으로 그의 아름다움을 탐내었고 그 여자의 마음이 요셉에게 고정되어 그 여자가 날마다 그를 유혹하였다. 슬리카가 날마다 요셉에게 청하였으나 요셉이 그의 눈을 들어 그 주인의 아내를 보지도 않았다. 17 슬리카가 그에게 말했다. 너의 용모와 모습이 어찌 그리 아름다운지 진실로 내가 모든 노예를 보았으나 너와 같이 아름다운 노예를 본 적이 없다. 요셉이 그 여자에게 말했다. 분명 내 어머니의 태에서 나를 창조하신 분이 모든 사람을 창조하셨습니다. 18 그 여자가 그에게 말했다. 네 눈이 어찌 그리 아름다운지 네가 그것으로 이집트 모든 주민, 남자들과 여자들의 눈을 부시게 했구나. 그가 그 여자에게 말했다. 우리가 살아있는 동안 그들이 어찌 그리 아름다운지요. 그러나 당신은 무덤 속에서 그들을 볼 것이며 당신은 그들에게서 떠나게 될 것입니다. 19 그 여자가 그에게 말했다. 너의 모든 말들이 어찌 그리 아름답고 기쁜가. 내가 너에게 간청하니 이제 집 안에 있는 수금을 들고 네 손으로 연주하여 우리가 너의 말들을 듣게 하라. 20 그가 그 여자에게 말했다. 내가 나의 하나님과 그분의 영광을 찬송하는 말을 할 때 나의 말들이 어찌 그리 아름답고 기

쁜지요. 그 여자가 그에게 말했다. 네 머리의 머리카락이 어찌 그리 아름다운가. 내가 너에게 간청하니 집 안에 있는 금 빗을 취하여 네 머리의 머리카락을 곱슬곱슬하게 하여라. 21 그가 그 여자에게 말했다. 당신이 언제까지 이런 말들을 하려 합니까? 나에게 이 말들 말하기를 그치고 일어나 당신의 집안 일을 돌보십시오. 22 그 여자가 그에게 말했다. 내 집에는 아무도 없으며 네 말들과 네가 원하는 것 말고는 돌볼 일이 없다. 이 모든 일에도 불구하고 그 여자가 요셉을 자기에게 오게 할 수 없었고 그가 그 여자에게 눈길도 주지 않고 단지 그의 눈은 아래로 땅을 향했다. 23 슬리카가 마음 속으로 요셉이 자기와 동침하기를 갈망했다. 요셉이 그의 일을 하며 집 안에 앉아 있을 때에 슬리카가 와서 그의 앞에 앉아 그 여자가 자기와 동침하거나 자기를 보기만이라도 해달라고 날마다 유혹했으나 요셉이 그 여자의 말에 귀를 기울이려 하지 않았다. 24 그러자 그 여자가 그에게 말했다. 네가 내 말대로 행하지 않으면 내가 죽음의 형벌로 너를 벌하고 너에게 철 멍에를 메게 할 것이다. 25 요셉이 그 여자에게 말했다. 사람을 창조하신 하나님께서 묶인 자들의 족쇄를 푸실 것이며 그분이 당신의 감옥과 당신의 심판에서 나를 구하실 것입니다.

보디발의 아내가 요셉으로 인하여 상사병에 걸림

26 그 여자가 그에게 청하여도 이길 수 없게 되었으나 그 여자의 마음이 여전히 그에게 고정되었다. 그 여자가 자기의 갈망으로 심한 병에 걸렸다. 27 이집트의 모든 여자들이 그 여자를 방문하여 그들이 그 여자에게 물었다. 당신이 왜 이렇게 쇠하였습니까? 당신에게는 부족한 것이 없습니다. 분명 당신의 남편은 왕의 눈에 위대하고 높임을 받는 사람입니다. 당신의 마음이 원하는 것에 부족한 것이 있습니까?

28 슬리카가 그들에게 대답하여 말했다. 이 날 너희가 나를 보는 곳에서 이 병이 어디에서 났는지 너희가 알게 할 것이다. 그리고 그 여자가 시녀들에게 그 모든 여자들을 위하여 음식을 준비하도록 명령했다. 그 여자가 그들을 위하여 연회를 열고 모든 여자가 슬리카의 집에서 음식을 먹었다. 29 그 여자가 그들에게 유자 껍질을 벗겨서 먹도록 칼을 주고 그 여자가 요셉에게 값비싼 옷을 입히고 그들 앞으로 나오도록 명하였다. 요셉이 그들의 눈 앞에 나타나자 모든 여자들이 요셉을 보고 그에게서 눈을 뗄 수 없었다. 그들 모두가 손에 있는 칼에 손을 베었고 그들의 손에 있던 모든 유자에 피가 흥건했다. 30 그들이 자기가 무엇을 했는지 알지 못했으나 그들이 계속해서 요셉의 아름다움을 바라보고 그에게서 눈을 떼지 않았다. 31 슬리카가 그들이 한 것을 보고 그 여자가 그들에게 말했다. 너희들이 한 이 일이 무엇이냐? 보라 내가 너희에게 유자를 먹으라고 주었으나 너희들이 모두 너희 손을 베었다. 32 모든 여자들이 그들의 손을 보니 손이 피로 가득했고 그들의 피가 그들의 옷에 흘러내렸다. 그들이 그 여자에게 말했다. 우리가 당신의 집에 있는 이 노예에게 압도되었고 우리가 그의 아름다움으로 인하여 그에게서 눈을 돌릴 수 없었습니다. 33 그 여자가 그들에게 말했다. 분명 너희가 그를 보는 순간에 이 일이 너희에게 일어났고 너희가 자제할 수 없었다. 그러면 그가 계속해서 내 집 안에 있고 내가 날마다 그가 내 집에 들어오고 나가는 것을 볼 때 내가 어떻게 자제할 수 있겠느냐? 내가 이것으로 인하여 어떻게 쇠하여지지 않거나 약하여지지 않을 수 있겠느냐? 34 그들이 그 여자에게 말했다. 그 말이 참되니 누가 집 안에서 이 아름다운 모습을 보고 그에게서 삼갈 수 있겠습니까. 그가 당신의 노예이고 당신의 집에서 수종드는 사람이 아닙니까? 그런데 당신은 어찌하여 당신의 마음 속에 있는 것을 그에게 말하지 않고

이 일로 인하여 당신의 혼이 죽게 하십니까? 35 그 여자가 그들에게 말했다. 내가 날마다 그를 설득하려고 애쓰고 있으나 그가 내 소원을 허락하지 않았다. 내가 그에게 모든 좋은 것을 약속했으나 그에게서 아무 대답도 듣지 못했다. 그래서 내가 너희가 보는 바와 같이 쇠한 상태이다. 36 슬리카가 요셉에 대한 자기의 갈망으로 인하여 심히 병들었고 그 여자가 그로 인하여 심한 상사병에 걸렸다. 슬리카의 집의 모든 사람들과 그 여자의 남편은 슬리카가 요셉에 대한 사랑으로 인하여 병든 일에 대하여 전혀 몰랐다. 37 그 여자의 집의 모든 사람들이 그 여자에게 물었다. 당신은 부족한 것이 없는데 어찌하여 아프고 쇠하였습니까? 그 여자가 그들에게 말했다. 나는 날마다 나에게 커지고 있는 이 일에 대하여 알지 못했다. 38 모든 여자들과 그 여자의 친구들이 날마다 그 여자를 보기 위하여 와서 그들이 그 여자와 이야기를 나눴다. 그 여자가 그들에게 말했다. 이것은 오직 요셉에 대한 사랑 때문일 것이다. 그들이 그 여자에게 말했다. 은밀하게 그를 유혹하고 그를 붙잡으십시오. 어쩌면 그가 당신의 말을 듣고 당신을 이 죽음에서 벗어나게 할 것입니다. 39 슬리카가 요셉에 대한 사랑으로 더 악화되고 일어날 힘이 없을 정도로 계속 쇠하였다.

요셉이 슬리카를 완강히 거절함

40 어느 날 요셉이 집에서 그의 주인의 일을 하고 있을 때 슬리카가 몰래 와서 갑자기 그를 덮쳤다. 요셉이 그 여자에 대항하여 일어났다. 그가 그 여자보다 힘이 더 세므로 그가 그 여자를 땅에 내려놓았다. 41 슬리카가 그에 대한 자기 마음의 갈망으로 인하여 울었다. 그 여자가 울면서 그에게 간청했고 그 여자의 눈물이 뺨에 흘러내렸다. 그 여자가 간청하는 목소리와 비통한 마음으로 그에게 말했다. 42 네

가 나와 같은 매우 아름다운 여인이나 나보다 더 나은 여인에 대하여 듣거나 보거나 알았던 적이 있느냐? 내가 날마다 너에게 말하고 너에 대한 사랑으로 쇠하여지며 내가 너를 크게 존귀하게 하였으나 너는 여전히 내 말을 들으려하지 않느냐? 43 만일 그것이 너의 주인이 너에게 벌을 줄까 하여 그에 대한 두려움으로 인한 것이라면, 왕이 살아계시는 한 이 일로 인하여 네 주인으로부터 네게 아무런 해도 없을 것이다. 그러므로 이제 구하노니 내 말을 듣고 내가 너를 존귀하게 한 것을 위하여 허락하고 이 죽음이 나에게서 없어지게 하라. 내가 어찌하여 너 때문에 죽어야 하겠느냐? 그 여자가 말하기를 그쳤다. 44 요셉이 그 여자에게 대답하여 말했다. 나를 멀리하고 이 문제를 내 주인에게 맡기십시오. 보십시오. 나의 주인이 집에서 내가 무슨 일을 하는지 알지 못하며 그가 그의 모든 소유를 내 손에 맡겼는데 내가 어떻게 나의 주인의 집에서 이런 일들을 행하겠습니까? 45 그가 또한 나를 그의 집에서 크게 존귀하게 하였고 그가 나를 그의 집을 주관하는 자로 삼았습니다. 그가 나를 높여 이 집에서 나보다 큰 이가 없으며 그가 아무것도 내게 금하지 아니하였으나 금한 것은 당신뿐이니 당신은 그의 아내입니다. 그런데 당신은 어떻게 이 말을 내게 할 수 있으며 내가 어떻게 이 큰 죄악을 하나님과 당신의 남편에게 지을 수 있습니까? 46 그러므로 이제 나를 멀리하고 이와 같은 말을 더 이상 하지 마십시오. 내가 당신의 말에 귀 기울이지 않을 것입니다. 그러나 슬리카가 요셉이 자기에게 하는 말을 듣지 않았고 그 여자가 자기의 말을 들어달라고 날마다 그를 유혹했다.

요셉이 자기 옷을 버려두고 슬리카에게서 달아남

47 이 일 후에 이집트의 강이 사면에 가득하여 넘쳤다. 이집트의

모든 주민들이 나아가고 왕과 고관들도 나아가 탬버린을 들고 춤을 추었으니 이는 이것이 이집트의 큰 기쁨이고 시홀 강이 범람하는 때가 축제일이기 때문이다. 그들이 그곳으로 가서 하루 종일 기뻐하였다. 48 이집트 사람들이 그들의 관습에 따라 그 강에 가서 즐거워하고 보디발의 집의 모든 사람들도 그들과 함께 갔다. 그러나 슬리카는 그들과 함께 가지 않았으니 이는 그 여자가 나는 마음이 내키지 않는다고 했기 때문이다. 그 여자가 집에 혼자 남았고 그 집에는 다른 사람이 아무도 없었다. 49 그 여자가 일어나 그 집에 있는 그 여자의 신당으로 올라가 호화로운 옷을 입었다. 그리고 그 여자가 은과 금으로 장식한 호마노의 보석을 머리 위에 두고 자기 얼굴과 피부를 온갖 종류의 여자들의 정결하게 하는 향품으로 꾸몄다. 그리고 그 여자가 그 신당과 그 집을 육계와 유향의 향기로 가득 채우고 몰약과 알로에를 뿌렸다. 그리고 나서 그 여자가 신당의 입구에 앉았는데 그곳은 그 집의 통로로 요셉이 그의 일을 하기 위하여 지나는 곳이다. 보라 요셉이 들에서 와서 그의 주인의 일을 하기 위하여 그 집으로 들어갔다. 50 그가 자기가 지나가야 하는 장소에 이르렀다. 그가 슬리카가 한 모든 일을 보고 되돌아갔다. 51 슬리카가 요셉이 자기로부터 돌아가는 것을 보고 그 여자가 요셉을 부르며 말했다. 요셉, 무엇이 너를 괴롭게 하느냐? 네 일을 하러 오라. 보라 네가 네 자리로 지나갈 때까지 내가 너를 위하여 자리를 만들겠다. 52 요셉이 돌아와 그 집으로 와서 그의 자리로 갔고 그가 전과 같이 그의 주인의 일을 하려고 앉았다. 보라 슬리카가 그에게 와서 호화로운 옷을 입고 그의 앞에 섰고 그 여자의 옷에서 향기가 멀리까지 퍼졌다. 53 그 여자가 급히 요셉과 그의 옷을 붙잡고 그 여자가 그에게 말했다. 왕이 살아계시는 한 네가 나의 요구를 들어주지 않으면 네가 이 날 죽을 것이다. 그 여자가 급히 다른 손을 뻗어서 자기 옷 아래에 있던 칼을 뽑아 요셉의 목에 들이대고 말했다. 일어나 나의 요구를 행하라. 그렇지 않으면 네가 이 날 죽을 것이다. 54 요셉이 그 여자가 이 일을 행하는 것을 두려워하여 그가 그 여자에게서 일어나 도망하였다. 그 여자가 그의 옷의 앞을 잡자 그가 두려워하여 도망하면서 슬리카가 잡은 옷이 찢어졌다. 요셉이 그 옷을 슬리카의 손에 버려두고 도망하여 밖으로 나갔으니 이는 그가 두려웠기 때문이다.

슬리카가 집 사람들과 남편에게 요셉을 고발함

55 슬리카가 요셉의 옷이 찢어진 것과 그가 그것을 자기 손에 버려두고 도망한 것을 보고 자기에 대한 소문이 퍼져 나갈 것을 두려워하였다. 그래서 그 여자가 일어나 간교히 행하여 자기가 입고 있던 옷을 벗고 다른 옷을 입었다. 56 그 여자가 요셉의 옷을 들어 그것을 자기 곁에 두고 그 여자가 가서 집 사람들이 강으로 가기 전에 자기가 병으로 누워 있던 곳으로 가서 앉았다. 그 여자가 그 때 집에 있던 어린 소년을 불러서 그 집 사람들을 불러 자기에게 오도록 명령했다. 57 그 여자가 그들을 보자 애통하며 그들에게 큰 소리로 말했다. 너희 주인이 나에게 데려온 히브리 사람이 집에서 무슨 일을 했는지 보라. 그가 이 날 나와 동침하려고 왔다. 58 너희들이 밖에 나갔을 때에 그가 집에 와서 집 안에 아무도 없는 것을 보고 그가 나에게 와서 나를 붙잡고 나와 동침하려 했다. 59 내가 그의 옷을 붙잡아 그것을 찢고 그에게 크게 소리치니 내가 소리칠 때 그가 두려워하여 내 앞에 그의 옷을 두고 도망하였다. 60 그 여자의 집 사람들이 아무 말도 하지 않았으나 그들이 요셉에게 몹시 화가 났다. 그들이 그의 주인에게 가서 그에게 그의 아내의 말을 전했다. 61 보디발이 크게 노하며 집으로 오자 그의 아내가 그에게 소리 치며 말했다. 당신이 히브리 종을 내 집으로 데려와 나에게

한 이 일이 무엇입니까? 그가 오늘 나에게 와서 나를 희롱하려고 하였습니다. 그가 오늘 나에게 이렇게 행하였습니다.

보디발이 채찍질로 요셉을 벌함

62 보디발이 그의 아내의 말을 듣고 그가 요셉을 심한 채찍질로 벌하도록 명령하자 그들이 그에게 그렇게 행했다. 63 그들이 요셉을 때리고 있을 때 그가 큰 소리로 부르짖었고 그가 그의 눈을 들어 하늘을 보며 말했다. 주 하나님, 당신은 내가 이 모든 일들에서 무죄함을 아십니다. 그런데 내가 이 날 어찌하여 거짓말로 이 할례 받지 않은 악한 자들의 손에 죽어야 합니까? 주께서 그들을 아십니다.

하나님이 어린 아이의 입으로 요셉을 변호하심

64 보디발의 사람들이 요셉을 때리고 있을 때 그가 계속해서 부르짖으며 울었다. 그곳에 11개월 된 아이가 있었는데 주께서 그 아이의 입을 열어 그 아이가 요셉을 때리고 있는 보디발의 사람들 앞에서 이 말을 했다. 65 당신들이 이 사람에게 원하는 것이 무엇입니까? 당신들이 어찌하여 그에게 이 악을 행합니까? 나의 어머니가 거짓을 말해서 일이 이렇게 된 것입니다. 66 그 아이가 일어난 모든 일을 그들에게 정확히 말하고 슬리카가 요셉에게 날마다 했던 말을 그들에게 전했다. 67 그 모든 사람이 아이의 말을 듣고 그들이 그 아이의 말에 크게 놀랐다. 그 후에 그 아이가 말하기를 그치고 잠잠했다. 68 보디발이 그의 아들의 말을 듣고 크게 부끄러워하여 그가 그의 사람들에게 더 이상 요셉을 때리지 말라고 명하자 그 사람들이 요셉을 때리기를 그쳤다.

요셉이 재판을 받음

69 보디발이 이 일에 대하여 요셉을 재판하기 위하여 그를 데려가 왕에게 속한 재판관들인 제사장들 앞에서 재판을 받게 했다. 70 보디발과 요셉이 왕의 재판관인 제사장들 앞으로 와서 그가 그들에게 말했다. 그가 이러이러하게 행하였으니 이 종에게 어떤 판결을 내릴지 정해 주십시오. 71 그 제사장들이 요셉에게 말했다. 너는 어찌하여 너의 주인에게 이 일을 행하였느냐? 요셉이 그들에게 대답하여 말했다. 내 주여, 그 일이 그렇지 않습니다. 보디발이 요셉에게 말했다. 내가 분명 나의 모든 소유를 너에게 맡기고 내 아내를 제외하고 너에게 금한 것이 없었다. 그런데 너가 어떻게 이 악한 일을 행할 수 있느냐? 72 요셉이 대답하여 말했다. 내 주여, 그렇지 않습니다. 주께서 살아 계시고 내 생명이 살아 있는 한, 내 주여, 주께서 주의 아내에게서 들은 말은 사실이 아닙니다. 오늘 일이 그렇게 된 것입니다. 73 내가 주의 집에 거한지 일 년이 지났습니다. 주께서 나에게 어떤 부당한 일이나 주께서 내게 생명을 요구할 만한 어떤 일이라도 보신 적이 있습니까? 74 제사장들이 보디발에게 말했다. 우리가 당신에게 구하니, 사람들을 보내어 그들이 요셉의 찢어진 옷을 우리 앞으로 가져오도록 하시오. 우리가 그 찢어진 것을 보아 만일 그 찢어진 것이 옷의 앞쪽이면 그의 얼굴이 그 여자의 반대편을 향하고 있었고 그 여자가 자기에게 오도록 그를 붙든 것이오. 그러면 당신의 아내가 말한 모든 것은 거짓이오. 75 그들이 재판관인 제사장들 앞으로 요셉의 옷을 가져왔다. 그들이 보니 보라 그 찢어진 것이 요셉의 옷의 앞쪽이었다. 모든 재판하는 제사장들이 그 여자가 그를 붙잡았다는 것을 알았다. 그들이 말했다. 이 종이 행한 일이 없으므로 그에게 죽음의 판결을 내리지 않는다. 그러나 그에 대한 판결은 이러하니 그를 통하여 당신의 아내에 대한

나쁜 소문이 퍼졌으니 그는 옥에 갇혀야 한다.

요셉이 옥에 갇힘

76 보디발이 그들의 말을 듣고 그가 그를 옥에 두었는데 그곳은 왕의 죄수를 가두는 곳이었다. 요셉이 그 감옥에서 12년 동안 있었다. 77 그럼에도 불구하고 그의 주인의 아내는 요셉으로부터 돌이키지 않고 그 여자가 그에게 자기의 말을 들어달라고 매일 말하기를 그치지 않았다. 세 달이 지날 때까지 슬리카가 날마다 계속해서 감옥에 있는 요셉에게 가서 자기의 말을 들어달라고 유혹했다. 슬리카가 요셉에게 말했다. 네가 이 집에 언제까지 있을 것이냐? 이제 내 말을 들으라. 그러면 내가 너를 이 집에서 꺼내주겠다. 78 요셉이 그 여자에게 대답하여 말했다. 내가 당신의 말을 듣고 하나님께 죄를 짓는 것보다 이 집에서 지내는 것이 좋습니다. 그 여자가 그에게 말했다. 네가 내 청을 들어주지 않으면 내가 너의 눈을 뽑아내고 너의 발에 족쇄를 채워서 네가 전에 알지 못하던 사람들의 손에 너를 넘길 것이다. 79 요셉이 그 여자에게 대답하여 말했다. 보시오, 온 세상의 주께서는 당신이 나에게 할 수 있는 모든 일에서 나를 건지실 수 있습니다. 그분은 눈 먼 자들의 눈을 뜨게 하시고, 묶인 자들을 풀어주시고, 땅에 익숙하지 않은 나그네들을 지키는 분이기 때문입니다. 80 슬리카가 요셉이 자기 말을 듣도록 설득할 수 없게 되자 그 여자가 그를 유혹하러 가는 것을 멈추었다. 요셉은 여전히 옥에 갇혀 있었다. 그 때에 요셉의 아버지 야곱과 가나안 땅에 있던 그의 모든 형제들이 여전히 요셉으로 인하여 슬퍼하며 울었다. 야곱이 그의 아들 요셉으로 인하여 위로 받기를 거절하였고 야곱이 그 모든 날들에 크게 소리치며 울며 애통했다.

45 야곱의 아들들의 가족

르우벤의 가족

1 요셉의 형제들이 그를 판 후에 요셉이 이집트로 내려간 그 해에 그 때에 야곱의 아들 르우벤이 딤나에 가서 가나안 사람 아비의 딸 엘리우람을 아내로 삼아 그가 그 여자에게 들어갔다. 2 르우벤의 아내 엘리우람이 임신하여 그에게 하녹과 발루와 헤스론과 갈미 네 아들을 낳았다.

시므온의 가족

그의 동생 시므온은 그의 여동생 디나를 아내로 삼았다. 그 여자가 그에게 므무엘과 야민과 오핫과 야긴과 소할 다섯 아들을 낳았다. 3 그 후에 그가 가나안 여자 부나에게 들어갔는데 그 여자는 시므온이 세겜 성읍에서 포로로 잡은 여자였다. 부나는 디나 보다 전에 있었고 부나가 디나를 돌봤다. 시므온이 부나에게 들어가서 그 여자가 그에게 사울을 낳았다.

유다의 가족

4 그 때에 유다가 아둘람으로 갔다. 그가 아둘람 사람에게 갔는데 그의 이름은 히라였다. 유다가 거기서 가나안 사람의 딸을 보았는데

그 여자의 이름은 알리얏으로 수아의 딸이었다. 그가 그 여자를 아내로 삼아 그 여자에게 들어갔다. 알리얏이 유다에게 엘과 오난과 실로 세 아들을 낳았다.

레위와 잇사갈의 가족

5 레위와 잇사갈이 동방 땅으로 가서 그들이 거기에서 에벨의 손자 욕단의 아들 요밥의 딸들을 아내로 삼았다. 욕단의 아들 요밥에게는 두 딸이 있었다. 언니의 이름은 아디나였고 동생의 이름은 아리다였다. 6 레위가 아디나를 아내로 삼고 잇사갈이 아리다를 아내로 삼았다. 그들이 가나안 땅으로, 그들의 아버지의 집으로 왔다. 아디나가 레위에게 게르손과 그핫과 므라리 세 아들을 낳았다. 7 아리다는 잇사갈에게 돌라와 부바와 욥과 쇼므론 네 아들을 낳았다.

단의 가족

단은 모압 땅으로 가서 모압 사람 하무단의 딸 아블라렛을 아내로 삼았다. 그가 그 여자를 가나안 땅으로 데리고 왔다. 8 아블라렛이 임신하지 못하여 자식이 없었다. 그 후에 하나님이 단의 아내 아블라렛을 기억하셔서 그 여자가 임신하여 아들을 낳았다. 그 여자가 그의 이름을 후심이라 하였다.

갓과 납달리의 가족

9 갓과 납달리가 하란으로 가서 그곳에서 나홀의 손자 우스의 아들 아무람의 딸들을 아내로 삼았다. 10 아무람의 딸들의 이름은 이러하니 언니의 이름은 므리마였고 동생의 이름은 우싯이었다. 납달리가 므리마를 아내로 삼고 갓이 우싯을 아내로 삼았다. 그들이 그 여자들을 데

리고 가나안 땅, 그들의 아버지의 집으로 갔다. 11 브리마가 납달리에게 야스엘과 구니와 야셀과 살렘 네 아들을 낳았고 우싯이 갓에게 스비온과 학기와 수니와 에스본과 에리와 아로디와 아랠리 일곱 아들을 낳았다.

아셀의 가족

12 아셀이 나아가서 이스마엘의 손자 하닷의 아들 아블랄의 딸 아돈을 아내로 삼았다. 그가 그 여자를 데리고 가나안 땅으로 갔다. 13 그 날들에 아셀의 아내 아돈이 죽었다. 그 여자에게는 자식이 없었다. 아돈이 죽은 후에 아셀이 강 저편으로 가서 셈의 손자 에벨의 아들 아비마엘의 딸 하두라를 아내로 삼았다. 14 그 젊은 여자는 용모가 아름답고 분별력이 있었다. 그 여자는 셈의 손자 에벨의 아들 말기엘의 아내였다. 15 하두라가 말기엘에게 딸을 낳았다. 그가 그 여자 아이의 이름을 세라라 하고 그 후에 말기엘이 죽자 하두라가 가서 자기 아버지의 집에서 살았다. 16 아셀이 아내가 죽은 후에 그가 가서 하두라를 아내로 삼고 그 여자를 데리고 가나안 땅으로 갔는데 그가 그 여자의 딸 세라도 함께 데리고 갔다. 그 아이는 세 살이었고 야곱의 집에서 자랐다. 17 그 소녀가 아름다운 외모를 가졌고 그 아이가 야곱의 자손들의 거룩한 길로 걸었다. 그 여자는 부족한 것이 없었고 주께서 그 여자에게 지혜와 명철을 주셨다. 18 아셀의 아내 하두라가 임신하여 그에게 임나와 이스바와 이스비와 브리아 네 아들을 낳았다.

스불론의 가족

19 스불론이 미디안으로 가서 미디안의 손자 아비다의 아들 몰랏의 딸 므라샤를 아내로 삼았다. 그가 그 여자를 데리고 가나안 땅으로

갔다. 20 므리샤가 스불론에게 세렛과 엘론과 야글렐 세 아들을 낳았다.

베냐민의 가족

21 야곱이 데라의 손자 소바의 아들 아람에게 사람을 보냈다. 그가 그의 아들 베냐민을 위하여 아람의 딸 메갈리아를 데리고 왔다. 그 여자가 가나안 땅 야곱의 집으로 왔다. 베냐민이 아람의 딸 메갈리아를 아내로 삼았을 때 그가 열 살이었다. 22 메갈리아가 임신하여 베냐민에게 벨라와 베겔과 아스벨과 게라와 나아만 다섯 아들을 낳았다. 그 후에 베냐민이 열여덟 살 때에 그가 그의 첫 아내 외에 아브라함의 아들 쇼므론의 딸 아리밧을 아내로 삼았다. 아리밧이 베냐민에게 아히와 로스와 뭅빔과 훕빔과 오릇 다섯 아들을 낳았다.

유다와 다말

23 그 날들에 유다가 셈의 집으로 가서 그의 장자 엘을 위하여 셈의 아들 엘람의 딸 다말을 아내로 삼았다. 24 엘이 그의 아내 다말에게 들어갔고 그 여자가 그의 아내가 되었다. 그가 그 여자에게 들어갔을 때에 그가 그의 씨를 밖으로 없앴다. 주께서 보시기에 그의 행위가 악하여 주께서 그를 치셨다. 25 유다의 장자 엘이 죽은 후에 유다가 오난에게 말했다. 네가 네 형 다음으로 기업 무를 자로서 네 형의 아내에게 가서 장가 들어 네 형의 씨가 있게 하라. 26 오난이 다말을 아내로 삼고 그 여자에게 들어갔다. 오난도 그의 형의 행위와 같이 행하였다. 그의 행위가 주의 눈에 악하였으므로 주께서 그도 치셨다. 27 오난이 죽자 유다가 다말에게 말하였다. 내 아들 실로가 장성하기까지 네 아버지 집에 머물러라. 유다가 다말을 실로에게 주기를 기뻐하지 않았으니 이는 그가 말하기를 그도 그의 형들처럼 죽을지도 모른다 하였기 때문

이다. 28 다말이 일어나 가서 그의 아버지 집에 머물렀다. 다말이 자기 아버지의 집에 한동안 있었다. 29 해가 바뀌어 유다의 아내 알리얏이 죽고 그가 그의 아내에 대하여 위로를 받았다. 알리얏이 죽은 후에 유다가 그의 친구 히라와 함께 그들의 양들의 털을 깎으려고 딤나로 올라갔다. 30 다말이 유다가 양털을 깎으러 딤나로 올라갔고 실로가 장성하였다는 것을 들었다. 유다는 그 여자를 기뻐하지 않았다. 31 다말이 일어나 그 과부의 복장을 벗고 그 여자가 너울을 쓰고 자신을 전부 가렸다. 그 여자가 가서 딤나로 가는 큰길에 앉았다. 32 유다가 지나가다가 그 여자를 보고 데리고 가서 그 여자에게 들어갔다. 그 여자가 그로 인하여 임신하였다. 해산할 때에 보니 그 여자의 태 안에 쌍둥이가 있었다. 그가 첫째의 이름을 베레스, 둘째의 이름을 사라라 불렀다.

46 요셉이 두 관원장의 꿈을 해석함

바로의 술 맡은 자와 빵 굽는 자가 옥에 갇힘

1 그 날들에 요셉이 여전히 이집트 땅의 감옥에 갇혀 있었다. 2 그 때에 바로의 수행원들이 그의 앞에 서 있었는데 그들은 이집트의 왕에게 속한 술 맡은 자들의 관원장과 빵 굽는 자들의 관원장이었다. 3 술 맡은 자가 포도주를 가져다가 왕이 마실 수 있도록 왕 앞에 두었고, 빵 굽는 자가 왕이 먹을 수 있도록 빵을 왕 앞에 두었다. 왕이 포도주를 마시고 빵을 먹었는데 그와 그의 신하들과 대신들이 왕의 식탁에서 먹었다. 4 그들이 먹고 마시는 동안 술 맡은 자와 빵 굽는 자가 그 곳에 있었다. 바로의 대신들이 술 맡은 자가 가져온 포도주에서 많은 파리들이 있는 것과 떡 맡은 자의 빵에서 돌소금이 있는 것을 보았다. 5 친위대장이 요셉을 바로의 신하들을 수종 들게 하였고 바로의 신하들이 한 해 동안 옥에 갇혀 있었다.

요셉이 술 맡은 자의 꿈을 해석함

6 일 년 후에 그들이 갇힌 곳에서 그들이 둘 다 한 밤에 꿈을 꾸었다. 아침에 요셉이 평소처럼 그들을 섬기기 위하여 그들에게 왔다. 그가 그들을 보니 그들의 얼굴이 낙담하고 슬퍼 보였다. 7 요셉이 그들에게 물었다. 어찌하여 이 날 당신들의 얼굴에 슬픔과 근심의 빛이 있

습니까? 그들이 그에게 말했다. 우리가 꿈을 꾸었으나 이를 해석할 자가 없다. 요셉이 그들에게 말했다. 내가 당신들에게 구하오니 당신들의 꿈을 내게 말하십시오. 하나님께서 당신들이 원하는 평안의 답을 주실 것입니다. 8 술 맡은 자가 그의 꿈을 요셉에게 말했다. 내가 내 꿈에서 보니 내 앞에 큰 포도나무가 있는데 그 포도나무에서 내가 세 가지를 보았고 그 포도나무가 빠르게 꽃이 피고 높이 솟았으며 포도송이들이 익어 포도가 되었다. 9 내가 포도를 따서 그것들을 잔에 짜고 그것을 바로의 손에 드려 그가 마셨다. 요셉이 그에게 말했다. 포도나무에 있던 세 가지는 사흘입니다. 10 사흘 안에 왕이 명령하여 당신을 나오게 하고 그가 당신을 당신의 전직으로 회복시키실 것입니다. 그리고 당신이 처음에 그의 술 맡은 자였을 때와 같이 왕에게 그의 포도주를 드리게 될 것입니다. 당신이 일이 잘 되면 내가 당신의 눈에 은혜를 입게 하여 바로에게 나를 기억하게 해주십시오. 내게 은혜를 베푸셔서 나를 이 감옥에서 꺼내주십시오. 나는 가나안 땅에서 끌려 와서 이곳에 노예로 팔렸습니다. 11 그리고 내 주인의 아내에 대하여 당신이 들은 것은 거짓입니다. 그들이 나를 아무 이유 없이 이 감옥에 가두었습니다. 술 맡은 자가 요셉에게 대답하여 말했다. 네가 내게 해석한 대로 왕이 처음과 같이 내게 잘 대해주면 내가 네가 원하는 대로 하여 너를 이 감옥에서 꺼내주겠다.

요셉이 빵 굽는 자의 꿈을 해석함

12 빵 굽는 자가 요셉이 술 맡은 자의 꿈을 정확하게 해석하는 것을 보고 가까이 가서 그의 꿈 전부를 요셉에게 얘기했다. 13 그가 그에게 말했다. 내가 꿈에 보니 흰 세 광주리가 내 머리 위에 있고 내가 보니 맨 위 광주리에 바로를 위한 온갖 구운 고기가 있었다. 그리고 새들

이 내 머리 위에서 그것을 먹고 있었다. 14 요셉이 그에게 말했다. 당신이 본 세 광주리는 사흘입니다. 사흘 안에 바로가 당신의 머리를 들고 당신을 나무에 달리니 당신이 꿈에서 본 것 같이 새들이 당신의 살을 뜯어 먹을 것입니다.

술 맡은 자가 요셉을 잊음

15 그 날들에 왕비가 해산할 때가 되어 그 날에 그 여자가 이집트의 왕에게 아들을 낳았다. 왕이 그의 첫 아들을 낳았다고 선포하니 이집트의 모든 사람들이 바로의 대신들과 신하들과 함께 크게 기뻐했다. 16 그의 아들이 태어난지 셋째 날에 바로가 그의 대신들과 신하들과 소알 땅과 이집트 땅의 군대를 위하여 잔치를 베풀었다. 17 이집트의 모든 사람들과 바로의 하인들이 그의 아들의 잔치에 와서 왕과 함께 먹고 마셨고 왕과 함께 기뻐했다. 18 왕의 모든 대신들과 그의 신하들이 8일 동안 잔치를 즐기고 왕궁에서 8일 동안 모든 종류의 악기와 탬버린을 연주하고 춤을 추며 즐거워했다. 19 요셉이 꿈을 해석해 준 술 맡은 자가 요셉을 잊고 그가 약속한 대로 왕에게 요셉에 대하여 말하지 않았다. 이는 요셉이 사람을 신뢰하였기 때문에 주께서 요셉을 벌하시기 위하여 이 일이 주께로부터 왔기 때문이다. 20 이 일 후에 요셉이 그곳에 2년 동안 있었고 그가 감옥에 갇힌 지 12년을 마치기까지 그곳에 있었다.

47 야곱과 에서의 화해

이삭의 유언

1 그 때에 아브라함의 아들 이삭이 여전히 가나안 땅에 살고 있었는데 그가 매우 나이가 들어 180세였다. 그의 아들, 야곱의 형 에서는 에돔 땅에 있었고 그와 그의 아들들이 세일 자손 가운데 소유를 가지고 있었다. 2 에서가 그의 아버지가 죽을 때가 가까이 이르렀다는 것을 듣고 그와 그의 아들들과 가족이 가나안 땅으로 그의 아버지의 집으로 왔다. 야곱과 그의 아들들이 헤브론에서 그들이 거주하던 곳에서 나아와 그들 모두가 그들의 아버지 이삭에게 이르자 그들이 에서와 그의 아들들이 장막에 있는 것을 보았다. 3 야곱과 그의 아들들이 그의 아버지 이삭 앞에 앉았고 야곱은 여전히 그의 아들 요셉으로 인하여 슬퍼하고 있었다. 4 이삭이 야곱에게 말했다. 네 아들들을 이리로 데려오라. 내가 그들을 축복하겠다. 야곱이 그의 열한 자녀를 그의 아버지 이삭 앞으로 데리고 왔다. 5 이삭이 그의 손을 야곱의 모든 아들들 위에 얹고 그가 그들을 끌어안고 그들에게 일일이 입맞추었다. 그 날에 이삭이 그들을 축복하고 그가 그들에게 말했다. 너희 조상의 하나님께서 너희에게 복을 주시고 너희 자손을 하늘의 별들과 같이 많게 하시기를 원한다. 6 이삭이 또한 에서의 아들들에게도 축복하며 말했다. 하나님께서 너희가 너희의 모든 대적에게 두려움과 공포가 되게

하시기를 원한다. 7 이삭이 야곱과 그의 아들들을 부르자 그들 모두가 와서 이삭 앞에 앉았다. 이삭이 야곱에게 말했다. 온 세상의 주 하나님께서 내게 말씀하시기를 네 자손이 나의 법도와 나의 길을 지키면 내가 네 씨에게 이 땅을 유업으로 줄 것이며 내가 네 아버지 아브라함에게 약속한 것을 그들에게 베풀 것이라 하셨다. 8 그러므로 내 아들아, 네 자녀들과 네 자녀들의 자녀들에게 주를 경외하고 네 하나님 주를 기쁘시게 할 선한 길로 가도록 가르쳐라. 너희가 주의 길과 그분의 법도를 지키면 주께서도 아브라함과 맺은 그분의 언약을 너희에게 지키실 것이며 너와 네 씨를 항상 선대하실 것이기 때문이다.

이삭이 죽음

9 이삭이 야곱과 그의 자녀들에게 명령하기를 마치고 그가 숨을 거두고 죽어 자기 백성에게 돌아갔다. 10 야곱과 에서가 그들의 아버지 이삭의 얼굴에 엎드려 울었다. 이삭이 가나안 땅 헤브론에서 죽었을 때에 그의 나이가 180세였다.

이삭이 막벨라 굴에 장사됨

그의 아들들이 그를 막벨라 굴에 옮겼는데 그것은 아브라함이 헷 자손에게서 매장지로 산 것이었다. 11 가나안 땅의 모든 왕들이 야곱과 에서와 함께 이삭을 장사하러 갔고 가나안의 모든 왕들이 이삭이 죽었을 때에 그에게 크게 경의를 표했다. 12 야곱의 아들들과 에서의 아들들이 맨발로 걷고 애곡하며 돌아다니기를 그들이 기럇아르바에 이르기까지 그렇게 했다. 13 야곱과 에서가 그들의 아버지 이삭을 막벨라 굴에 장사했는데 그것은 헤브론의 기럇아르바에 있었다. 그들이 왕들의 장례와 같이 크게 경의를 표하며 그를 장사했다. 14 야곱과 그의 아들들과 에서와 그의 아들들과 가나안의 모든 왕들이 크게 애도하고 그들이 그를 장사지내고 그를 위하여 많은 날들 동안 애곡했다.

에서와 야곱이 아버지의 재산을 나누는 것을 상의함

15 이삭이 죽을 때에 그가 그의 가축과 그의 소유와 그에게 속한 모든 것을 그의 아들들에게 주었다. 에서가 야곱에게 말했다. 내가 너에게 구하니 우리 아버지가 남긴 모든 것을 우리가 두 몫으로 나누고 내가 택하도록 하라. 야곱이 말했다. 우리가 그렇게 하겠습니다. 16 야곱이 이삭이 가나안 땅에 남긴 모든 것, 가축과 소유를 가져다가 그가 에서와 그의 아들들 앞에 두 몫으로 나누었다. 그가 에서에게 말했다. 이 모든 것이 형님 앞에 있으니 형님 자신을 위하여 절반을 택하고 그것을 취하십시오. 17 야곱이 에서에게 말했다. 형님, 제가 형님에게 하는 말을 들으십시오. 하늘과 땅의 주 하나님께서 우리의 조상 아브라함과 이삭에게 말씀하시기를 내가 이 땅을 네 씨에게 영원히 유업으로 주겠다 하셨습니다. 18 그러므로 이제 우리 아버지가 남긴 모든 것이 형님 앞에 있고 모든 땅이 형님 앞에 있습니다. 형님이 그것들 가운데 원하는 것을 택하십시오. 19 만일 형님이 이 모든 땅을 원하시면 형님과 형님의 자손을 위하여 영원히 그것을 취하십시오. 내가 이 재산을 취하겠습니다. 만일 형님이 재산을 원하시면 취하십시오. 나와 내 자손이 이 땅을 영원히 상속 받도록 이 땅을 취하겠습니다.

에서가 이스마엘의 아들 느바욧에게 조언을 구함

20 그 때에 이스마엘의 아들 느바욧이 그의 자손과 함께 그 땅에 있었다. 그 날에 에서가 가서 그와 의논하며 말했다. 21 야곱이 내게 이러이러하게 말했고 그가 내게 이러이러하게 답했습니다. 이제 당신

의 조언을 들려주십시오. 우리가 듣겠습니다. 22 느바욧이 말했다. 야곱이 너에게 말한 이것이 무엇이냐? 보라 가나안의 모든 족속이 그들의 땅에서 평안히 살고 있는데 야곱이 말하기를 그가 그의 씨와 함께 그것을 영원히 상속받을 것이라 했다. 23 그러므로 가서 네 아버지의 모든 재산을 취하고 네 동생 야곱이 말한 대로 그를 그 땅에 남겨두어라.

에서는 재산을, 야곱은 가나안 땅을 소유로 취함

24 에서가 일어나 야곱에게 돌아가서 이스마엘의 아들 느바욧이 조언한 대로 모두 행하였다. 에서가 이삭이 남긴 모든 재산, 사람들과 짐승들과 가축과 소유와 모든 재산을 취하고 그가 그의 동생 야곱에게 아무것도 주지 않았다. 야곱은 이집트 강에서 유프라테스 강까지 가나안의 모든 땅을 취하였다. 그가 그의 자녀와 그의 뒤에 영원히 올 그의 씨를 위하여 그것을 영원한 소유로 취하였다. 25 야곱이 또한 그의 형 에서에게서 막벨라 굴을 취하였는데 그것은 헤브론에 있는 것으로 아브라함이 그와 그의 씨에게 영원히 소유할 매장지로 삼기 위하여 에브론에게서 산 것이다. 26 야곱이 이 모든 것을 매매 증서에 기록하고 그가 도장을 찍고 진실한 증인 넷과 함께 이 모든 것을 증언했다. 27 야곱이 그 증서에 기록한 말들은 이러하다: 가나안 땅과 이집트 강에서 유프라테스 강까지 모든 일곱 족속, 헷 족속, 히위 족속, 여부스 족속, 아모리 족속, 브리스 족속, 기르가스 족속의 모든 성읍과 28 헤브론의 성읍 기럇아르바와 그 안의 동굴, 이 모든 것을 야곱이 그의 형 에서에게서 그의 뒤에 올 그의 씨를 위한 소유와 기업으로 영원히 값을 주고 샀다. 29 야곱이 그 매매 증서와 인장과 명령과 법규와 드러난 책을 가지고 그가 그것들을 토기 그릇 안에 두었으니 이는 그것들이 오래 보존되도록 하기 위한 것이었다. 그가 그것을 그의 자손들의 손에 물려

주었다. 30 에서가 그의 아버지가 죽은 후에 그가 남긴 모든 것을 그의 동생 야곱에게서 가져갔는데 그가 모든 소유, 사람과 짐승과 낙타와 나귀와 소와 양과 은과 금과 돌과 베델리엄과 아브라함의 아들 이삭이 소유했던 모든 재산을 가져갔다. 이삭이 죽은 후에 남겼던 모든 것에서 에서가 가져가지 않은 것이 하나도 없었다.

에서가 세일에 거주함

31 에서가 그의 동생 야곱과 그의 자손에게서 이 모든 것을 가져가서 그와 그의 자손이 호리 족속 세일 땅 그의 고향으로 갔다. 32 에서가 세일 자손 가운데에서 소유를 갖고 있었고 에서가 그날 이후로 가나안 땅으로 돌아오지 않았다. 33 가나안의 온 땅이 이스라엘 자손에게 영원한 기업이 되었고 에서와 그의 모든 자손은 세일 산을 기업으로 받았다.

48 요셉이 바로의 꿈을 해석함

바로가 두 꿈을 꿈

1 이삭이 죽은 후에 그 날들에 주께서 명하셔서 온 지면에 기근이 있었다. 2 그 때에 이집트 왕 바로가 이집트 땅에서 그의 보좌에 앉아 있다가 그의 침상에 누워 꿈을 꾸었다. 바로가 그의 꿈에서 보니 그가 이집트 강 가에 서 있었다. 3 그가 서 있을 때에 보니 살지고 아름다운 일곱 암소가 강에서 올라왔다. 4 그 뒤에 파리하고 흉한 다른 일곱 암소가 올라왔다. 그 흉한 암소들이 그 아름다운 암소들을 삼켰는데 그들의 모양이 처음과 같이 흉했다. 5 그가 깼다가 다시 잠이 들어 그가 두 번째로 꿈을 꾸었다. 그가 보니 한 줄기에 무성하고 충실한 일곱 이삭이 나오고 그 후에 또 가늘고 동풍에 마른 일곱 이삭이 나오더니 그 가는 이삭들이 충실한 이삭들을 삼켰다. 바로가 그의 꿈에서 깼다.

이집트의 지혜자들이 바로의 꿈을 해석하지 못함

6 아침에 왕이 그의 꿈을 기억하고 그 꿈으로 인하여 마음이 매우 번민하였다. 왕이 급히 사람들을 보내어 이집트의 모든 점술가와 현인들을 부르니 그들이 와서 바로 앞에 섰다. 7 왕이 그들에게 말했다. 내가 꿈을 꾸었으나 그것을 해석하는 자가 없다. 그들이 왕에게 말했다. 왕의 꿈을 당신의 종들에게 말씀하십시오. 우리가 듣겠습니다. 8 왕

이 그의 꿈을 그들에게 말하자 그들이 모두 한 목소리로 왕에게 대답하여 말했다. 왕이여 만수무강 하옵소서. 이것이 왕의 꿈에 대한 해석입니다. 9 왕께서 본 좋은 일곱 암소는 후일에 왕께 태어날 일곱 딸들을 뜻하고 왕께서 본 그 후에 올라와서 좋은 일곱 암소를 삼킨 일곱 암소는 왕의 생애에 왕에게 태어날 그 딸들이 모두 죽을 것이라는 징조입니다. 10 왕께서 두 번째 꿈에서 본 한 줄기에 무성하고 충실한 일곱 이삭에 대해서는 이것이 그것에 대한 해석이니 왕께서 후일에 이집트 온 땅에 일곱 성읍을 세우실 것입니다. 왕께서 본 그 후에 나온 마른 일곱 이삭이 충실한 일곱 이삭을 삼킨 것은 왕께서 세우실 성읍들이 모두 후일에 왕의 생애에 무너질 것에 대한 징조입니다. 11 그들이 이 말들을 할 때 왕이 그들의 말에 귀를 기울이지도 않고 그들에게 마음을 두지도 않았으니 이는 왕이 그의 지혜로 그들이 그 꿈에 대하여 올바른 해석을 하지 않고 있다는 것을 알았기 때문이다. 그들이 왕 앞에서 말하기를 마치자 왕이 그들에게 대답하여 말했다. 너희가 내게 말한 이것이 무엇이냐? 분명 너희가 거짓을 말했다. 그러므로 이제 내 꿈에 대하여 올바른 해석을 하여 너희가 죽지 않도록 하라. 12 이 일 후에 왕이 명령하여 그가 사람들을 보내어 다시 다른 현인들을 부르니 그들이 와서 왕 앞에 섰다. 왕이 그의 꿈을 그들에게 말하니 그들이 모두 처음 해석과 같이 대답했다. 왕의 화가 일어나 그가 진노하였다. 왕이 그들에게 말했다. 분명 너희가 거짓을 말하였다.

이집트 온 땅의 지혜자들이 바로의 꿈을 해석하지 못함

13 왕이 명하여 이집트 온 땅에 다음과 같이 공포하도록 하였다. 왕과 그의 위대한 자들이 결의하기를 어떤 현인이든지 꿈의 해석을 알고 깨달았으나 이 날 왕 앞에 오지 않으면 죽을 것이다. 14 그러나 왕

에게 그의 꿈에 대한 올바른 해석을 하는 자는 그가 왕에게 요구하는 모든 것을 받을 것이라 하였다. 이집트 땅의 모든 현인들이 이집트와 고센과 라암셋과 다그반게스와 소알과 이집트 국경의 모든 곳에 있는 마술사와 요술사와 함께 왕 앞에 왔다. 그들이 모두 왕 앞에 섰다. 15 모든 귀족들과 고관들과 왕에게 속한 신하들이 이집트의 모든 성읍에서 함께 와서 그들이 모두 왕 앞에 앉았다. 왕이 그 현인들과 고관들에게 그의 꿈을 이르니 왕 앞에 앉은 모든 자들이 그 환상에 놀랐다. 16 왕 앞에 있던 모든 현인들이 왕의 꿈에 대한 해석에서 크게 나뉘었다. 그들 중 얼마가 왕에게 그 꿈을 해석하여 말했다. 좋은 일곱 암소는 왕의 자손에게서 나서 이집트에서 일어날 일곱 왕입니다. 17 흉한 일곱 암소는 후일에 그들을 대적하여 일어나 그들을 멸할 일곱 고관들입니다. 일곱 이삭은 이집트에 속한 위대한 일곱 고관들로 그들이 우리 주 왕의 전쟁에서 그들의 대적 가운데 그들보다 약한 고관들의 손에 넘어지게 될 것입니다. 18 그들 중 얼마는 왕에게 이렇게 해석하여 말했다. 좋은 일곱 암소는 이집트의 강한 성읍들이고 흉한 일곱 암소는 후일에 이집트의 일곱 성읍을 대적하여 와서 그것들을 멸할 가나안 땅의 일곱 족속입니다. 19 왕이 두 번째 꿈에서 본 좋고 나쁜 일곱 이삭은 이집트의 통치가 처음과 같이 다시 왕의 씨에게 돌아갈 것에 대한 표적입니다. 20 그의 통치 기간에 이집트 성읍 사람들이 그들보다 강한 가나안 일곱 성읍을 대적하고 그들을 멸하여 이집트의 통치가 왕의 씨에게 돌아갈 것입니다. 21 그들 중 얼마가 왕에게 말했다. 이것이 왕의 꿈에 대한 해석입니다. 좋은 일곱 암소는 왕께서 후일에 아내로 삼을 일곱 왕비이고 흉한 일곱 암소는 그 여자들이 왕의 생애에 모두 죽을 것을 나타내는 것입니다. 22 왕께서 두 번째 꿈에서 본 좋고 나쁜 일곱 이삭은 열네 자녀로 후일에 그들이 일어나 서로 간에 싸워서 그들 중 일곱이 더 강한 일곱을 칠 것을 말합니다. 23 그들 중 얼마가 이 말들로 왕에게 말하였다. 좋은 일곱 암소는 왕께 일곱 자녀가 태어날 것인데 그들이 후일에 왕의 자녀의 자녀 중 일곱을 죽일 것을 나타냅니다. 왕께서 두 번째 꿈에서 본 좋은 일곱 이삭은 후일에 다른 덜 강한 일곱 고관들이 그들과 싸워서 그들을 멸하고 왕의 자녀의 일에 대하여 원수를 갚아서 통치가 다시 왕의 씨에게 돌아갈 것을 나타냅니다. 24 왕이 이집트의 현인들의 모든 말들과 그의 꿈에 대한 그들의 해석을 들었으나 그중에서 아무것도 왕을 기쁘게 하지 못했다. 25 왕이 그의 지혜로 그들의 모든 말에서 그들이 온전히 정확하게 말하지 않고 있는 것을 알았으니 이는 이 일이 주께로부터 나와서 이집트의 현인들의 말을 좌절시키고 그것으로 요셉이 감옥에서 나와 그가 이집트에서 위대한 자가 되게 하려는 것이기 때문이다.

바로가 이집트의 모든 마술사들과 현인들을 죽이라고 명함

26 왕이 이집트의 모든 현인들과 마술사들 가운데 누구도 그에게 정확히 말하는 자가 없는 것을 보고 왕이 심히 노하여 그의 안에서 화가 일어났다. 27 왕이 모든 현인들과 마술사들이 그의 앞에서 물러갈 것을 명하자 그들이 모두 수치와 부끄러움으로 물러갔다. 28 왕이 온 이집트에 공포하여 이집트에 있는 모든 마술사들을 죽이고 그들 중 한 사람도 살려두지 않도록 하라 하였다. 29 왕의 친위대장들이 일어나 각 사람이 칼을 뽑고 이집트의 마술사들과 현인들을 치기 시작했다.

술 관원장이 바로에게 요셉에 대하여 말함

30 이 일 후에 왕의 술 맡은 관원장 메롯이 왕 앞에 와서 절하고 그의 앞에 앉았다. 31 술 관원장이 왕에게 말했다. 왕은 만수무강 하옵소

서. 왕의 통치는 높임을 받으소서. 32 2년 전에 왕께서 종들에게 노하셔서 나와 떡 굽는 관원장을 옥에 두셔서 내가 그 감옥에 얼마 동안 있었습니다. 33 그곳에 친위대장에게 속한 히브리 종이 우리와 함께 있었는데 그의 이름은 요셉이었습니다. 그의 주인이 그에게 노하여 그를 감옥에 두어서 그가 그곳에서 우리를 시중들었습니다. 34 우리가 옥에 있을 때 얼마 후에 나와 떡 굽는 관원장이 하룻밤에 꿈을 꾸었습니다. 35 우리가 아침에 와서 그 종에게 꿈을 말했습니다. 그가 우리에게 각각의 꿈에 대하여 해석해 주었는데 그가 정확하게 해석했습니다. 36 그가 우리에게 해석한 대로 되었고 그의 말 중에 어떤 것도 땅에 떨어진 것이 없었습니다. 37 그러므로 이제 나의 주 왕이시여, 이집트의 백성을 아무 까닭 없이 죽이지 마소서. 그 종이 아직 감옥에, 그의 주인 친위대장의 집에 갇혀 있습니다. 38 왕께서 기뻐하시면 왕께서 사람을 보내어 그가 왕 앞에 오도록 하셔서 그가 왕께서 꾼 꿈의 정확한 해석을 알게 하십시오. 39 왕이 술 관원장의 말을 듣고 왕이 이집트의 현인들을 죽이지 않도록 명령했다.

바로가 요셉을 부름

40 왕이 그의 신하들에게 명하여 요셉을 그의 앞으로 데려오도록 했다. 왕이 그들에게 말했다. 그에게 가서 그를 두렵게 하여 혼란하게 하지 말고 그가 제대로 말할 수 있게 하라. 41 왕의 신하들이 요셉에게 가서 그들이 급히 그를 옥에서 내놓았다. 왕의 신하들이 그의 수염을 깎고 그가 죄수복을 갈아 입고 왕 앞으로 왔다. 42 왕이 그의 왕좌에 앉아 있었는데 금 에봇으로 두른 호화로운 옷을 입고 그 위에 번쩍이는 정금이 있었고 석류석과 홍옥과 녹보석과 모든 보석이 왕의 머리 위에 있어서 눈이 부시게 했다. 요셉이 왕을 보고 크게 놀랐다.

이집트 왕의 보좌에 오르는 70계단에 관한 관례

43 왕이 앉은 보좌는 금과 은과 호마노로 덮여 있었고 70개의 계단이 있었다. 44 이집트 온 땅에 그들의 관례가 있었는데 왕에게 말하러 오는 모든 사람 중에 그가 고관이나 왕의 눈에 존귀하게 여겨질 만한 자는 왕의 보좌를 향하여 서른한 번째 계단까지 오를 수 있었고 왕은 서른여섯 번째 계단까지 내려가서 그와 말했다. 45 만일 그가 일반 백성이면 그는 세 번째 계단까지 올라가고 왕은 네 번째 계단까지 내려가서 그에게 말했다. 또한 그들의 관례에는 모든 70개의 언어를 말할 줄 아는 자는 누구든지 70개의 계단을 올라가 그가 왕에게 이르기까지 올라가서 말할 수 있었다. 46 70개의 언어를 다 말하지 못하는 자는 누구든지 그가 말할 줄 아는 언어의 수만큼 계단에 올랐다. 47 그 날들에 이집트에는 오직 70개의 언어를 말할 줄 아는 자만이 그들을 다스려야 한다는 관례가 있었다.

하나님의 영으로 요셉이 바로의 꿈에 관한 해석을 깨달음

48 요셉이 왕 앞에 와서 그가 땅에 엎드려 절했다. 그가 셋째 계단까지 올라갔고 왕은 넷째 계단에 앉아서 요셉과 말했다. 49 왕이 요셉에게 말했다. 내가 꿈을 꾸었으나 그것을 제대로 해석하는 자가 없었다. 내가 이 날 이집트의 모든 마술사들과 현인들이 내 앞에 오도록 명령하여 내가 내 꿈을 그들에게 말했으나 아무도 그것을 나에게 제대로 해석하는 자가 없다. 50 그 후에 내가 너에 대하여 들었으니 너는 지혜로운 자이고 네가 들은 모든 꿈을 정확하게 해석할 수 있다고 하였다. 51 요셉이 바로에게 대답하여 말했다. 바로께서는 꾸신 꿈을 말씀하옵소서. 해석은 하나님께 속한 것입니다. 바로가 암소의 꿈과 이삭의 꿈을 요셉에게 말하고 왕이 말하기를 마쳤다. 52 요셉이 왕 앞에서 하

나님의 영으로 옷 입혀져 그가 그 날 이후로 왕에게 일어날 모든 일을 알았고 그가 왕의 꿈에 대한 정확한 해석을 알게 되어 그가 왕 앞에서 말했다.

요셉이 바로의 꿈을 해석함

53 요셉이 왕의 눈에 은총을 입어 왕이 그의 귀와 그의 마음을 기울여 그가 요셉의 모든 말을 들었다. 요셉이 왕에게 말했다. 그것이 두 개의 꿈이라고 생각하지 마십시오. 그것은 오직 한 꿈이며 하나님께서 온 땅에 행하기로 정하신 일을 왕께 꿈으로 보이신 것입니다. 이것이 왕의 꿈의 정확한 해석입니다. 54 좋은 암소 일곱과 이삭은 7년이고, 흉한 암소 일곱과 이삭도 7년입니다. 그 꿈은 하나입니다. 55 앞으로 올 7년에 온 땅에 큰 풍년이 있을 것이고 그 후에 기근이 7년 있을 것인데 심한 기근입니다. 땅에서 모든 풍년이 잊혀질 것이고 기근이 땅의 모든 주민을 삼킬 것입니다. 56 왕이 한 꿈을 꾸었고 바로가 그 꿈을 거듭 꾸었으니 이는 하나님이 이 일을 정하신 것입니다. 하나님께서 속히 그것을 이루실 것입니다. 57 그러므로 이제 내가 왕께 충언하여 기근의 해로부터 당신의 생명과 땅의 주민들의 생명을 구하고자 하오니, 당신은 당신의 나라에서 모든 통치하는 일을 아는 매우 명철하고 지혜로운 자를 찾아서 이집트 땅을 다스리게 하십시오. 58 왕께서 이집트를 다스리게 할 자 아래에 관리들을 두어 그들이 앞으로 올 풍년의 모든 식량을 거두게 하시고 곡물을 저장하여 왕께서 정하신 창고에 보관하게 하십시오. 59 그들이 기근이 있는 7년 동안 식량을 지켜서 왕과 왕의 백성과 왕의 온 땅이 그것을 얻게 하시고 왕과 왕의 땅이 기근으로 끊어지지 않게 하십시오. 60 땅의 모든 주민들에게도 명하사 모든 사람이 일곱 해 풍년 동안에 각자의 밭에서 나는 것, 모든 종

류의 식량을 거두어 그들이 그것을 창고에 두고 기근의 날들에 그들이 그것을 얻게 하여 그들이 그것을 먹고 살게 하십시오. 61 이것이 왕의 꿈에 대한 정확한 해석이고, 이것이 왕의 생명과 왕의 모든 백성의 생명을 구할 계획입니다.

요셉의 말에 관한 표적이 이루어짐

62 왕이 대답하여 요셉에게 말했다. 네 말이 옳다는 것을 누가 말하고 누가 그것을 알겠느냐? 그가 왕에게 말했다. 이것이 나의 모든 말이 진실하고 나의 충언이 당신께 좋은 것이라는 것을 나타낼 왕을 위한 표적이 될 것입니다. 63 왕의 아내가 이 날 해산하여 당신에게 아들을 낳고 당신은 그로 인하여 기뻐할 것입니다. 당신의 아이가 그 어미의 태에서 나올 때에 2년 전에 태어난 당신의 장자가 죽을 것입니다. 당신은 이 날 당신에게 태어날 아이로 위로를 받을 것입니다. 64 요셉이 왕에게 이 말을 마치고 그가 왕에게 절하고 그가 나갔다. 요셉이 왕 앞에서 물러갔을 때에 그 날에 요셉이 왕에게 말한 표적이 이루어졌다. 65 그 날에 왕비가 아들을 낳았고 왕이 그의 아들에 대한 기쁜 소식을 듣고 기뻐했다. 사자가 왕 앞에서 물러갔을 때에 왕의 신하들이 왕의 장자가 땅에 엎드려 죽은 것을 발견했다. 66 왕궁에서 큰 애곡과 요란한 소리가 있었다. 왕이 그것을 듣고 말했다. 내가 궁에서 들은 요란한 소리와 애곡 소리가 무엇이냐? 그들이 왕에게 그의 장자가 죽었다고 말했다. 그러자 왕은 요셉이 한 모든 말이 옳다는 것을 알았다. 요셉이 말한 대로 왕이 그 날 그에게 태어난 아이로 그의 아들에 대하여 위로를 받았다.

49 요셉이 총리가 됨

바로가 요셉을 총리로 삼고자 함

1 이 일 후에 왕이 사람을 보내어 그의 모든 관리들과 신하들과 왕에게 속한 모든 고관들과 귀족들을 소집하여 그들이 왕 앞에 왔다. 2 왕이 그들에게 말했다. 보라 너희가 이 히브리 사람의 모든 말을 보고 들었다. 그가 말한 모든 표적이 이루어졌고 그의 말이 하나도 땅에 떨어지지 않았다. 3 너희가 아는 바대로 그가 꿈에 대한 정확한 해석을 했고 그 일이 분명 일어날 것이다. 그러므로 이제 충언을 받아들이고 너희가 해야 할 일과 땅을 기근에서 구할 방도를 알 것이다. 4 이제 마음에 지혜와 명철이 있는 자가 있는지 찾아보라. 내가 그를 이 땅을 다스릴 자로 임명하겠다. 5 너희가 그 히브리 사람이 기근에서 이 땅을 구원할 이 일에 대하여 충언한 것을 들었으니 나는 나에게 충언한 그 히브리 사람의 계획이 아니고는 이 땅이 기근에서 구원받지 못할 것을 안다. 6 그들이 모두 왕에게 대답하여 말했다. 이 일에 대하여 그 히브리인이 말한 계획이 좋습니다. 그러므로 이제 우리 주 왕이시여, 온 땅이 당신의 손에 있으니 당신의 눈에 좋게 여기는 것을 행하십시오. 7 왕께서 지혜로 이 땅을 구원할 수 있는 자라고 여기고 당신이 택하신 자를 땅을 다스릴 자로 임명하십시오. 8 왕이 모든 관리들에게 말했다. 하나님께서 그 히브리 사람에게 그가 말한 모든 것을 알게 하

셨으니 온 땅에서 그와 같이 매우 명철하고 지혜로운 자는 없을 것이다. 만일 이것이 너희 눈에 좋게 보인다면 나는 그를 이 땅을 다스릴 자로 삼을 것이니 그가 그의 지혜로 이 땅을 구원할 것이다.

바로의 신하들이 요셉에 관한 시험을 요구함

9 모든 신하들이 왕에게 대답하여 말했다. 그러나 분명 이집트의 법에 기록된 바 사람의 아들들의 모든 언어를 아는 자가 아니면 누구도 이집트를 다스리거나 총리가 될 수 없으며 이 법을 어겨서는 안 됩니다. 10 그러므로 이제 우리 주 왕이시여 이 히브리 사람은 오직 히브리 말만 할 수 있으니 우리의 말조차 모르는 그가 어떻게 왕의 통치 아래에 총리로 우리 위에 있을 수 있습니까? 11 이제 우리가 당신께 구하오니 그에게 사람을 보내어 그가 당신 앞에 오게 하여 그에게 모든 것을 알아보고 당신이 옳게 여기는 대로 행하십시오. 12 왕이 말했다. 내일 그 일을 행할 것이다. 너희가 말한 그 일이 좋다. 그 날에 모든 관리들이 왕 앞으로 왔다.

주의 천사가 요셉에게 70개의 언어를 가르침

13 그 밤에 주께서 그의 수종드는 천사들 중 하나를 보내셔서 그가 이집트 땅 요셉에게 왔다. 주의 천사가 요셉 앞에 섰고 요셉은 밤에 그의 주인의 집 감옥에서 침대에 누워 있었으니 그의 주인이 그의 아내로 인하여 그를 다시 감옥에 두었기 때문이다. 14 그 천사가 요셉을 잠에서 깨우자 요셉이 일어나니 주의 천사가 그의 앞에 서 있었다. 주의 천사가 요셉과 말하며 그 밤에 그에게 사람의 모든 언어를 가르치고 그가 그의 이름을 여호셉이라고 불렀다. 15 주의 천사가 그에게서 떠나자 요셉이 돌아와서 그의 침상 위에 누웠다. 요셉이 그가 본 환상으

로 인하여 놀랐다.

바로가 요셉을 총리로 임명함

16 아침이 되자 왕이 그의 모든 관리들과 신하들에게 사람을 보내어 그들이 모두 와서 왕 앞에 앉았다. 왕이 요셉을 데려오도록 명하여 왕의 신하들이 가서 요셉을 바로 앞으로 데리고 왔다. 17 왕이 나아와서 보좌의 계단을 올라갔고 요셉이 모든 언어로 왕에게 말했다. 요셉이 왕에게 올라가며 그에게 말했는데 그가 일흔 번째 계단에 있는 왕 앞에 이르기까지 올라가서 그가 왕 앞에 앉았다. 18 왕이 요셉으로 인하여 크게 기뻐했고 왕의 모든 관리들이 요셉의 모든 말을 듣고 왕과 함께 크게 기뻐했다. 19 요셉을 총리로 이집트 온 땅을 다스릴 자로 정하는 일이 왕과 관리들의 눈에 좋게 보였다. 왕이 요셉에게 말했다. 20 네가 나에게 이집트 땅 위에 지혜로운 자를 임명하여 그의 지혜로 이 땅을 기근에서 구원하도록 충언하였다. 그러므로 이제 하나님께서 이 모든 것을 네게 알게 하셨고 네가 말한 모든 말을 주셨으니 이 온 땅에 너와 같이 명철이 있고 지혜로운 자는 없다. 21 네 이름이 더 이상 요셉으로 불리지 않고 너의 이름이 사브낫 바네아가 될 것이다. 네가 나 다음 가는 자가 될 것이며 나의 모든 통치하는 일이 너의 말을 따를 것이며 너의 말에 따라 나의 백성이 출입할 것이다. 22 나의 신하와 관리들이 너의 손에서 그들에게 달마다 주어지는 삯을 받을 것이고 이 땅의 모든 백성이 너에게 절할 것이니 내가 너보다 큰 것은 나의 보좌뿐이다. 23 왕이 자기 반지를 손에서 빼어 요셉의 손에 끼우고 그에게 호화로운 옷을 입혔다. 그가 그의 머리에 금관을 씌우고 그가 그의 목에 금 사슬을 걸었다.

요셉이 이집트 온 땅에 총리로 선포됨

24 왕이 신하들에게 명하여 그를 왕의 수레를 마주보고 나아가는 왕에게 속한 버금 수레에 태웠다. 왕이 그를 왕의 말 중에서 크고 힘센 말에 태워 이집트 땅의 거리를 두루 다니게 하였다. 25 왕이 소고와 수금과 다른 악기들을 연주하는 모든 자들을 요셉과 함께 나아가도록 명하여 소고 천 개와 춤 추는 자 천 명과 비파 천 개가 그의 뒤를 따랐다. 26 손에 번쩍이는 칼을 빼어 든 오천 명이 요셉 앞에서 행진하였고 금으로 덮인 가죽을 두른 왕의 위대한 자 이만 명이 요셉의 오른쪽에서 행진하고 그의 왼쪽에서 이만 명이 행진하였다. 모든 여자들과 소녀들이 지붕 위에 올라가거나 거리에 서서 뛰놀며 요셉을 기뻐하였고 요셉의 용모와 아름다움을 바라보았다. 27 왕의 백성이 그의 앞뒤에서 나아가며 유향과 계피와 모든 종류의 좋은 향을 길에 뿌리고 몰약과 침향을 길에 뿌렸다. 그의 앞에서 20명의 사람들이 온 땅에 이 말을 큰 소리로 선포했다. 28 너희가 왕이 총리로 정한 이 사람을 보느냐? 그가 모든 통치하는 일을 주관할 것이다. 그의 명령을 거스르거나 그의 앞에서 땅에 엎드려 절하지 않는 자는 죽을 것이니 이는 그 사람이 왕과 총리를 거스르는 것이기 때문이다. 29 전령들이 선포를 마치자 이집트의 모든 백성이 요셉 앞에서 땅에 엎드려 절하며 말했다. 왕은 만수무강 하옵소서. 총리도 그러하옵소서. 이집트의 모든 주민들이 길을 따라 엎드렸다. 사자들이 그들에게 다가가자 그들이 절하였다. 그들이 요셉 앞에서 모든 종류의 소고와 춤추는 자와 비파와 함께 기뻐하였다. 30 요셉이 그의 말을 타고 눈을 들어 하늘을 보며 외쳐 말하였다. 그분은 가난한 자를 티끌 가운데서 일으키시며 그분은 거름더미에서 빈궁한 자를 들어올리신다. 만군의 주여, 당신을 믿는 자는 복이 있습니다. 31 요셉이 바로의 신하들과 관리들과 함께 이집트 온 땅을 다

녔고 그들이 그에게 이집트의 온 땅과 왕의 모든 창고를 보여주었다.

바로와 이집트 백성이 요셉에게 선물을 줌

32 그 날에 요셉이 돌아와 바로 앞으로 왔다. 왕이 요셉에게 이집트 땅에서 소유를 주었는데 밭과 포도원을 소유로 주었다. 왕이 요셉에게 은 삼천 달란트와 금 천 달란트와 호마노와 베델리엄과 많은 선물을 주었다. 33 다음 날에 왕이 이집트 모든 백성에게 요셉에게 예물과 선물을 바치라 명하고 왕의 명령을 어기는 자는 죽을 것이라 명하였다. 그들이 성읍의 거리에 산당을 만들고 그들이 그곳에 의복을 펼쳐 놓고 누구든지 요셉에게 무엇을 가져오는 자는 그것을 산당 안에 두도록 했다. 34 이집트의 모든 백성이 산당에 물건을 넣었다. 어떤 사람은 금 귀고리를 넣었고 다른 사람은 다른 고리와 귀걸이를 넣었고 금과 은으로 만든 그릇들과 호마노와 베델리엄을 산당에 넣었다. 모든 사람이 자기가 가진 것을 넣었다. 35 요셉이 이 모든 것을 가져가서 자기의 창고에 넣어두었다. 왕에게 속한 모든 관리들과 귀족들이 왕이 요셉을 총리로 임명한 것을 보고 그를 높이고 그들이 그에게 많은 선물을 주었다. 36 왕이 온의 제사장 아히람의 아들 보디베라에게 사람을 보내어 그가 그의 어린 딸 오스낫을 데려다가 그 여자를 요셉에게 아내로 주었다. 37 그 소녀는 매우 예쁘고 남자를 알지 못하는 처녀였다. 요셉이 그 여자를 아내로 삼았다. 왕이 요셉에게 말했다. 나는 바로다. 너 외에는 아무도 감히 그의 손이나 그의 발을 들어 이집트 온 땅에 있는 나의 백성을 다스리지 못할 것이다.

요셉이 총리로서 다스리기 시작함

38 요셉이 바로 앞에 섰을 때 그가 30세였다. 요셉이 왕 앞에서 물

러가 그가 이집트의 총리가 되었다. 39 왕이 요셉에게 그의 집에서 그를 섬길 종 100명을 주었다. 요셉도 사람을 보내어 많은 종들을 사서 그들이 요셉의 집에서 살았다. 40 그 후에 요셉이 자기를 위하여 왕궁의 뜰 앞에 왕들의 집과 같은 매우 웅장한 집을 지었다. 그가 집 안에 모양이 매우 화려하고 살기에 편한 큰 사원을 지었다. 요셉이 그의 집을 짓는데 3년이 걸렸다. 41 요셉이 많은 금과 은으로 화려한 보좌를 만들고 그가 그것을 호마노와 베델리엄으로 둘렀다. 그가 그 보좌를 이집트 온 땅의 모양과 이집트 온 땅에 물을 대는 이집트 강의 모양을 따라 만들었다. 요셉이 그의 집에 있는 그의 보좌 위에 평안히 앉았고 주께서 요셉에게 지혜를 더하셨다. 42 이집트의 모든 주민과 바로의 신하들과 그의 고관들이 요셉을 크게 사랑하였으니 이는 이 일이 주께로부터 나와 요셉에게 일어난 것이기 때문이다. 43 요셉에게 전쟁을 할 수 있는 군대가 있었는데 그들은 군대로 나아가는 자들로 그 수가 사만 육백 명이며, 왕의 관리들과 그의 신하들과 셀 수 없는 이집트 주민들 외에 적에 대항하여 무기를 들고 왕과 요셉을 도울 수 있는 자들이었다. 44 요셉이 그의 용사들과 모든 군대에게 방패와 창과 투구와 갑옷과 물맷돌을 주었다.

50 이집트 사람들이 기근에 대비함

다시스와 이스마엘 자손의 전쟁

1 그 때에 다시스 자손이 이스마엘의 아들들을 대적하여 와서 그들과 전쟁을 했다. 다시스 자손이 오랫동안 이스마엘 사람들을 노략했다. 2 그 날들에 이스마엘 자손은 수가 적어서 그들이 다시스 자손을 이길 수 없었고 그들이 크게 압제당했다. 3 이스마엘 장로들이 이집트 왕에게 서신을 보내어 말했다. 내가 왕께 구하오니 당신의 관리들과 군대를 보내어 우리가 다시스 자손들과 싸울 수 있도록 우리를 도와주십시오. 우리가 오랫동안 쇠퇴하였습니다.

요셉이 다시스 온 땅을 정복함

4 바로가 요셉과 그와 함께 있는 용사들과 군대와 왕의 집에 있는 용사들을 함께 보냈다. 5 그들이 이스마엘 자손이 다시스 자손과 싸우는 것을 돕기 위하여 하윌라 땅 이스마엘 자손에게로 갔다. 이스마엘 자손이 다시스 자손과 싸웠고 요셉이 다시스 사람들을 쳐서 그가 그들의 온 땅을 정복하였다. 이스마엘 자손이 이 날까지 그곳에 거주하였다. 6 다시스 땅이 정복되자 모든 다시스 사람들이 도망하여 그들의 형제 야완 자손의 경계에 이르렀다. 요셉이 그의 모든 용사와 군대와 함께 이집트로 돌아왔고 한 사람도 잃지 않았다.

일곱 해 풍년에 요셉과 이집트 사람들이 곡식을 저장함

7 해가 바뀌고 요셉이 이집트를 다스린 지 2년에 주께서 요셉이 말한 것처럼 온 땅에 일곱 해 동안 큰 풍년을 주셨다. 이는 주께서 일곱 해 동안 땅의 모든 소산에 복을 주셨기 때문이다. 그들이 먹고 크게 만족하였다. 8 그 때에 요셉의 아래에 관리들이 있었는데 그들이 풍년의 모든 식량을 모아서 해마다 그것을 쌓고 그들이 그것을 요셉의 창고에 넣었다. 9 어느 때든지 그들이 식량을 모으면 요셉이 명하여 그들이 이삭을 가져오고 그것과 함께 밭의 흙을 조금 가져오게 하여 그것이 썩지 않도록 했다. 10 요셉이 해마다 이렇게 하여 그가 이삭을 바다의 모래와 같이 많이 쌓았다. 그가 쌓은 것이 어마어마하여 너무 많아서 셀 수 없었다. 11 이집트의 모든 주민도 일곱 해 풍년 동안 모든 종류의 식량을 그들의 창고에 많이 모아두었으나 그들은 요셉이 한 것과 같이 하지는 않았다. 12 요셉과 이집트 사람들이 온 땅이 일곱 해 기근 동안 살아가도록 일곱 해 풍년 동안 모은 모든 식량을 창고에 보관했다. 13 이집트의 주민들 각 사람이 기근 동안 살아가기 위하여 자기의 창고와 자기의 숨겨둔 장소에 곡식을 쌓았다. 14 요셉이 그가 모은 모든 식량을 이집트의 모든 성읍에 두고 그가 모든 창고를 닫고 거기에 파수병을 두었다.

요셉의 아들 므낫세와 에브라임이 태어남

15 요셉의 아내 보디베라의 딸 오스낫이 요셉에게 두 아들 므낫세와 에브라임을 낳았다. 요셉이 두 아들을 얻었을 때 그의 나이가 34세였다. 16 아이들이 자라서 그들이 자기 아버지의 길과 그의 가르침대로 행했고 그들이 자기들의 아버지가 자기들에게 가르친 길에서 우로나 좌로나 치우치지 않았다. 17 주께서 그 아이들과 함께 하셨고 그들

이 자라서 모든 지혜와 나라의 모든 일에 있어서 총명과 재능을 갖게 되었다. 왕의 모든 관리들과 이집트 주민의 위대한 자들이 그 아이들을 높였고 그들이 왕의 자녀들 가운데 양육되었다.

일곱 해 기근이 시작됨

18 온 땅에 있었던 일곱 해 풍년이 끝나고 요셉이 말한 대로 그 뒤에 일곱 해 기근이 왔다. 그 기근이 온 땅에 있었다. 19 이집트의 모든 사람들이 이집트 땅에 기근이 시작된 것을 보고 그들이 그들의 곡식 창고를 열었으니 이는 기근이 심했기 때문이다. 20 그들이 그들의 곳간에 있던 모든 식량에 해충이 가득하고 먹을 수 없게 된 것을 알았으나 온 땅에는 기근이 심했다. 이집트의 모든 주민이 바로 앞에 와서 울부짖었으니 기근이 그들에게 무거웠기 때문이다. 21 그들이 바로에게 말했다. 당신의 종들에게 식량을 주십시오. 우리와 우리의 어린 것들이 어찌하여 당신 앞에서 배고픔으로 인하여 죽어야 합니까? 22 바로가 그들에게 대답하여 말했다. 너희가 어찌하여 나에게 울부짖느냐? 요셉이 기근의 해들을 위하여 일곱 해 풍년의 때에 곡식을 보관하라고 명령하지 않았느냐? 너희가 어찌하여 그의 말을 듣지 않았느냐? 23 이집트 백성들이 왕에게 대답하여 말했다. 우리 주여, 왕의 혼이 살아계심을 두고 말하노니 당신의 종들이 요셉이 명령한 모든 것을 행했습니다. 당신의 종들이 일곱 해 풍년에 각자의 밭에서 난 모든 산물을 모아서 이 날까지 곳간에 보관해 두었습니다. 24 기근이 당신의 종들에게 임했을 때 우리가 우리의 곳간을 열었더니 우리의 모든 산물이 해충으로 가득했고 먹을 수 없게 되었습니다. 25 왕이 이집트 주민들에게 임한 모든 일을 듣고 왕이 기근으로 인하여 크게 두려워하였다. 왕이 이집트 백성에게 대답하여 말했다. 이 모든 일이 너희에게 일어

났으니 요셉에게 가서 무엇이든 그가 너희에게 말하는 것을 행하고 그의 명령을 거스르지 말라. 26 이집트의 모든 백성이 나아가서 요셉에게로 갔다. 그들이 요셉에게 말했다. 우리에게 식량을 주십시오. 우리가 어찌하여 당신 앞에서 굶주려 죽어야 합니까? 우리가 당신이 명한 대로 일곱 해 동안 우리의 산물을 모아서 우리가 그것을 곳간에 두었으나 우리에게 이런 일이 일어났습니다. 27 요셉이 이집트의 백성이 하는 모든 말과 그들에게 일어난 일을 듣고 요셉이 곡식을 저장한 그의 모든 곳간을 열고 그가 그것을 이집트 백성에게 팔았다. 28 온 땅에 기근이 심했고 기근이 모든 나라에 있었으나 이집트 땅에는 살 수 있는 식량이 있었다. 29 이집트의 모든 주민이 곡식을 사려고 요셉에게 왔으니 이는 기근이 그들에게 임했고 그들의 모든 곡식은 썩었기 때문이다. 요셉이 날마다 모든 이집트 백성에게 곡식을 팔았다.

요셉이 형들이 이집트로 올 것을 준비함

30 가나안 땅의 모든 주민과 블레셋 사람들과 요단 강 저편 동방의 자손들과 먼 곳과 가까운 곳의 모든 성읍이 이집트에 곡식이 있다는 것을 듣고 그들이 모두 곡식을 사기 위하여 이집트로 왔으니 이는 그들에게 기근이 심했기 때문이다. 31 요셉이 곡식 창고를 열고 그곳에 관리들을 두었다. 그들이 매일 서서 그들에게 오는 모든 사람에게 곡식을 팔았다. 32 요셉은 자기 형제들도 곡식을 사러 이집트로 올 것을 알았다. 기근이 온 세상에 있었기 때문이다. 요셉이 그의 모든 백성에게 이집트 온 땅에 이렇게 선포하도록 명했다. 33 누구든지 이집트에서 곡식을 사고자 하는 자는 그것을 사기 위하여 이집트로 자기 종들을 보내면 안 되고 오직 그의 아들들을 보내는 것이 왕과 총리와 그들의 위대한 자들을 기쁘게 하는 것이다. 어느 이집트 사람이나 가나안

사람이든지 이집트로 곡식을 사러 와서 어느 곳간에서든지 나와서 가서 온 땅에서 그것을 파는 자는 죽을 것이다. 누구도 자기 가족의 생계를 위한 목적이 아니고는 살 수 없다. 34 누구든지 두세 짐승을 이끌고 오는 자는 죽을 것이고 각 사람은 오직 자기 짐승만 이끌고 와야 한다. 35 요셉이 이집트 성문에 파수병을 두고 그들에게 명령하여 말했다. 누구든지 곡식을 사러 오는 자는 그의 이름과 그의 아버지의 이름과 그의 아버지의 아버지의 이름을 기록하기 전에는 안으로 들이지 말라. 그 날에 기록된 것은 무엇이든지 저녁 때에 그들의 이름을 내게로 가져와 내가 그 이름들을 알게 하라. 36 요셉이 이집트 온 땅에 관리들을 두고 그가 그들에게 이 모든 일을 하도록 명했다. 37 요셉이 이 모든 일을 행하고 이 법규를 만들어서 그의 형제들이 곡식을 사러 이집트에 올 때 그가 알고자 했다. 요셉의 사람들이 이 말과 요셉이 명령한 법규에 따라 이집트에서 매일 이것이 선포되도록 했다. 38 동쪽과 서쪽 지역 온 세상의 모든 주민들이 요셉이 이집트에서 제정한 법도와 규례를 들었고 날마다 땅의 가장 먼 지방의 주민들이 이집트에 와서 곡식을 사서 갔다. 39 이집트의 모든 관리들이 요셉이 명한 대로 행하였고 문지기들이 곡식을 사러 이집트로 오는 모든 사람들의 이름과 그들의 아버지의 이름을 기록하여 매일 저녁에 그것을 요셉 앞으로 가져갔다.

51 야곱의 아들들이 이집트로 감

야곱의 아들들이 곡식을 사러 이집트로 감

1 그 후에 야곱이 이집트에 곡식이 있다는 것을 들었다. 그가 자기 아들들을 불러서 이집트로 가서 곡식을 사오라고 말했다. 그들에게도 기근이 임했기 때문이다. 그가 그의 아들들을 불러서 말했다. 2 내가 이집트에 곡식이 있고 땅의 모든 사람들이 그곳으로 가서 곡식을 산다고 들었다. 그런데 너희는 어찌하여 온 땅 앞에서 스스로 족하게 보느냐? 너희도 이집트로 내려가서 거기서 나는 것 가운데 곡식 얼마를 사서 우리가 죽지 않게 해라. 3 야곱의 아들들이 그들의 아버지의 말을 듣고 그들이 일어나 이집트에서 나오는 남은 것 중에 곡식을 사기 위하여 그곳으로 내려갔다. 4 그들의 아버지 야곱이 그들에게 명하여 말했다. 너희가 그 성읍에 들어갈 때에 한 성문으로 같이 들어가지 말아라. 이는 그 땅의 주민들 때문이다. 5 야곱의 아들들이 나아가서 그들이 이집트로 갔다. 야곱의 아들들이 그들의 아버지가 그들에게 명한 대로 모두 행하였다. 야곱이 베냐민을 보내지 않았으니 그가 그의 형과 같이 길에서 사고를 당할까 걱정된다고 말했기 때문이다. 야곱의 아들들 중 열 명이 나아갔다.

야곱의 아들들이 이집트에서 요셉을 찾기로 함

6 야곱의 아들들이 길을 가고 있을 때에 그들이 요셉에게 한 일을 후회하며 서로에게 말했다. 우리가 우리의 동생 요셉이 이집트로 내려간 것을 알고 있다. 이제 우리가 가는 곳에서 그를 찾자. 우리가 그를 찾으면 우리가 그의 주인에게 몸값을 지불하고 그를 데려올 것이다. 주인이 그를 붙잡고 넘겨주지 않으면 우리가 그를 위하여 죽을 것이다. 7 야곱의 아들들이 이 일에 동의하고 요셉을 그의 주인의 손에서 구하기 위하여 힘을 내었다. 야곱의 아들들이 이집트를 향하여 갔다. 그들이 이집트 가까이에 이르렀을 때에 그들이 서로 떨어졌다. 그들이 이집트의 열 개의 성문으로 들어갔고 문지기들이 그 날에 그들의 이름을 적어서 저녁에 그것을 요셉에게 가져갔다.

요셉이 형들이 이집트에 왔다는 소식을 들음

8 요셉이 성읍의 문지기들의 손에서 그 이름들을 받아서 읽고 그가 자기 형들이 성읍의 열 개의 성문으로 들어온 것을 알았다. 그 때에 요셉이 이집트 온 땅에 공포하도록 명하여 말했다. 9 너희 모든 곳간지기들은 가서 모든 곡식 창고를 닫고 오직 하나만 열어두어 곡식을 사러 오는 사람들이 거기서 사도록 하라. 10 그 때에 요셉의 모든 관리들이 그렇게 행하여 그들이 모든 곳간을 닫고 오직 하나만 열어두었다. 11 요셉이 그의 형제들의 이름이 기록된 것을 열려 있는 곳간을 감독하는 자에게 주고 그가 그에게 말했다. 누구든지 너에게 와서 곡식을 사고자 하는 자는 그의 이름을 묻고 이 이름들 가운데 있는 자들이 네 앞에 오면 그들을 붙잡아 보내라. 그들이 그렇게 행하였다.

야곱의 아들들이 요셉을 찾아다님

12 야곱의 아들들이 성읍 안으로 들어오자 그들이 곡식을 사기 전에 그들이 성읍 안에서 함께 모여 요셉을 찾고자 했다. 13 그들이 창기들의 벽으로 가서 그들이 그곳에서 3일 동안 요셉을 찾았다. 그들이 창기들의 벽에서 요셉을 찾은 것은 요셉이 매우 아름답고 잘생겼으므로 요셉이 창기들의 벽에 왔을 것이라고 그들이 생각했기 때문이다. 야곱의 아들들이 3일 동안 요셉을 찾았으나 그들이 그를 찾지 못했다.

요셉이 형들을 찾음

14 열린 곳간을 감독하는 자가 요셉이 그에게 준 이름들을 찾았으나 그가 그들을 찾을 수 없었다. 15 그가 요셉에게 사람을 보내어 말했다. 사흘이 지났으나 당신이 내게 준 이름들을 가진 자들은 오지 않았습니다. 요셉이 하인들을 보내어 온 이집트에서 그 사람들을 찾아서 요셉 앞으로 데려오도록 했다. 16 요셉의 하인들이 이집트를 오고 갔으나 그들이 찾을 수 없었다. 그들이 고센에 갔으나 그곳에 그들이 없었다. 그 후에 라암셋 성읍에 갔으나 그들을 찾을 수 없었다. 17 요셉이 그의 형제들을 찾고자 하여 계속해서 하인 열 여섯을 보냈다. 그들이 가서 그 성읍의 사방으로 흩어졌다. 하인들 중에서 넷이 창기들의 집으로 들어가서 그들이 그곳에서 동생을 찾는 열 명을 발견했다. 18 그 네 하인이 그들을 잡아 요셉 앞으로 데리고 왔다. 그들이 그의 앞에서 땅에 엎드려 절했다. 요셉은 그의 신전의 그의 보좌 위에 앉아 있었고 호화로운 의복을 입고 그의 머리 위에는 커다란 금관이 있었다. 모든 용사들이 그를 둘러 앉아 있었다. 19 야곱의 아들들이 요셉을 보니 그의 형상과 얼굴의 아름다움과 위엄이 그들의 눈에 놀라웠다. 그들이 다시 한 번 그에게 엎드려 절했다. 20 요셉이 그의 형제들을 보

고 그가 그들을 알아보았다. 그러나 그들은 그를 알아보지 못했으니 이는 그들의 눈에 요셉이 매우 위대해 보였고 그러므로 그들이 그를 알아보지 못했다.

요셉이 형들을 심문함

21 요셉이 그들에게 말했다. 너희들은 어디서 왔느냐? 그들 모두가 대답하여 말했다. 당신의 종들은 가나안 땅에서 곡식을 사러 왔습니다. 기근이 온 땅을 덮었기 때문입니다. 당신의 종들이 이집트에 곡식이 있다는 것을 듣고 생계를 위하여 곡식을 사러 오는 다른 사람들과 함께 오게 되었습니다. 22 요셉이 그들에게 대답하여 말했다. 만일 너희가 말한 대로 너희가 곡식을 사러 왔다면 너희가 어찌하여 성읍의 열 개의 성문으로 들어왔느냐? 그것은 오직 너희가 이 땅을 정탐하러 왔기 때문이다. 23 그들 모두가 함께 요셉에게 대답하여 말했다. 나의 주여 그렇지 않습니다. 우리의 말이 맞습니다. 당신의 종들은 정탐꾼이 아니며 우리는 곡식을 사러 왔을 뿐입니다. 당신의 종들은 모두 형제이고 가나안 땅의 한 사람의 아들들입니다. 우리의 아버지가 우리에게 명하여 말하기를 너희가 그 성읍에 들어갈 때에 한 문으로 같이 들어가지 말지니 이는 그 땅의 주민들 때문이라고 했습니다. 24 요셉이 다시 그들에게 답하여 말했다. 그것이 내가 너희에게 말한 것이다. 너희가 이 땅을 정탐하러 왔다. 그러므로 너희 모두가 이 성읍의 열 개의 성문으로 들어온 것이다. 너희가 이 땅의 틈을 엿보려고 왔다. 25 분명 곡식을 사러 온 모든 자들은 자기 길로 갔지만 너희는 이 땅에 이미 사흘 동안 있었다. 너희가 사흘 동안 있었던 창기의 벽에서 너희가 무엇을 했느냐? 분명 정탐꾼들이 이와 같은 일들을 행할 것이다. 26 그들이 요셉에게 말했다. 주여 그럴 생각은 추호도 없습니다. 우리는 열

두 형제로 우리 아버지 야곱의 아들들입니다. 그는 히브리인 아브라함의 손자, 이삭의 아들로 가나안 땅에 있습니다. 막내는 이 날 가나안 땅에 우리 아버지와 함께 있고 또 하나는 우리가 그를 잃었으므로 함께 있지 않습니다. 우리가 생각하기에 어쩌면 그가 이 땅에 있을까 하여 우리가 이 온 땅을 찾다가 그를 찾기 위하여 창기들의 집에까지 이르게 되었습니다. 27 요셉이 그들에게 말했다. 너희가 온 땅에서 그를 찾다가 너희가 그를 찾으려는 곳이 오직 이집트만 남았느냐? 그가 이집트에 있는데 그가 창기의 집에서 무엇을 하고 있겠느냐? 너희가 아브라함의 아들 이삭의 아들들에게서 났다고 말하지 않았느냐? 야곱의 아들들이 창기들의 집에서 무엇을 하겠느냐? 28 그들이 그에게 대답했다. 우리가 이스마엘 사람들이 우리에게서 그를 빼앗아갔다는 것을 들었고 그들이 그를 이집트에서 팔았다는 것이 우리에게 들렸습니다. 당신의 종 우리의 동생은 매우 아름답고 잘생겨서 그가 분명 창기들의 집에 있을 것이라고 우리가 생각했습니다. 그래서 당신의 종들이 그를 찾아서 그의 몸값을 지불하려고 그곳에 갔습니다. 29 요셉이 그들에게 대답하여 말했다. 너희가 너희 자신에 대하여 아브라함의 아들들이라고 말하는 것이 분명 거짓말이다. 바로께서 살아계시는 한 너희는 정탐꾼이다. 그래서 너희가 발각되지 않으려고 창기들의 집에 간 것이다. 30 요셉이 그들에게 말했다. 만일 너희가 그를 찾고 그의 주인이 너희에게 큰 값을 요구하면 너희는 그를 위하여 그것을 주겠느냐? 그들이 줄 것이라 말했다. 31 그가 그들에게 말했다. 만일 그의 주인이 그를 큰 값에 내주는 것을 원치 않으면 너희는 그로 인하여 그 주인에게 어떻게 행할 것이냐? 그들이 그에게 대답하여 말했다. 만일 그가 동생을 우리에게 주지 않는다면 우리가 그를 죽이고 우리 동생을 데리고 갈 것입니다. 32 요셉이 그들에게 말했다. 그것이 내가 너희에게 말한 것이다. 너희는 정탐꾼이다. 너희가 이 땅의 주민들을 죽이려고 왔다. 너희 형제 중 둘이 너희 여동생의 일로 가나안 땅 세겜의 모든 주민을 쳐죽였다는 것을 우리가 들었다. 이제 너희가 너희 동생의 일로 이집트에 같은 일을 행하려고 왔다.

요셉이 형들에게 베냐민을 데리고 올 것을 요구함

33 내가 오직 이것으로 너희가 진실한 자들이라는 것을 알 것이다. 만일 너희가 너희 가운데 하나를 집으로 보내 너희 아버지에게서 너희 막내 동생을 데리고 와서 그를 이곳에 나에게 데려오면 이 일을 행함으로 나는 너희가 옳다는 것을 알게 될 것이다. 34 요셉이 그의 용사 70명을 불러서 그가 그들에게 말하였다. 이들을 끌고 옥으로 데리고 가라. 35 그 용사들이 10명을 끌고 그들을 붙잡고 옥에 가두었다. 그들이 옥에 사흘 동안 있었다. 36 셋째 날에 요셉이 그들을 옥에서 끌어내고 그들에게 말했다. 너희가 진실한 자들이라면 이 일을 행하여 너희가 살도록 하라. 너희 형제 중 하나가 옥에 갇히고 나머지는 가서 가나안 땅의 너희 가족을 위하여 곡식을 가져가라. 그리고 너희 막내 동생을 이곳으로 나에게로 데리고 와서 너희가 이 일을 행하여 너희가 진실한 자들이라는 것을 내가 알도록 하라. 37 요셉이 감정이 북받쳐 그들에게서 나가 방으로 들어가 크게 울었다. 그가 그의 얼굴을 씻고 그들에게 다시 돌아왔다. 그가 그들 중에서 시므온을 잡아서 결박하라고 명하였으나 시므온이 그렇게 되기를 거부했다. 그가 매우 힘센 자이므로 그들이 그를 결박할 수 없었다. 38 요셉이 그의 용사들을 불러서 70명의 용사들이 그들의 손에 칼을 빼어 들고 그의 앞에 왔다. 야곱의 아들들이 그들을 두려워하였다. 39 요셉이 그들에게 말했다. 이자를 붙잡고 그의 형제들이 그에게 올 때까지 옥에 가두라. 요셉의 용

사들이 급히 시므온을 붙잡아 결박하자 시므온이 크고 두려운 소리를 냈고 그 소리가 멀리서 들렸다. 40 요셉의 모든 용사들이 그 소리를 두려워하여 그들이 넘어졌다. 그들이 크게 두려워하며 도망하였다.

요셉이 시므온을 옥에 가둠

41 요셉과 함께 있던 모든 자들이 매우 두려워하여 도망하였고 오직 요셉과 그의 아들 므낫세만이 그곳에 남았다. 요셉의 아들 므낫세가 시므온의 힘을 보고 그가 몹시 화가 났다. 42 요셉의 아들 므낫세가 시므온을 향하여 일어났다. 므낫세가 그의 주먹으로 시므온의 목 뒤를 세게 치자 시므온이 화가 잠잠하게 되었다. 43 므낫세가 시므온을 강하게 붙잡아서 그를 결박하고 그를 옥에 가두었다. 야곱의 모든 아들들이 그 청년의 행동을 보고 놀랐다. 44 시므온이 그의 형제들에게 말했다. 너희 중에 누구도 이것이 이집트 사람이 때리는 방식이라고 말할 수 없을 것이다. 이것은 우리 아버지 집에서 때리는 방식이다.

야곱의 아들들이 가나안으로 돌아감

45 이 일 후에 요셉이 곳간을 감독하는 자를 불러 그들이 나를 수 있을 만큼 많은 곡식을 그들의 자루에 채우고 각 사람의 돈을 그들의 자루에 다시 넣고 길에서 먹을 양식을 주도록 명하여 그가 그렇게 행하였다. 46 요셉이 그들에게 명하여 말했다. 너희는 삼가 내가 너희에게 말한 대로 너희 동생을 데리고 오라는 나의 명령을 어기지 않도록 하라. 너희가 너희 동생을 이곳으로 나에게 데리고 오면 내가 너희가 진실한 자들이라는 것을 알 것이고 너희가 이 땅에서 사거나 팔 수 있으며 내가 너희에게 너희 형제를 돌려주어 너희가 평안히 너희 아버지에게 돌아갈 수 있게 될 것이다. 47 그들이 모두 대답하여 말했다. 우

리 주가 말한 대로 우리가 행할 것입니다. 그들이 그에게 엎드려 절했다. 48 그들이 각자 자기 곡식을 자기 나귀에 싣고 그들이 가나안 땅의 그들의 아버지에게 가기 위하여 나아갔다. 그들이 여관에 도착하고 레위가 그의 나귀에게 먹이를 주려고 자루를 풀었다. 그가 보니 그의 돈이 그의 자루 안에 있었다. 49 그 사람이 크게 두려워하여 그가 그의 형제들에게 말했다. 내 돈이 다시 돌아왔다. 그 돈이 내 자루 안에 있다. 그들이 크게 두려워하며 말했다. 하나님께서 우리에게 행하신 이 일이 무엇이냐? 50 그들 모두가 말했다. 우리의 조상 아브라함과 이삭과 야곱에 대한 주의 자비가 어디에 있느냐? 이 날 주께서 우리를 이집트 왕의 손에 넘기셨다. 51 유다가 그들에게 말하였다. 우리가 우리의 혈육, 우리의 동생을 팔았으니 우리가 분명 주 우리 하나님 앞에서 범죄한 죄인이다. 그런데 어찌하여 너희가 우리 조상에 대한 주의 자비가 어디있냐고 말하느냐? 52 르우벤이 그들에게 말했다. 내가 그 아이에게 죄를 짓지 말라고 너희에게 말하지 않았느냐? 그러나 너희가 내 말을 듣지 않았다. 이제 하나님이 우리에게 그를 요구하신다. 그런데 너희가 주께 죄를 범하고서도 감히 우리 조상에 대한 주의 자비가 어디있냐고 말하느냐? 53 그들이 그곳에서 밤을 지내고 그들이 아침 일찍 일어나 그들의 나귀에 곡식을 실었다. 그들이 그것들을 이끌고 가서 가나안 땅에 있는 그들의 아버지 집에 이르렀다. 54 야곱과 그의 가족이 그의 아들들을 마중나갔다. 야곱이 보니 그들의 형제 시므온이 그들과 함께 있지 않았다. 야곱이 그의 아들들에게 말했다. 너희 형제 시므온이 어디 있느냐? 그 아이가 보이지 않는다. 그의 아들들이 이집트에서 그들에게 일어난 모든 일을 그에게 말했다.

52 야곱의 편지

야곱이 베냐민을 보내는 것을 허락하지 않음

1 그들이 집으로 들어가 각자가 자기의 자루를 열어보니 각 사람의 돈 뭉치가 그 안에 있었다. 그들과 그들의 아버지가 그것을 보고 크게 두려워하였다. 2 야곱이 그들에게 말했다. 너희가 나에게 행한 이 일이 무엇이냐? 내가 너희가 잘 있는지 물어보려고 너희 형제 요셉을 보냈더니 너희가 내게 말하기를 짐승이 그를 잡아먹었다고 하였다. 3 시므온이 너희와 함께 곡식을 사러 갔더니 너희가 말하기를 이집트의 왕이 그를 옥에 가두었다고 하였다. 너희가 베냐민을 데려가서 그 아이도 죽게 하여 베냐민과 그의 형 요셉으로 인하여 나의 흰 머리가 슬퍼하며 무덤에 내려가게 하기를 원하는구나. 4 내 아들이 너희와 함께 내려가지 않을 것이니 그의 형이 죽었고 그 아이만 홀로 남았다. 너희가 가는 길에 그의 형에게 일어난 것처럼 그에게 재난이 미칠까 걱정된다. 5 르우벤이 그의 아버지에게 말했다. 만일 내가 아버지의 아들을 데려와서 아버지 앞에 두지 않으면 나의 두 아들을 죽이십시오. 야곱이 그의 아들들에게 말했다. 너희가 이곳에 머물고 이집트로 내려가지 말아라. 내 아들이 너희와 함께 이집트에 내려가지 않을 것이니 그렇지 않으면 그가 그의 형처럼 죽게 될 것이다. 6 유다가 그들에게 말했다. 곡식이 떨어질 때까지 삼가라. 아버지가 기근으로 자신의 생명

과 자기 가족의 생명에 위험을 느끼게 되면 그가 너희 동생을 데리고 가라고 말할 것이다. 7 그 날들에 온 땅에 기근이 심했다. 땅의 모든 사람들이 곡식을 사기 위하여 이집트로 왔으니 기근이 그들에게 크게 임했기 때문이다. 야곱의 아들들은 가나안 땅에서 그들의 곡식이 다 떨어지기까지 1년 2개월 동안 있었다.

야곱의 집에 식량이 떨어짐

8 그들의 곡식이 떨어진 후에 야곱의 온 가족이 굶주려 고생하게 되었다. 야곱의 아들들의 모든 아이들이 모여서 그들이 야곱에게 갔다. 그들이 그를 둘러싸고 그에게 말했다. 우리에게 빵을 주십시오. 우리가 어찌하여 아버지 앞에서 배고픔으로 모두 죽어야 합니까? 9 야곱이 자기 아들들의 자녀들의 말을 듣고 그가 크게 울고 그들을 불쌍히 여겼다. 야곱이 자기 아들들을 불러 그들이 모두 그의 앞에 앉았다. 10 야곱이 그들에게 말했다. 너희 자식들이 이 날 내 앞에서 우는 것을 너희가 보지 않았느냐? 그들이 우리에게 빵을 달라고 하였는데 빵이 없느냐? 이제 돌아가서 우리를 위하여 식량을 조금 사오거라.

유다가 야곱에게 베냐민을 보내달라고 설득함

11 유다가 그의 아버지에게 대답하여 말했다. 만일 아버지가 우리 동생을 우리와 함께 보내시면 우리가 내려가서 당신을 위하여 곡식을 사겠습니다. 아버지가 그를 보내지 않으면 우리는 내려가지 않을 것이니 분명히 이집트 왕이 우리에게 특별히 명하기를 너희 동생이 너희와 함께 오지 않으면 내 얼굴을 보지 못할 것이라고 했습니다. 이집트 왕은 힘 세고 강한 왕이니 만일 우리가 우리의 동생 없이 그에게 가면 우리 모두가 죽게 될 것입니다. 12 이 왕이 매우 강하고 지혜로우며

온 땅에 그와 같은 자가 없다는 것을 아버지가 알지 못하고 듣지 못했습니까? 우리가 땅의 모든 왕들을 봤지만 우리가 이집트 왕과 같은 왕은 보지 못했습니다. 확실히 땅의 모든 왕들 가운데 블레셋 왕 아비멜렉보다 큰 자는 없습니다. 그러나 이집트 왕은 그보다 크고 강하며 아비멜렉은 오직 그의 신하들 중 하나에 비할 수 있습니다. 13 아버지, 당신이 그의 궁전과 그의 보좌와 그 앞에 선 모든 신하들을 보지 못했습니다. 당신이 그 왕이 왕과 같은 의복을 입고 그의 머리에 큰 금관을 쓰고 당당하고 왕과 같은 모습으로 그의 보좌에 앉은 것을 보지 못했습니다. 당신이 하나님께서 그에게 주신 명예와 영광을 보지 못했습니다. 온 땅에 그와 같은 자는 없습니다. 14 아버지, 당신이 하나님께서 그의 마음에 주신 지혜와 명철과 지식을 보지 못했고 그가 우리에게 말할 때 들리는 그의 부드러운 음성도 듣지 못했습니다. 15 누가 우리의 이름을 그에게 알려 우리에게 일어난 모든 일이 어떻게 일어났는지 우리가 알지 못합니다. 그 일 후에 그가 우리에게 물어 말했습니다. 너희 아버지가 살아계시느냐? 그가 잘 지내시냐? 16 아버지가 그가 그의 주 바로에게 묻지도 않고 주관하는 이집트 통치의 일들을 보지 못했습니다. 당신이 그가 모든 이집트 사람들에게 주는 경외심과 두려움을 보지 못했습니다. 17 우리가 그에게서 물러갔을 때 우리가 아모리 사람의 성읍의 남은 자들에게 한 것처럼 이집트에 겁을 주었고 그가 우리에 대하여 정탐꾼이라고 말한 그의 모든 말에 대하여 우리가 몹시 화를 냈습니다. 이제 우리가 다시 그의 앞으로 가면 그의 두려움이 우리 모두에게 임할 것이고 우리 중 한 사람도 그에게 작은 일이나 큰 일을 말할 수 없을 것입니다. 18 그러므로 아버지, 우리가 당신에게 구하니 그 아이를 우리와 함께 보내서 우리가 내려가 우리의 생계를 위하여 식량을 사고 굶주려 죽지 않게 하십시오. 야곱이 말했다. 너희가 어찌하여 그 왕에게 너희가 동생이 있다고 말하여 나를 괴롭게 하느냐? 너희가 나에게 행한 이 일이 무엇이냐? 19 유다가 그의 아버지 야곱에게 말했다. 그 아이를 내 손에 맡기면 우리가 일어나 이집트로 내려가서 곡식을 사서 돌아오겠습니다. 우리가 돌아올 때 그 아이가 우리와 함께 있지 않으면 내가 영원히 당신의 원망을 받겠습니다. 20 우리의 모든 아이들이 배고파서 아버지에게 울었으나 당신의 손에는 그들을 만족시킬 힘이 없다는 것을 보지 않았습니까? 이제 그 아이들을 불쌍히 여기시고 우리의 동생을 우리와 함께 보내셔서 우리가 가게 하십시오. 21 아버지가 이집트 왕이 당신의 아들을 빼앗아 갈 것이라고 말하는데 어떻게 우리의 조상에게 베푸신 주의 자비가 당신에게 나타날 수 있습니까? 주께서 살아계시는 한 내가 그를 데리고 당신 앞에 둘 때까지 내가 그를 버려두지 않을 것입니다. 다만 이집트 왕이 우리에게 친절하게 대하여 우리가 이집트 왕과 그의 사람들 앞에서 호의적이고 친절하게 받아들여지도록 우리를 위하여 기도해 주십시오. 우리가 지체하지 않았다면 당신의 아들과 함께 두 번 갔다 왔을 것입니다.

야곱이 베냐민을 이집트로 데리고 가는 것을 허락함

22 야곱이 그의 아들들에게 말했다. 나는 주 하나님이 너희를 구원하시고 이집트 왕과 그의 모든 사람들의 눈에 은총을 입게 하실 것을 믿는다. 23 그러니 이제 일어나 그 사람에게 가라. 그를 위한 선물로 너희 손에 이 땅의 산물을 들고 그의 앞으로 가져가라. 전능하신 하나님이 그의 앞에서 너희에게 자비를 주셔서 그가 너희 형제 베냐민과 시므온을 너희와 함께 보내기를 바란다. 24 그들이 모두 일어나 자기들의 동생 베냐민을 데리고 갔다. 그들이 그들의 손에 그 땅에서 나는 가장 좋은 것으로 큰 선물을 손에 들었고 그들이 또한 갑절의 은도 가

지고 갔다. 25 야곱이 그의 아들들에게 베냐민에 대하여 엄히 명하여 말했다. 너희가 가는 길에서 그 아이에게 주의하고 길에서 그 아이와 떨어지지 말고 이집트에서도 그리하라.

야곱이 아들들을 위하여 기도함

26 야곱이 일어나 그의 손을 뻗고 그가 주께 그의 아들들에 대하여 기도했다. 하늘과 땅의 주 하나님, 우리의 조상 아브라함과 맺으신 당신의 언약을 기억하시고 나의 아버지 이삭과 맺으신 언약을 기억하사 나의 아들들에게 인애를 베푸시고 그들을 이집트 왕의 손에 넘기지 마옵소서. 내가 하나님께 구하오니 당신의 자비로 이 일을 행하시고 나의 모든 자녀를 이집트의 권능에서 구하셔서 그들에게 그들의 두 형제를 보내게 하여 주십시오. 27 야곱의 아들들의 모든 아내와 그들의 자녀들이 그들의 눈을 들어 하늘을 보고 그들이 모두 주 앞에서 울며 그들의 아비들을 이집트 왕의 손에서 구해달라고 부르짖었다.

야곱이 이집트 왕에게 보내는 편지

28 야곱이 이집트 왕에게 편지를 써서 유다의 손과 그의 아들들의 손에 그것을 맡겼다. 그 편지의 내용은 이러하다. 29 하나님의 아들, 히브리인 아브라함의 손자, 이삭의 아들, 당신의 종 야곱이 강하고 지혜로운 왕, 지혜의 계시자, 이집트 왕에게 문안합니다. 30 나의 주 이집트 왕은 아시옵소서. 가나안 땅에 있는 우리에게 기근이 심하여 내가 우리의 생계를 위하여 내 아들들을 당신에게 보내어 당신에게서 곡식을 조금 사고자 합니다. 31 내 아들들이 나를 둘러쌌고 나는 매우 늙어 내 눈으로 볼 수 없습니다. 내가 나이가 많고 내 앞에서 잃어버린 나의 아들 요셉을 위하여 날마다 우는 것으로 내 눈이 매우 무겁게 되

었습니다. 내가 내 아들들에게 명하여 그들이 이집트로 들어갈 때 그 성읍의 문으로 들어가지 말라고 했으니 이는 그 땅의 주민들 때문이었습니다. 32 그리고 내가 또한 그들에게 이집트를 돌아다니며 나의 아들 요셉을 찾으라고 명했으니 혹시 그들이 그곳에서 그를 찾을까 하였기 때문입니다. 그래서 그들이 그리 행했으나 당신이 그들을 그 땅의 정탐꾼으로 여겼습니다. 33 우리가 당신에 대하여 당신이 바로의 꿈을 해석하고 그에게 진실히 말했다는 것을 듣지 않았습니까? 그런데 어떻게 당신이 당신의 지혜로 나의 아들들이 정탐꾼인지 아닌지를 알 수 없습니까? 34 그러므로 이제 나의 주 왕이여, 당신이 나의 아들들에게 말한 것처럼 내가 나의 아들을 당신 앞에 보냅니다. 내가 당신께 구하오니 그 아이가 평안히 그의 형제들과 함께 나에게 돌아올 때까지 당신의 눈을 그에게 두어 주십시오. 35 바로가 나의 어머니 사라를 데리고 갔을 때 우리 하나님께서 그에게 행하신 일과 그분이 사라의 일로 블레셋의 아비멜렉 왕에게 행하신 일을 알지 못하고 듣지 못했습니까? 우리 아버지 아브라함이 엘람의 아홉 왕에게 행한 일과 그가 그와 함께 있던 몇 사람과 함께 그들 모두를 어떻게 쳤는지를 알지 못하고 듣지 못했습니까? 36 내 두 아들 시므온과 레위가 아모리의 여덟 성읍에 행한 일과 그들이 그들의 누이 디나의 일로 인하여 그들을 어떻게 멸하였는지 알지 못하고 듣지 못했습니까? 37 그들이 그들의 동생 베냐민으로 그의 형 요셉을 잃은 것에 대하여 위로를 받았습니다. 그들이 어떤 사람의 손이 자기들을 이기는 것을 볼 때 그들이 그를 위하여 무슨 일을 하겠습니까? 38 이집트의 왕이여, 하나님의 권능이 우리와 함께 하시고 하나님이 항상 우리의 기도를 들으시며 모든 날들에 우리를 버리지 않는다는 것을 당신이 알지 않습니까? 39 내 아들들이 당신이 그들에게 어떻게 대했는지를 나에게 말했을 때 나는 당신에 대하여 주께 아뢰지 않았습니다. 내가 그렇게 했다면 내 아들 베냐민이 당신 앞에 이르기 전에 당신이 당신의 사람들과 함께 죽었을 것이기 때문입니다. 그러나 나는 내 아들 시므온이 당신의 집에 있는 것처럼 당신이 그에게 친절히 대했을 것이라 생각합니다. 그러므로 내가 이 일에 대해서 당신에게 말하지 않겠습니다. 40 이제 내 아들 베냐민이 나의 아들들과 함께 당신에게 가니 그에게 주의를 기울이고 당신의 눈을 그에게 두십시오. 그러면 하나님께서 그분의 눈을 당신과 당신의 나라에 두실 것입니다. 41 이제 내가 내 마음에 있는 모든 것을 당신에게 말했습니다. 내 아들들이 그들의 동생과 함께 당신에게 갑니다. 그들을 위하여 온 지면을 살펴주시고 그들을 그들의 형제들과 함께 평안히 보내주십시오. 42 야곱이 그 편지를 그의 아들들에게 주고 유다에게 맡겨 이집트 왕에게 전달하도록 했다.

53 요셉이 베냐민을 만남

야곱의 아들들이 베냐민과 함께 이집트로 감

1 야곱의 아들들이 일어나 베냐민을 데리고 모든 선물을 가지고 그들이 가서 이집트에 이르러 요셉 앞에 섰다. 2 요셉이 그의 동생 베냐민이 그들과 함께 있는 것을 보고 그가 그들에게 문안했다. 그 사람들이 요셉의 집에 이르렀다. 3 요셉이 그의 집 청지기에게 명하여 그의 형제들에게 먹을 것을 주도록 하여 그가 그들에게 그리 행하였다. 4 정오에 요셉이 그들에게 사람을 보내어 그들이 베냐민과 함께 그의 앞에 오도록 했다. 그들이 요셉의 집 청지기에게 그들의 자루에 도로 넣은 은에 대하여 말하자 그가 그들에게 말했다. 너희는 안심하고 두려워하지 말라. 그가 그들의 형제 시므온을 그들에게 데려왔다. 5 시므온이 그의 형제들에게 말했다. 이집트 사람들의 주가 내게 매우 친절히 대하였고 너희가 너희 눈으로 보는 것과 같이 나를 묶어두지 않았다. 너희가 성읍에서 나갔을 때에 그가 나를 풀어주고 그의 집에서 나를 친절하게 대했다.

요셉이 베냐민을 만남

6 유다가 베냐민의 손을 잡고 데리고 와서 그들이 요셉 앞에 이르렀다. 그들이 그에게 절하였다. 7 그들이 요셉에게 선물을 주고 모두

그의 앞에 앉았다. 요셉이 그들에게 말했다. 너희가 잘 지내느냐? 너희의 자녀들이 잘 지내느냐? 너희의 나이 많은 아버지는 잘 계시냐? 그들이 대답했다. 잘 지냅니다. 유다가 야곱이 보낸 편지를 요셉의 손에 주었다. 8 요셉이 그 편지를 읽고 자기 아버지가 쓴 것을 알았다. 그가 울고자 하여 안방으로 들어가 크게 울고 나왔다. 9 그가 그의 눈을 들어 그의 동생 베냐민을 보고 말했다. 이 아이가 너희가 내게 말한 너희 동생이냐? 베냐민이 요셉에게 다가가자 요셉이 그의 손을 베냐민의 머리에 얹고 그에게 말했다. 내 아들아, 하나님께서 너에게 은혜 베푸시기를 원한다. 10 요셉이 그의 어머니의 아들, 그의 동생을 보고 그가 다시 울고자 하여 방으로 들어갔다. 그가 거기서 울고 그의 얼굴을 씻고 나와서 울음을 멈췄다. 그가 음식을 준비하라고 했다.

요셉의 잔

11 요셉이 마시는 잔이 있었는데 그것은 은으로 되어 있고 호마노와 베델리엄이 아름답게 박혀 있었다. 요셉의 형제들이 그와 함께 먹으려고 앉을 때에 요셉이 그들이 보는데서 그 잔을 쳤다. 12 요셉이 그들에게 말했다. 내가 이 잔으로 르우벤이 장자이고 시므온과 레위와 유다와 잇사갈과 스불론이 한 어머니에게서 나온 자녀라는 것을 알았다. 너희는 너희가 태어난 순서대로 앉아서 먹어라. 13 그가 다른 형제들도 그들이 태어난 순서에 따라 앉히고 그가 말했다. 나는 너희의 이 막내가 형제가 없다는 것을 안다. 나도 그처럼 형제가 없다. 그러므로 그는 나와 함께 앉아서 먹을 것이다.

요셉이 베냐민에게 자신을 드러냄

14 베냐민이 요셉 앞으로 올라와 보좌 위에 앉았다. 그들이 요셉이

행하는 것을 보고 놀랐다. 그 때에 그들이 요셉과 함께 먹고 마셨다. 요셉이 그들에게 선물을 주고 베냐민에게 선물 하나를 주었다. 므낫세와 에브라임이 그들의 아버지가 행하는 것을 보고 그들도 그에게 선물을 주었다. 오스낫이 그에게 선물 하나를 주었다. 베냐민의 손에는 선물 다섯 개가 있었다. 15 요셉이 그들이 마시도록 포도주를 가져왔으나 그들이 마시지 않으려 하며 말했다. 요셉을 잃어버린 날부터 우리가 포도주를 마시지도 않고 맛있는 음식을 먹지도 않았습니다. 16 요셉이 그들에게 맹세하고 그들을 강권하여 그들이 그 날 그와 함께 많이 마셨다. 그 후에 요셉이 베냐민과 말하기 위하여 그에게 고개를 돌렸다. 베냐민은 여전히 요셉 앞에서 보좌 위에 앉아 있었다. 17 요셉이 그에게 말했다. 네가 낳은 자식이 있느냐? 그가 말했다. 당신의 아들에게 열 아들이 있는데 그들의 이름은 벨라와 베겔과 아스발과 게라와 나아만과 아히와 로스와 뭅빔과 훕빔과 오룻입니다. 내가 그들의 이름을 내가 보지 못한 나의 형의 이름을 따라 부릅니다. 18 그가 사람들에게 명하여 그의 별 지도를 그의 앞으로 가져오도록 명했는데 요셉은 그것으로 모든 때를 알았다. 요셉이 베냐민에게 말했다. 내가 듣기로 히브리 사람들은 모든 지혜를 안다고 하는데 너는 이것에 대하여 무엇을 알고 있느냐? 19 베냐민이 말했다. 당신의 종이 내 아버지가 나에게 가르친 모든 지혜를 알고 있습니다. 요셉이 베냐민에게 말했다. 이제 이 기구를 보고 너희가 이집트로 내려갔다고 말한 너의 형 요셉이 이집트 안에서 어디에 있는지 알아보라. 20 베냐민이 하늘의 별들의 지도와 그 기구를 보았다. 그가 지혜로워서 그 안에 있는 것을 보고 그의 형이 어디 있는지를 알았다. 베냐민이 이집트 온 땅을 네 구역으로 나누고 그가 그의 앞에 보좌에 앉은 이가 그의 형 요셉이라는 것을 알았다. 베냐민이 크게 놀랐다. 요셉이 그의 동생 베냐민이 크게 놀란 것을 보고 그가 베냐민에게 말했다. 네가 본 것이 무엇이며 네가 어찌하여 놀라느냐? 21 베냐민이 요셉에게 말했다. 내가 이것을 통해서 나의 형 요셉이 이 보좌 위에 이곳에 나와 함께 앉아 있다는 것을 알았습니다. 요셉이 그에게 말했다. 내가 너의 형 요셉이다. 이 일을 너의 형들에게 드러내지 마라. 내가 그들이 갈 때 너를 그들과 함께 보낼 것이다. 내가 그들을 다시 이 성읍으로 데려오도록 명령할 것이고 내가 그들에게서 너를 데려올 것이다. 22 만일 그들이 너를 위하여 목숨을 걸고 싸우면 그들이 나에게 한 일에 대하여 뉘우치고 있다는 것을 내가 알게 될 것이고 내가 그들에게 나를 알릴 것이다. 만일 내가 너를 데리고 갈 때 그들이 너를 버리면 너는 나와 함께 남고 나는 그들과 싸우고 그들은 떠나갈 것이며 나는 그들에게 나를 알리지 않을 것이다.

요셉이 베냐민의 자루에 은 잔을 넣음

23 그 때에 요셉이 그의 신하에게 명하여 그들의 자루를 양식으로 채우고 각 사람의 돈을 그들의 자루에 넣고 그 잔을 베냐민의 자루에 넣으며 그들이 길에서 먹을 양식을 주도록 하여 그들이 그리했다. 24 다음 날에 그 사람들이 아침 일찍 일어나 그들이 그들의 나귀에 그들의 곡식을 싣고 그들이 베냐민과 함께 나아갔다. 그들이 그들의 동생 베냐민과 함께 가나안 땅으로 향했다. 25 그들이 이집트에서 멀리 가지 않았을 때에 요셉이 그의 집을 맡은 자에게 명하여 말했다. 일어나 이 사람들이 이집트에서 너무 멀리 가기 전에 그들을 뒤쫓으라. 그들에게 너희가 어찌하여 나의 주인의 잔을 훔쳤냐고 말하라. 26 요셉의 신하가 일어나 그가 그들에게 이르러 그들에게 요셉의 모든 말을 전했다. 그들이 이 일을 듣고 크게 노하며 말했다. 당신의 주인의 잔이 발견되는 그는 죽을 것이고 우리는 노예가 될 것입니다. 27 그들이 급

히 각자의 나귀에서 자루를 내려놓고 그들의 자루 안을 보니 그 잔이 베냐민의 자루에서 발견되었다. 그들이 모두 자신의 옷을 찢고 그 성읍으로 돌아갔다. 그들이 길에서 베냐민을 때렸는데 그가 성읍 안에 이를 때까지 계속해서 때렸다. 그들이 요셉 앞에 섰다. 28 유다가 화를 내며 말했다. 이 사람이 이 날 이집트를 멸하려고 나를 데리고 왔다.

요셉이 형들에게서 베냐민을 빼앗음

29 그 사람들이 요셉의 집으로 와서 요셉이 그의 보좌 위에 앉아 있고 그의 오른편과 왼편에 모든 용사들이 서 있는 것을 보았다. 30 요셉이 그들에게 말했다. 너희가 나의 은잔을 훔쳐서 가져간 이 일이 무엇이냐? 그러나 나는 너희가 내 잔으로 이 땅의 어느 지역에 너희 형제가 있는지 알려고 그것을 가져간 것을 안다. 31 유다가 말했다. 우리가 우리 주에게 무슨 말을 하겠습니까? 우리가 무슨 말을 하고 우리가 어떻게 우리의 정당함을 보이겠습니까? 이 날 하나님께서 당신의 모든 종들에게서 죄악을 찾으셨으니 이 날에 그분이 우리에게 이 일이 일어나게 하셨습니다. 32 요셉이 일어나서 베냐민을 붙잡고 그의 형제들에게서 그를 힘으로 끌어냈다. 그가 집으로 와서 그들 앞에서 문을 잠갔다. 요셉이 그의 집을 맡은 자에게 명하여 그들에게 이 말을 전하도록 했다. 왕이 말한다. 너희 아버지에게 평안히 가라. 내가 내 잔이 그 손에서 발견된 자를 잡았다.

54 요셉이 형들에게 자기를 드러냄

유다가 요셉에게 베냐민을 돌려보내라고 요구함

1 유다가 요셉이 그들을 대하는 것을 보고 유다가 그에게 다가가 문을 부수고 열어 그의 형제들과 함께 요셉 앞에 이르렀다. 2 유다가 요셉에게 말했다. 나의 주의 눈에 이 일이 근심이 되지 않기를 원합니다. 내가 당신께 구하오니 당신의 종이 당신 앞에서 한 마디 해도 되겠습니까? 요셉이 그에게 이르기를 말하라고 하였다. 3 유다가 요셉 앞에서 말했고 그의 형제들은 그곳에서 그들 앞에 서 있었다. 유다가 요셉에게 말했다. 우리가 처음 양식을 사려고 우리 주에게 이르렀을 때에 당신이 우리를 이 땅의 정탐꾼으로 여겼습니다. 우리가 베냐민을 당신 앞에 데리고 오자 이 날 당신이 우리를 희롱하였습니다. 4 그러므로 이제 왕은 나의 말을 들으십시오. 내가 당신께 구하오니 우리의 동생이 우리와 함께 우리의 아버지에게 가도록 해주십시오. 그렇지 않으면 이 날 당신의 혼이 이집트 모든 주민의 혼과 함께 죽을 것입니다. 5 우리의 형제들 중 두 명, 시므온과 레위가 우리의 누이 디나로 인하여 세겜 성읍과 아모리의 일곱 성읍에 행한 일을 알지 못합니까? 그들이 또한 그들의 동생 베냐민을 위하여 무슨 일을 하겠습니까? 6 만일 당신이 우리의 동생을 보내려고 하지 않으면 이 날 그들 둘보다 크고 강한 내가 나의 힘을 가지고 당신과 당신의 땅에 올 것입니다. 7 당신

은 우리를 택하신 하나님이 우리의 어머니 사라의 일로 바로에게 행하신 일을 듣지 못했습니까? 그가 우리의 아버지로부터 어머니를 빼앗아 가서 하나님이 그와 그의 가족을 심한 질병으로 치셨습니다. 이 날까지도 이집트 사람들이 이 기적을 서로에게 말하고 있습니다. 이 날 당신이 우리의 아버지로부터 베냐민을 빼앗아 간 것과 이 날 당신이 당신의 땅에서 우리 위에 쌓은 악으로 인하여 하나님께서 그리 행하실 것입니다. 우리의 하나님은 우리의 조상 아브라함과 맺은 그분의 언약을 기억하셔서 당신에게 재앙을 내리실 것이니 이는 당신이 이 날 우리 아버지의 혼을 근심하게 하였기 때문입니다. 8 그러므로 이제 내가 이 날 당신에게 말한 나의 말을 듣고 우리의 동생을 보내서 그가 가게 하십시오. 그렇지 않으면 당신과 당신의 땅의 백성이 칼에 죽을 것이니 당신들 모두가 우리를 이길 수 없기 때문입니다.

요셉이 베냐민을 돌려보내는 것을 거부함

9 요셉이 유다에게 대답하여 말했다. 너는 어찌하여 너의 입을 크게 벌리고 힘이 너희에게 있다고 자랑하느냐? 바로께서 살아계시는 한 만일 내가 나의 모든 용사들에게 너희와 싸우라고 명하면 분명 너와 이 너의 형제들은 수렁에 빠지게 될 것이다. 10 유다가 요셉에게 말했다. 분명 당신과 당신의 사람들이 나를 두려워할 것입니다. 주께서 살아계시는 한 만일 내가 한 번 나의 칼을 뽑으면 내가 이 날 온 이집트를 칠 때까지 그것을 다시 칼집에 넣지 않을 것입니다. 내가 당신과 싸우기 시작해서 당신의 주인 바로로 끝낼 것입니다. 11 요셉이 그에게 대답하여 말했다. 분명 힘이 너에게만 속한 것은 아니다. 나는 너보다 힘세고 강하다. 만일 네가 너의 칼을 뽑으면 내가 그것을 너의 목과 너의 모든 형제들의 목에 들이댈 것이다. 12 유다가 그에게 말했다. 만

일 이 날에 내가 당신에게 다시 입을 열면 내가 당신을 삼켜 당신이 이 땅에서 사라지고 당신의 나라에서 죽게 될 것입니다. 요셉이 말했다. 만일 네가 네 입을 열면 나는 네가 한 마디도 말할 수 없을 때까지 돌로 너의 입을 닫게 할 능력과 힘이 있다. 우리 앞에 얼마나 많은 돌이 있는지 보라. 진실로 내가 돌을 취하여 너의 입에 넣고 너의 턱을 부술 수 있다. 13 유다가 말했다. 우리가 이곳에서 당신과 싸우기를 원하지 않는다는 것에 대하여 하나님이 우리 사이에 증인입니다. 오직 우리에게 우리의 동생을 주어 우리가 당신에게서 가도록 하십시오. 요셉이 대답하여 말했다. 바로가 살아계시는 한 가나안의 모든 왕들이 너희와 함께 오더라도 너희는 내 손에서 그를 데려가지 못한다. 14 그러므로 이제 너희 아버지에게로 너희 길로 가라. 너희 동생은 왕의 집에서 도둑질을 하였으니 그는 종으로 나에게 있을 것이다. 유다가 말했다. 이것이 당신이나 왕의 성품입니까? 분명 왕은 그의 집에서 온 땅으로 은과 금을 선물이나 경비로 보냅니다. 그런데 당신은 계속 당신이 우리의 동생의 자루에 넣은 당신의 잔에 대해서 말하면서 그가 당신에게서 그것을 훔쳤다고 말합니까? 15 우리의 동생 베냐민이나 아브라함의 씨 중에 어떤 자도 당신이나 왕이나 고관이나 어느 사람에게서든지 훔치는 이런 일은 결단코 하지 않습니다. 16 그러므로 이제 이 고발하는 일을 멈추십시오. 그렇지 않으면 온 땅이 당신의 말을 듣고 작은 은 하나로 이집트의 왕이 사람들과 다투고 그가 그들을 고발하여 그들의 동생을 노예로 삼는다고 말할 것입니다. 17 요셉이 대답하여 말했다. 너희는 이 잔을 가져가고 나에게서 떠나고 너희 동생은 노예로 남게 하라. 도둑이 받을 판결은 노예가 되는 것이다. 18 유다가 말했다. 당신은 어찌하여 우리의 동생을 남기고 당신의 잔을 가져가라는 당신의 말이 부끄럽지도 않습니까? 만일 당신이 우리에게 당신의 잔이나 그것의 천 배를 준다고 해도 우리는 그 은이 누구의 손에서 발견되든지 우리의 형제를 남겨두지 않을 것이며 그로 인하여 우리가 죽지 않을 것입니다.

요셉이 형들에게 자기를 판 것에 대하여 책망함

19 요셉이 대답했다. 그러면 너희는 어찌하여 이 날까지 너희 형제를 버리고 은 20개에 그를 팔았느냐? 너희는 어찌하여 너희의 이 동생에게 똑같이 행하지 않느냐? 20 유다가 말했다. 우리가 당신과 싸우기를 원하지 않는다는 것에 대하여 주께서 나와 당신 사이에 증인이십니다. 그러므로 이제 우리에게 우리의 동생을 주고 우리가 더 이상 다툼없이 당신에게서 가도록 하십시오. 21 요셉이 대답하여 말했다. 땅의 모든 왕들이 연합하여도 그들이 나의 손에서 너희 동생을 빼앗아 갈 수 없을 것이다. 유다가 말했다. 우리 아버지가 우리의 동생이 우리와 함께 오지 않고 그가 그로 인하여 슬퍼하면 우리가 그에게 뭐라고 말해야겠습니까? 22 요셉이 대답하여 말했다. 이것이 너희가 너희 아버지에게 할 말이니 밧줄이 물통을 따라갔습니다 라고 하여라. 23 유다가 말했다. 분명 당신은 왕인데 어찌하여 잘못된 판결을 내리며 이런 것을 말합니까? 당신 같은 왕에게는 화가 있을 것입니다. 24 요셉이 대답하여 말했다. 내가 너희 동생 요셉에 대하여 한 말에는 어떤 잘못된 판결도 없다. 너희 모두가 그를 미디안 사람들에게 은 20개에 팔고 너희가 모두 너희 아버지에게 그것을 사실대로 말하지 않고 악한 짐승이 요셉을 삼켜서 그가 찢겨졌다고 그에게 말했기 때문이다. 25 유다가 말했다. 셈의 불이 내 마음에서 타오릅니다. 이제 내가 당신의 모든 땅을 불로 태울 것입니다. 요셉이 대답하여 말했다. 분명 너의 아들들을 죽인 너의 며느리 다말이 세겜의 불을 꺼버렸다. 26 유다가 말했다.

내가 만일 내 몸에서 머리카락 하나라도 뽑으면 내가 온 이집트를 피로 채울 것입니다. 27 요셉이 대답하여 말했다. 너희가 팔아버린 너희 동생에게 한 것과 같이 행하는 것이 너희의 습관이다. 너희가 그의 옷을 피에 적셔 그것을 너희 아버지에게 가져가서 그가 악한 짐승이 그를 삼켰고 이것이 그의 피라 말하게 했다.

유다가 이집트와 전쟁을 일으키려고 함

28 유다가 이 일을 듣고 그가 몹시 화가 났고 그의 화가 그 안에서 타올랐다. 그곳에 그의 앞에 돌 하나가 있었는데 그것의 무게가 400 세겔 정도 되었다. 유다가 화가 일어나 그가 한 손으로 그 돌을 들어서 하늘로 던지고 그것을 그의 왼손으로 잡았다. 29 그 후에 그가 그것을 그의 다리 아래에 두고 그가 그의 온 힘을 다하여 그 위에 앉자 그 돌이 유다의 힘으로 인하여 티끌이 되었다. 30 요셉이 유다가 행한 것을 보고 그가 몹시 두려워하였으나 그가 그의 아들 므낫세에게 명하여 그도 다른 돌로 유다가 행한 것과 같이 하였다. 유다가 그의 형제들에게 말했다. 너희 중에 누구도 이 사람이 이집트 사람이라고 말하지 말라. 그가 이것을 행한 것으로 보아 그는 우리 아버지의 가족이다. 31 요셉이 말했다. 오직 너에게만 힘이 주어진 것이 아니다. 우리도 강한 자들이다. 그런데 너가 어찌하여 우리 모두에게 힘을 자랑하느냐? 유다가 요셉에게 말했다. 내가 당신에게 구하오니 우리의 동생을 보내주어 이 날 당신의 나라가 망하지 않게 하십시오. 32 요셉이 그들에게 대답하여 말했다. 가서 너희가 너희 아버지에게 너희 동생 요셉에 대하여 말한 것처럼 악한 짐승이 그를 삼켰다고 말하라. 33 유다가 그의 동생 납달리에게 말했다. 이제 급히 가서 이집트의 모든 거리의 수를 세고 와서 나에게 말하라. 시므온이 그에게 말했다. 이 일로 너에게 문제가 생

기지 않도록 하라. 이제 내가 산으로 가서 거기서 큰 돌 하나를 들어 올려 그것을 이집트에 있는 모든 자에게 겨누고 그 안에 있는 모든 자들을 죽일 것이다. 34 요셉이 그의 형제들이 그의 앞에서 말하는 이 모든 말을 들었다. 그들은 요셉이 그들의 말을 알아듣는지 몰랐으니 그들은 그가 히브리 말을 할 줄 모른다고 생각했기 때문이다.

요셉이 이집트의 군대를 소집함

35 요셉이 그의 형제들의 말을 듣고 그들이 이집트를 멸망시킬까 하여 크게 두려워하였다. 그가 그의 아들 므낫세에게 명하여 말했다. 이제 급히 가서 이집트의 모든 주민과 모든 용사들을 함께 나에게 오게 하라. 지금 그들이 모든 종류의 악기를 가지고 말을 타고 그리고 걸어서 나에게 오도록 하라. 므낫세가 가서 그리 행하였다. 36 납달리가 유다가 그에게 명한 대로 갔으니 납달리는 날쌘 수사슴 중 하나와 같이 날렵하여 그가 이삭 위로 가도 그것이 그의 아래에서 부러지지 않았다. 37 그가 가서 이집트의 모든 거리의 수를 세고 그것이 열두 개임을 알고 그가 급히 와서 유다에게 말했다. 유다가 그의 형제들에게 말했다. 너희는 서둘러 각자 자기 허리에 있는 자기 칼을 빼라. 우리가 이집트에 와서 그들을 모두 치고 한 사람도 남기지 않을 것이다. 38 유다가 말했다. 보라 내가 나의 힘으로 거리 중에 셋을 멸할 것이다. 너희는 각자 거리 하나를 멸하라. 유다가 이것을 말할 때에 이집트의 주민과 모든 용사들이 모든 종류의 악기를 들고 큰 소리를 내며 그들을 향하여 왔다. 39 그들의 수는 마병 오천 명과 보병 만 명과 검이나 창 없이 오직 그들의 손과 힘으로 싸울 수 있는 자가 사천 명이었다. 40 모든 용사들이 큰 소리를 지르며 와서 그들이 모두 야곱의 아들들을 둘러싸고 그들을 위협하였다. 땅이 그들이 외치는 소리로 인하여

흔들렸다. 41 야곱의 아들들이 이 군대들을 보고 그들이 크게 두려워하였다. 요셉이 야곱의 아들들을 두렵게 하여 그들을 진정시키려고 이렇게 하였다. 42 유다가 그의 형제들 중 얼마가 두려워하는 것을 보고 그들에게 말했다. 하나님의 은혜가 우리와 함께 있는데 너희가 어찌하여 두려워하느냐? 유다가 보니 요셉이 그들을 두렵게 하라는 명령으로 모든 이집트 사람들이 그들을 둘러싸고 있었다. 다만 요셉은 그들에게 명하여 그들 중 누구도 건드리지 말라고 말했다. 43 유다가 급히 그의 칼을 뽑고 크게 소리쳤다. 그가 자기의 칼로 치며 그가 땅에서 뛰어올랐다. 그가 모든 사람에게 계속 소리쳤다. 44 그가 이렇게 행하고 있을 때에 주께서 용사들과 그들을 둘러싼 모든 자들이 유다와 그의 형제들을 두려워하게 하셨다. 45 그들이 모두 외치는 소리를 듣고 도망하였고 그들이 두려워하며 서로 위에 쓰러졌다. 그들이 쓰러지면서 그들 가운데 많은 수가 죽었고 그들이 모두 유다와 그의 형제들 앞과 요셉의 앞에서 도망하였다. 46 그들이 도망할 때 유다와 그의 형제들이 그들을 쫓아 바로의 집에까지 이르렀고 그들이 모두 도망쳤다. 유다가 다시 요셉 앞에 앉아 그를 향하여 사자처럼 소리를 지르고 그를 향하여 크게 외쳤다.

바로가 야곱의 아들들을 두려워함

47 그 소리가 멀리까지 들려 숙곳의 모든 주민이 그것을 들었다. 그 소리로 인하여 온 이집트가 흔들렸고 이집트와 고센 땅의 성벽이 땅의 흔들림으로 무너졌다. 바로도 그의 보좌에서 땅으로 떨어졌고 이집트와 고센의 모든 임신한 여인들이 흔들리는 소리를 듣고 큰 두려움으로 인하여 유산하게 되었다. 48 바로가 사람을 보내어 말했다. 이 날 이집트 땅에 일어난 이 일이 무엇이냐? 그들이 와서 처음부터 끝까

지 모든 일을 그에게 말했다. 바로가 놀라고 그가 크게 두려워하였다. 49 그가 이 모든 일을 듣고 그의 두려움이 더해졌다. 그가 요셉에게 사람을 보내어 말했다. 네가 나에게 히브리 사람들을 데려와 온 이집트를 파괴하려고 한다. 네가 이 도둑과 같은 종으로 무엇을 하려느냐? 그를 보내고 그가 그의 형제들과 함께 가도록 하여 그들로 인하여 우리가, 너와 온 이집트가 죽지 않도록 하라. 50 만일 네가 이 일을 행하기를 원하지 않고 네가 그들의 땅에 있는 것을 기쁘게 여기면 너에게 있는 나의 모든 값진 물건을 버리고 그들의 땅으로 그들과 함께 가라. 그들이 이 날 나의 온 나라를 멸하고 나의 모든 백성을 죽이려고 하며 이집트의 모든 여인들이 그들의 외침으로 인하여 유산하였다. 그들이 단지 소리치는 것으로 행한 것을 보라. 게다가 만일 그들이 칼로 싸운다면 그들이 이 땅을 멸할 것이다. 그러므로 이제 나와 그 히브리 사람들, 이집트와 히브리 사람들의 땅 중에서 네가 원하는 것을 택하라.

유다가 베냐민을 대신하여 남고자 함

51 그들이 와서 바로가 요셉에 대하여 한 모든 말을 그에게 말했다. 요셉이 바로의 말을 듣고 크게 두려워하였고 유다와 그의 형제들은 여전히 요셉 앞에서 성내며 서 있었다. 야곱의 모든 아들들이 요셉을 향하여 마치 바다와 그 파도 소리와 같이 소리를 질렀다. 52 요셉이 바로로 인하여 그의 형제들을 크게 두려워하였다. 요셉이 그의 형제들이 온 이집트를 멸할까 하여 그들에게 자기를 알릴 구실을 찾았다. 53 요셉이 그의 아들 므낫세에게 명하여 므낫세가 유다에게 가까이 가서 그의 손을 그의 어깨에 두자 유다의 화가 잠잠해졌다. 54 유다가 그의 형제들에게 말했다. 너희 중 누구도 이것이 이집트 청년의 행동이라고 말하지 마라. 이것은 내 아버지의 집에서 하는 것이다. 55 요셉

이 유다의 화가 잠잠해진 것을 보고 그가 유다에게 부드러운 말로 말하기 위하여 다가갔다. 56 요셉이 유다에게 말했다. 네가 분명히 진실을 말하고 이 날 너의 힘에 대한 말을 확인시켰다. 너희를 기뻐하시는 하나님께서 너희가 잘 되게 하시기를 바란다. 그러나 어찌하여 너의 모든 형제 중에서 네가 그 아이로 인하여 나에게 화를 내는지 내게 진실히 말하라. 너희 중 다른 누구도 그에 대하여 나에게 한 마디도 하지 않았기 때문이다. 57 유다가 요셉에게 대답하여 말했다. 당신은 내가 그 아이가 그의 아버지에게 갈 때까지 그를 지키는 자라는 것을 알아야 합니다. 내가 만일 아버지에게 그 아이를 데려가지 않으면 내가 평생 그의 원망을 받을 것이라고 아버지에게 말했습니다. 58 내가 당신이 그 아이를 보내려고 하지 않는 것을 보았으므로 나의 모든 형제들 중에서 내가 당신에게 가까이 간 것입니다. 그러므로 이제 내가 당신에게 은총을 입어 당신이 그 아이를 우리와 함께 가도록 하십시오. 내가 그 아이를 대신하여 남아서 당신이 원하는 것은 무엇이든지 당신을 섬기고 당신이 나를 누구에게 보내든지 내가 가서 나의 열심으로 섬기겠습니다. 59 이제 나를 당신에게 반역한 강한 왕에게 보내십시오. 당신이 내가 그와 그의 땅에 무엇을 행할지 알 것입니다. 그에게 마병과 보병이나 매우 강한 사람들이 있을지라도 내가 그들 모두를 죽이고 그 왕의 머리를 당신 앞으로 가져오겠습니다. 60 우리의 조상 아브라함과 그의 종 엘리에셀이 한 밤에 그들의 군대와 함께 엘람의 모든 왕들을 치고 한 사람도 남기지 않았다는 것을 당신이 알지 못하고 듣지 못했습니까? 그 날 이후로 우리 조상의 힘이 우리와 우리의 씨에게 영원히 유업으로 주어졌습니다.

요셉이 형들에게 자기를 드러냄

61 요셉이 대답하여 말했다. 네가 진실을 말하였고 네 입에 거짓이 없다. 우리가 듣기로 히브리 사람들에게 힘이 있고 하나님께서 그들을 매우 기뻐하신다고 하였다. 그런데 누가 그들에게 맞설 수 있겠느냐? 62 너희에게서 떠나 이집트로 내려갔다고 말한 그의 어머니의 아들, 그의 형을 내 앞으로 데리고 오면 내가 너희 동생을 보내겠다. 너희가 그의 형을 나에게 데리고 오면 내가 그를 대신하여 그의 형을 데리고 있을 것이니 너희 중 하나도 그가 아버지에게 갈 때까지 지키는 자가 아니었기 때문이다. 그가 나에게 오면 내가 그의 동생을 그를 지키는 자를 위하여 보내주겠다. 63 요셉이 이 일을 말하자 유다가 요셉에 대하여 화가 일어나고 그의 눈에서 분노가 일며 피가 떨어졌다. 그가 그의 형제들에게 말했다. 이 사람이 이 날 자신과 온 이집트의 파멸을 부르는구나. 64 시므온이 요셉에게 대답하여 말했다. 그가 어느 곳으로 갔는지, 그가 죽었는지 살았는지 우리가 알지 못한다고 처음에 말하지 않았습니까? 그런데 어찌하여 내 주는 이런 일들을 말합니까? 65 요셉이 유다의 얼굴을 살피고 그가 그에게 말할 때 그의 화가 일어나기 시작한 것을 알고 말했다. 이 형제 말고 너희의 다른 형제를 나에게 데려오라. 66 요셉이 그의 형제들에게 말했다. 너희가 분명 너희 동생이 죽거나 사라졌다고 말했다. 이제 만일 내가 이 날 그를 불러서 그가 너희 앞에 오면 너희가 그의 동생을 대신하여 그를 나에게 주겠느냐? 67 요셉이 외치기 시작했다. 요셉아, 요셉아, 이 날 내 앞으로 와서 너희 형제들 앞에 나타나 그들 앞에 앉으라. 68 요셉이 그들 앞에서 이것을 말하자 그들이 요셉이 어디에서 그들 앞으로 나오는지 보려고 서로 다른 곳을 바라보았다. 69 요셉이 그들의 모든 행동을 보고 그들에게 말했다. 당신들이 왜 여기저기를 바라보고 있습니까? 내가 당신

들이 이집트에 판 요셉입니다. 그러므로 이제 당신들이 나를 팔았다고 근심하지 마십시오. 하나님이 기근 동안에 생명을 지키려고 나를 당신들보다 먼저 보내셨습니다. 70 그의 형제들이 요셉의 말을 듣고 두려워하였고 유다가 그를 크게 두려워하였다. 71 베냐민이 요셉의 말을 들을 때에 그가 그들 앞에 집의 안쪽에 있었다. 베냐민이 그의 형 요셉에게 달려가 그를 껴안고 그의 목을 안고 그들이 울었다. 72 요셉의 형제들이 베냐민이 그의 형의 목을 안고 그와 함께 우는 것을 보고 그들도 요셉에게 가서 그를 안고 그들이 요셉과 함께 크게 울었다.

바로가 요셉의 형들을 부름

73 요셉의 집에서 그 소리가 들렸는데 그것은 요셉의 형제들이었다. 바로가 그것을 매우 기쁘게 여겼으니 이는 그가 그들이 이집트를 멸할까 두려워했기 때문이다. 74 바로가 요셉의 형제들이 그에게 온 것을 축하하기 위하여 그의 신하들을 요셉에게 보냈다. 이집트에 있는 모든 군대 대장이 와서 요셉과 함께 기뻐했고 온 이집트가 요셉의 형제들로 인하여 크게 기뻐했다. 75 바로가 그의 신하들을 요셉에게 보내며 말했다. 너의 형제들에게 말하여 그들의 모든 소유를 가지고 나에게 오라고 하라. 내가 그들을 이집트 땅의 가장 좋은 곳에 두겠다. 신하들이 그렇게 하였다. 76 요셉이 그의 집을 맡은 자에게 명하여 그의 형제들의 선물과 의복을 꺼내오도록 했다. 그가 왕의 의복과 같은 많은 의복과 많은 선물을 그들에게 꺼내어 왔다. 요셉이 그것을 그의 형제들 가운데 나누었다. 77 그가 그의 형제들에게 각각 금과 은으로 된 옷 한 벌과 은 300개를 주었다. 요셉이 그들 모두에게 명하여 그 옷을 입고 바로 앞에 나오도록 하였다. 78 바로가 요셉의 모든 형제들이 용사이고 용모가 아름다운 것을 보고 그가 크게 기뻐하였다.

요셉이 형제들의 가족에게 선물을 보냄

79 그 후에 그들이 가나안 땅으로, 그들의 아버지에게 가려고 바로 앞에서 물러갔다. 그들의 동생 베냐민이 그들과 함께 있었다. 80 요셉이 일어나 그들에게 바로가 준 수레 열한 대를 주고 요셉이 그들에게 그가 이집트에서 즉위한 날에 탔던 그의 수레를 주어 그의 아버지를 이집트로 모셔오도록 했다. 요셉이 그의 형제들의 모든 자녀들에게 그들의 수에 따라 옷과 그들에게 각각 은 100개를 주었고 그가 또 그의 형제들의 아내들에게 왕비들이 입는 옷을 보냈다. 81 그가 그의 형제들에게 각각 가나안 땅으로 함께 가고 이집트로 올 때에 그들과 그들의 자녀와 그들의 모든 소유를 섬길 사람 열 명을 주었다. 82 요셉이 야곱의 아들들의 다른 자녀들의 몫 외에 베냐민의 열 아들을 위하여 옷 열 벌을 그의 손에 맡겼다. 83 그가 각 사람에게 은 50개를 보내고 바로로 인하여 수레 열 대를 보냈다. 그가 그의 아버지에게 이집트의 모든 귀한 것을 실은 나귀 열 마리와 곡식과 빵과 그의 아버지를 위한 음식을 실은 암나귀 열 마리를 보내고, 그와 함께 있는 모든 자에게 길에서 먹을 양식을 주었다. 84 그가 그의 누이 디나에게 은과 금으로 된 옷과 유향과 몰약과 침향과 여자들의 장신구를 매우 많이 보내고 길에서 먹을 양식을 보냈다. 그가 이런 것을 바로의 아내들로부터 베냐민의 아내들에게 보냈다. 85 그가 그의 모든 형제들과 그들의 아내들에게 모든 종류의 호마노와 베델리엄을 주었다. 이집트의 위대한 자들 가운데 있는 모든 귀중품 중에 모든 값진 물건이 남은 것이 없었고 오직 요셉이 그의 아버지의 가족에게 준 것 뿐이었다. 86 그가 그의 형제들을 보내어 그들이 갔고 그가 그의 동생 베냐민을 그들과 함께 보냈다.

요셉이 형들에게 야곱의 가족을 이집트로 데리고 올 것을 명령함

87 요셉이 그들과 함께 동행하여 이집트 국경에까지 이르렀다. 그가 그들에게 그의 아버지와 그의 가족을 데리고 이집트로 오도록 명했다. 88 그가 그들에게 말했다. 길에서 싸우지 마십시오. 이 일은 주께로부터 나와서 기근으로부터 큰 민족을 지키기 위한 것입니다. 아직 땅에 5년 동안 기근이 있을 것입니다. 89 그가 그들에게 명하여 말했다. 당신들이 가나안 땅에 이르면 나의 아버지 앞에서 이 일에 대하여 갑자기 말하지 말고 지혜롭게 행하십시오. 90 요셉이 그들에게 명하기를 마치고 그가 돌이켜 이집트로 돌아갔다. 야곱의 아들들이 기뻐하며 가나안 땅으로 그들의 아버지 야곱에게로 갔다.

야곱의 아들들이 세라를 통하여 요셉의 소식을 야곱에게 전함

91 그들이 그 땅의 경계에 이르자 그들이 서로에게 말했다. 우리가 이 일에 대하여 우리 아버지 앞에서 어떻게 해야 하나? 우리가 갑자기 그에게 가서 이 일을 말하면 그가 우리의 말에 크게 놀라서 우리를 믿지 않으려 할 것이다. 92 그들이 그들의 집에 가까이 이를 때까지 그들이 계속해서 말했다. 그들이 그들을 마중 나온 아셀의 딸 세라를 보았다. 그 소녀는 매우 착하고 영리하며 수금을 탈 줄 알았다. 93 그들이 그 소녀를 부르자 그 소녀가 그들 앞에 와서 그들에게 입맞추었다. 그들이 그 소녀를 데리고 와서 수금을 주며 말했다. 이제 우리의 아버지 앞에 가서 그의 앞에 앉아 수금을 타며 이 말을 하거라. 94 그들이 그 소녀에게 그들의 집으로 가라고 명했다. 그 소녀가 수금을 들고 그들 앞에서 서둘러 야곱 가까이에 가서 앉았다. 95 그 소녀가 연주를 잘하고 노래하며 부드러운 목소리로 말했다. 나의 삼촌 요셉이 살아있고 그가 이집트 온 땅을 다스리며 그가 죽지 않았다. 96 그 소녀가 계

속해서 그 말을 했다. 야곱이 그 소녀의 말을 들었는데 그 말이 받아들일 만했다. 97 그 소녀가 두세 번 반복하는 동안 그가 그것을 듣고 그 소녀의 부드러운 말로 기쁨이 야곱의 마음에 들어오고 하나님의 영이 그의 위에 임했다. 그가 그 소녀의 모든 말이 진실이라는 것을 알았다. 98 세라가 야곱 앞에서 이 말을 할 때 그가 그 소녀를 축복했다. 그가 그 소녀에게 말했다. 내 딸아, 죽음이 너를 이기지 못할 것이니 네가 내 영을 살렸기 때문이다. 네가 말한 것을 내 앞에서 말하라. 너의 모든 말이 나를 기쁘게 한다. 99 그 소녀가 이 말들을 계속해서 노래했고 야곱이 듣고 그것이 그를 기쁘게 했다. 그가 기뻐했고 하나님의 영이 그의 위에 있었다.

야곱이 요셉이 살았다는 소식을 듣고 기뻐함

100 그가 그 소녀와 얘기할 때 그의 아들들이 그에게 왔는데 말들과 수레들과 왕의 의복과 종들이 그들의 앞에서 달려오고 있었다. 101 야곱이 일어나 그들을 맞이하며 그의 아들들이 왕의 의복을 입은 것을 보았다. 그가 요셉이 그들에게 보낸 모든 보물들을 보았다. 102 그들이 그에게 말했다. 우리의 동생 요셉이 살아있다는 소식을 들으십시오. 이집트 온 땅을 다스리는 자가 그이고 우리가 아버지에게 말씀드린 대로 우리에게 말한 자가 그입니다. 103 야곱이 그의 아들들의 모든 말을 듣고 그들의 말로 인하여 그의 심장이 두근거렸다. 그가 요셉이 그들에게 준 것과 그가 그에게 보낸 것과 요셉이 그들에게 말한 모든 표적을 보기 전까지 그들의 말을 믿을 수 없었다. 104 그들이 요셉이 보낸 것을 그의 앞에서 열어 그에게 보이고 그들이 요셉이 그에게 보낸 것을 각자에게 주자 그가 그들이 진실을 말했다는 것을 알았다. 그가 그의 아들로 인하여 크게 기뻐했다. 105 야곱이 말했다. 나

의 아들 요셉이 여전히 살아있으니 내가 족하다. 내가 죽기 전에 가서 그를 보리라. 106 그의 아들들이 그들에게 일어난 모든 일을 그에게 말했다. 야곱이 말했다. 내가 이집트로 내려가서 나의 아들과 그의 자손을 보리라. 107 야곱이 일어나 요셉이 그에게 보낸 옷을 입고 그가 씻고 그의 수염을 깎은 후에 요셉이 그에게 보낸 수건을 그의 머리에 둘렀다. 108 야곱의 집의 모든 사람과 그들의 아내가 요셉이 그들에게 보낸 옷을 입고 요셉이 여전히 살아있고 그가 이집트를 다스린다는 소식으로 인하여 그들이 크게 기뻐했다. 109 가나안의 모든 주민이 이 일을 듣고 그들이 와서 요셉이 여전히 살아 있다는 소식으로 야곱과 함께 크게 기뻐했다. 110 야곱이 그들을 위하여 3일 동안 잔치를 베풀었고 가나안의 모든 왕들과 그 땅의 귀족들이 야곱의 집에 와서 먹고 마시고 즐거워하였다.

55 이스라엘 사람들이 이집트에 정착함

하나님이 야곱에게 이집트로 가라고 명령하심

1 이 일 후에 야곱이 말했다. 내가 가서 이집트에 있는 나의 아들을 보고 하나님께서 아브라함에게 말씀하신 가나안 땅으로 돌아올 것이다. 나는 내 고향 땅을 떠날 수 없다. 2 그러자 하나님의 말씀이 그에게 임하여 말씀하셨다. 너의 모든 가족과 함께 이집트로 내려가서 그곳에서 살아라. 이집트로 내려가기를 두려워하지 말라. 내가 그곳에서 너로 큰 민족을 이루게 하리라. 3 야곱이 속으로 말했다. 내가 가서 내 아들을 보고 그가 이집트 모든 주민 가운데에서 그의 마음에 그의 하나님에 대한 두려움이 있는지 보겠다. 4 주께서 야곱에게 말씀하셨다. 요셉에 대하여 두려워하지 말라. 그가 여전히 온전하여 나를 섬기니 너의 눈에 보기 좋을 것이다. 야곱이 그의 아들에 대하여 크게 기뻐하였다. 5 그 때에 야곱이 주께서 그에게 하신 말씀을 따라 그의 아들들과 가족에게 이집트로 가라고 명하였다. 야곱이 그의 아들들과 그의 온 가족과 함께 일어나 마음에 기뻐하며 가나안 땅 브엘세바에서 떠나 그들이 이집트 땅으로 향하였다. 6 그들이 이집트 가까이에 이르렀을 때에 야곱이 유다를 그보다 앞서 요셉에게 보내어 이집트의 상황을 보고자 했다. 유다가 그의 아버지의 말에 따라 그가 급히 달려가 요셉에게 이르렀다. 그들이 그의 모든 가족을 위하여 고센 땅을 주었다. 유다

가 돌아와 그 길을 따라 그의 아버지에게 왔다.

요셉이 온 이집트와 함께 야곱을 마중 나옴

7 요셉이 병거를 갖추고 그가 그의 모든 용사와 그의 종들과 이집트의 모든 관리들을 소집하고 가서 그의 아버지 야곱을 마중하려 하였다. 요셉의 명령이 이집트에 선포되었다. 야곱을 마중하지 않는 자는 모두 죽을 것이다. 8 다음 날에 요셉이 나아갔는데 모든 이집트의 크고 강한 군대가 함께 하였고 그들이 모두 세마포와 보라색 옷을 입고 은과 금으로 된 악기와 무기를 들고 있었다. 9 그들 모두가 야곱을 마중하러 갔는데 모든 종류의 악기와 북과 소고를 들고 모든 길에 몰약과 침향을 뿌렸다. 그들이 모두 이렇게 나아갔다. 그들의 외치는 소리로 땅이 흔들렸다. 10 이집트의 모든 여자들이 야곱을 마중하기 위하여 이집트의 지붕 위와 성벽 위로 올라갔다. 요셉의 머리 위에는 바로의 왕관이 있었으니 요셉이 그의 아버지를 마중할 때에 쓰도록 바로가 그에게 보낸 것이었다. 11 요셉이 그의 아버지로부터 50규빗 안에 이르자 그가 병거에서 내려 그의 아버지를 향하여 걸어갔다. 이집트의 모든 관리들과 귀족들이 요셉이 그의 아버지를 향하여 걸어가는 것을 보고 그들도 내려서 야곱을 향하여 걸어갔다. 12 야곱이 요셉의 진영에 가까이 이르자 야곱이 요셉이 그의 진영과 함께 그에게 오는 것을 보았다. 야곱이 그것을 보고 기뻐하고 놀랐다. 13 야곱이 유다에게 말했다. 이집트 진영에서 보이는 매우 붉은 옷을 입고 그의 머리에 왕관을 쓰고 왕의 의복을 입고 있으며 그의 병거에서 내려 우리를 향하여 오고 있는 저 사람이 누구냐? 유다가 그의 아버지에게 대답하여 말했다. 그가 당신의 아들 요셉 왕입니다. 야곱이 그의 아들의 영광을 보고 기뻐하였다. 14 요셉이 자기 아버지 가까이 와서 그가 자기 아버지에

게 절했다. 진영의 모든 사람이 야곱 앞에서 그와 함께 절했다. 15 야곱이 자기 아들 요셉에게 급히 달려와 그의 목을 안고 그에게 입맞추고 그들이 울었다. 요셉도 자기 아버지를 안고 입맞추고 그들이 울었고 이집트의 모든 사람이 그들과 함께 울었다. 16 야곱이 요셉에게 말했다. 이제 내가 네 얼굴과 네가 여전히 살아 있고 영광을 누리고 있는 것을 보았으니 내가 기쁘게 죽을 것이다. 17 야곱의 아들들과 그들의 아내들과 그들의 자녀들과 그들의 종들과 야곱의 모든 가족이 요셉과 함께 크게 울고 그들이 그와 입맞추고 그와 함께 크게 울었다.

바로가 야곱의 가족에게 고센 땅을 줌

18 그 후에 요셉과 그의 모든 백성이 이집트로 돌아갔다. 야곱과 그의 아들들과 그의 가족의 모든 자녀들이 요셉과 함께 이집트로 갔다. 요셉이 그들을 이집트의 가장 좋은 곳, 고센 땅으로 인도하였다. 19 요셉이 그의 아버지와 형제들에게 말했다. 내가 올라가서 바로에게 이르기를 나의 형제들과 나의 아버지의 가족과 그에게 속한 모든 자가 당신에게 와서 그들이 고센 땅에 있다 할 것입니다. 20 요셉이 그의 형들 르우벤과 잇사갈과 스불론과 그의 동생 베냐민을 바로 앞으로 데리고 갔다. 21 요셉이 바로에게 말했다. 나의 형제들과 나의 아버지의 가족과 그들에게 속한 모든 사람들이 기근이 심하여 가나안 땅에서 그들의 양 떼와 가축을 데리고 이집트에 거류하려고 나에게 왔습니다. 22 바로가 요셉에게 말했다. 너의 아버지와 형제들을 땅의 가장 좋은 곳에 있게 하고 그들에게 모든 좋은 것을 금하지 말며 그들에게 땅의 기름진 것을 먹게 하라. 23 요셉이 대답하여 말했다. 내가 그들을 고센 땅에 두었으니 그들이 목자이기 때문입니다. 그러므로 그들이 이집트 사람들에게서 떨어져 그들의 양 떼를 먹일 수 있도록 고센에 살게

하소서. 24 바로가 요셉에게 말했다. 너의 형제들이 너에게 말한 대로 모든 것을 행하라. 야곱의 아들들이 바로에게 절하고 그들이 그에게서 평안히 나아갔다. 그 후에 요셉이 그의 아버지를 바로 앞으로 인도했다. 25 야곱이 와서 바로에게 절하고 그가 바로를 축복하고 나갔다. 야곱과 그의 모든 아들들과 그의 모든 가족이 고센 땅에 거했다.

야곱의 가족이 고센에 거하며 번성함

26 둘째 해, 즉 야곱이 130세일 때에 기근의 모든 날 동안에 요셉이 그의 아버지와 그의 형제들과 그의 아버지의 모든 식구와 그들의 어린 것들을 따라 빵으로 봉양하였고 그들에게 부족한 것이 없었다. 27 요셉이 그들에게 온 땅의 가장 좋은 곳을 주었고 그들이 요셉의 모든 날에 이집트의 가장 좋은 것을 얻었다. 요셉이 그들과 그의 아버지의 온 식구에게 매년 옷과 의복을 주었다. 야곱의 아들들이 그들의 형제의 모든 날 동안 이집트에서 평안히 살았다. 28 야곱은 항상 요셉의 상에서 먹었다. 야곱의 자녀들이 그들의 집에서 먹는 것 외에 야곱과 그의 아들들이 낮이든 밤이든 요셉의 상에서 떠나지 않았다. 29 온 이집트가 기근의 날들 동안 요셉의 집에서 나오는 것을 먹었으니 이는 모든 이집트 사람들이 기근으로 인하여 그들의 모든 소유를 팔았기 때문이다. 30 요셉이 바로로 인하여 이집트의 모든 토지와 밭을 빵을 주고 샀다. 요셉이 기근의 모든 날들 동안 온 이집트에 빵을 공급하였다. 요셉이 곡식을 사러 온 자들에게서 모든 은과 금을 거두어 들였는데 그것은 그들이 온 땅에서 산 것이었다. 그가 많은 금과 은을 쌓아두었고 그것 외에 어마어마한 양의 호마노와 베델리엄과 값진 의복들이 있었는데 그것은 그들이 돈이 떨어졌을 때 땅의 모든 곳에서 요셉에게 가져온 것이었다. 31 요셉이 그의 손에 들어온 모든 은과 금, 약 72

달란트의 금과 은과 많은 양의 호마노와 베델리엄을 가지고 그가 가서 그것들을 네 곳에 숨겨두었다. 그가 홍해 근처의 광야의 한 장소와 프랏 강가의 한 장소에 숨기고 세 번째와 네 번째 장소는 페르시아와 메디아 광야의 맞은편 사막에 숨겼다. 32 그가 남은 금과 은 가운데 얼마를 그의 모든 형제들과 그의 아버지의 모든 식구와 그의 아버지의 식구의 모든 여자들에게 주었고 그가 남은 것을 바로의 집으로 가져갔는데 금과 은이 약 20달란트였다. 33 요셉이 남은 모든 금과 은을 바로에게 주었다. 바로가 그것을 창고에 두었다. 그 후에 땅에 기근의 날들이 그쳤다. 그들이 온 땅에서 뿌리고 거두었으며 그들이 해마다 거두던 양을 얻었고 그들에게 부족함이 없었다. 34 요셉이 이집트에서 평안히 거주했고 온 땅이 그의 감독 아래에 있었다. 그의 아버지와 그의 모든 형제들이 고센 땅에 거하며 그들의 소유를 얻었다. 35 오랜 후에 요셉이 매우 나이가 들었고 그의 두 아들 에브라임과 므낫세는 계속해서 야곱의 집에서 그들의 형제인 야곱의 아들들의 자녀들과 함께 살며 주의 길과 그분의 율법을 배웠다. 36 야곱과 그의 아들들이 이집트 땅 고센 땅에 거하고 그들이 거기서 소유를 얻으며 생육하고 번성하였다.

56 야곱의 죽음

야곱이 죽을 병에 걸림

1 야곱이 이집트 땅에서 17년을 살았다. 야곱의 날들, 그의 생애가 147년이었다. 2 그 때에 야곱이 죽을 병에 걸렸다. 그가 사람을 보내 이집트에서 그의 아들 요셉을 불렀다. 그의 아들 요셉이 이집트에서 와서 그가 그의 아버지에게 이르렀다. 3 야곱이 요셉과 그의 아들들에게 말했다. 이제 내가 죽을 것이다. 너의 조상의 하나님이 너에게 오셔서 주께서 너와 네 다음에 올 자손에게 주겠다고 맹세하신 땅으로 너를 돌려보내실 것이다. 그러므로 이제 내가 죽으면 나를 가나안 땅 헤브론의 막벨라에 있는 굴에 내 조상들 곁에 장사하라. 4 야곱이 그의 아들들에게 그를 헤브론의 막벨라에 장사하도록 맹세하게 하였고 그의 아들들이 이 일에 대하여 그에게 맹세하였다.

야곱이 아들들을 축복함

5 그가 그들에게 명하여 말했다. 너희 하나님 주를 섬기라. 너희 조상을 구원하신 분이 너희를 모든 환난에서 구하실 것이다. 6 야곱이 말했다. 너희의 모든 자녀를 나에게 오도록 하라. 야곱의 아들들의 모든 자녀가 와서 그의 앞에 앉았다. 야곱이 그들을 축복하고 그들에게 말했다. 너희 조상의 하나님이 너희에게 천 배를 주시고 너희를 축복

하시며 너희에게 너희 조상 아브라함의 복을 주시기를 원한다. 그 날에 그가 야곱의 아들들의 모든 자녀를 축복한 후에 그들이 나아갔다. 7 다음 날에 야곱이 다시 그의 아들들을 불러 그들이 모두 모여 그에게 나아가 그의 앞에 앉았다. 그 날에 야곱이 죽기 전에 그의 아들들을 축복했는데 그들 각각을 축복했다. 이것이 이스라엘에게 속한 주의 율법책에 기록되었다. 8 야곱이 유다에게 말했다. 내가 나의 아들을 아노니 너는 너의 형제들을 위한 강한 자이다. 그들을 다스리라. 네 아들들이 그들의 아들들을 영원히 다스릴 것이다. 9 다만 네 아들들에게 활과 모든 종류의 전쟁 무기들을 가르쳐 그들이 자기 대적들을 다스릴 그들의 형제의 전쟁에서 싸우게 하라.

야곱이 아들들에게 장례식에 대하여 명령함

10 그 날에 야곱이 다시 그의 아들들에게 명령하여 말했다. 내가 이 날 나의 조상들에게 돌아갈 것이다. 내가 너희에게 명령한 대로 나를 이집트에서 옮겨 막벨라 굴에 장사하라. 11 그러나 내가 너희에게 구하니 삼가 너희 아들 중에 누구도 나를 옮기지 말고 오직 너희가 옮기도록 하라. 이것이 너희가 내게 행할 도리이다. 너희가 가나안 땅에 나를 장사하려고 나를 옮길 때에 12 유다와 잇사갈과 스불론이 나의 상여 동쪽에서 옮기고, 르우벤과 시므온과 갓은 남쪽에서, 에브라임과 므낫세와 베냐민은 서쪽에서, 단과 아셀과 납달리는 북쪽에서 옮겨라. 13 레위는 너희와 함께 옮기지 않을 것이니 이는 그와 그의 아들들이 진영에서 이스라엘 백성과 함께 주의 언약궤를 옮길 것이기 때문이다. 나의 아들 요셉도 옮기지 말지니 왕으로서 그의 영광이 있어야 하기 때문이라. 그러나 에브라임과 므낫세가 그들을 대신할 것이다. 14 이것이 너희가 나를 옮길 때 너희가 내게 행할 바이다. 내가 너희에

게 명한 모든 것 중에 어느 것도 소홀히 여기지 말아라. 너희가 이 일을 나에게 행하면 주께서 너희와 너희 뒤에 올 너희의 자손에게 영원히 은혜를 베푸실 것이다.

야곱이 아들들에게 하나님을 섬기라고 명령함

15 나의 아들들아, 각 사람은 자기 형제와 자기 친족을 존중하고 너의 자녀들과 너의 자녀들의 자녀들이 너희를 따라 항상 너의 조상들의 하나님 주를 섬기도록 명령하라. 16 너희가 너희 하나님 주의 눈에 선하고 정직한 것을 행하고 그의 모든 길로 걸으면 너희가 그 땅에서 너희 날이 장구하고 너희와 너희 자녀와 너희 자녀의 자녀가 영원히 그리하리라. 17 내가 나의 아들 요셉 너에게 구하니 너는 너의 형제들이 너에게 해를 입힌 그들의 잘못을 용서하라. 이는 하나님께서 너와 너의 자녀들의 유익을 위하여 계획하신 것이라. 18 나의 아들아, 너의 형제들을 떠나 이집트의 주민들에게로 가지 말고 그들의 마음을 상하게 하지도 말아라. 내가 그들을 하나님의 손에 맡기고 너의 손에 두어 이집트 사람들에게서 그들을 지키도록 하였다. 야곱의 아들들이 그들의 아버지에게 대답하여 말했다. 우리 아버지, 당신이 우리에게 명령하신 모든 것을 우리가 행하겠습니다. 하나님께서 우리와 함께 하시기를 바랍니다. 19 야곱이 그의 아들들에게 말했다. 너희가 하나님의 모든 길을 지킬 때 그분이 너희와 함께 하실 것이다. 하나님의 눈에 선하고 정직한 일을 행하여 그분의 길에서 우로나 좌로나 치우치지 말아라. 20 내가 그 땅에서 후일에 너희와 너희 자녀와 너희 자녀의 자녀에게 많은 심한 환난이 임할 것을 안다. 너희는 오직 주를 섬기라. 그러면 그분이 너희를 모든 환난에서 구원하실 것이다. 21 너희가 하나님을 섬기기 위하여 그분을 따르고 너희 뒤에 올 너희 자녀와 너희 자녀

의 자녀가 주를 알도록 그들에게 가르치라. 주께서 너희 자손 가운데 너희와 너희 자녀에게 한 종을 일으키실 것이다. 주께서 그의 손으로 너희를 모든 환난에서 구원하시고 너희를 이집트에서 나오게 하시며 너희 조상들의 땅으로 돌아가게 하여 너희가 그것을 평안히 기업으로 얻게 하실 것이다.

야곱이 죽음

22 야곱이 그의 아들들에게 명하기를 마치고 그의 발을 침상에 모으고 죽어 그의 백성에게 돌아갔다. 23 요셉 그의 아버지 위에 엎드려 울며 그에게 입맞추고 그가 슬픈 목소리로 외쳤다. 내 아버지, 내 아버지. 24 그의 아들의 아내들과 그의 온 가족이 와서 야곱 위에 엎드려 울고 매우 큰 소리로 울었다. 25 야곱의 모든 아들들이 함께 일어나 그들의 옷을 찢고 그들이 모두 허리에 굵은 베를 띠었다. 그들이 엎드리고 그들의 머리 위로 하늘을 향하여 티끌을 뿌렸다. 26 그 일이 요셉의 아내 오스낫에게 들렸다. 그 여자가 일어나 굵은 베를 두르고 이집트의 모든 여인들이 그 여자와 함께 와서 야곱을 위하여 애곡하였다. 27 그 날에 야곱을 아는 모든 이집트 사람들도 이 소식을 듣고 모두 와서 많은 날 동안 애곡하였다. 28 가나안 땅에서도 여인들이 야곱이 죽었다는 소식을 듣고 이집트로 왔다. 그들이 그를 위하여 이집트에 와서 70일 동안 애곡하였다. 29 이 일 후에 요셉이 그의 신하들인 의원들에게 명하여 그의 아버지의 몸을 몰약과 유향과 온갖 종류의 향과 향수로 처리하게 하였다. 요셉이 그들에게 명한 대로 의원들이 야곱의 몸을 처리했다. 30 이집트의 모든 백성과 장로들과 고센 땅의 모든 주민이 야곱으로 인하여 애곡했고 야곱의 모든 아들들과 그의 가족의 자녀들이 그들의 아버지 야곱을 위하여 많은 날 동안 슬퍼하며 울었다.

요셉과 온 이집트가 야곱을 장사하러 가나안으로 감

31 그를 위하여 애곡하는 날들이 지나고 70일이 지나서 요셉이 바로에게 말했다. 내가 올라가 내 아버지가 내게 맹세시킨 대로 그를 가나안 땅에 장사하고 돌아오겠습니다. 32 바로가 요셉에게 사람을 보내어 말했다. 네가 말한 대로, 그가 너에게 맹세시킨 대로 올라가서 너의 아버지를 장사하라. 요셉과 그의 모든 형제들이 야곱이 그들에게 명령한 대로 그를 장사하기 위하여 일어나 가나안 땅으로 갔다. 33 바로가 온 이집트에 명하여 공포했다. 누구든지 요셉과 그의 형제들과 함께 야곱을 장사하러 가나안 땅에 올라가지 않는 자는 죽을 것이다. 34 온 이집트가 바로의 명령을 듣고 바로의 모든 신하들과 그의 집의 모든 장로들과 이집트 땅의 모든 장로들이 요셉과 함께 일어났고 바로의 모든 관리들과 귀족들이 요셉의 신하들과 같이 일어났다. 그들이 야곱을 장사하러 가나안 땅으로 갔다. 35 야곱의 아들들이 자기들의 아버지가 그들에게 명한 모든 것을 따라 야곱이 누운 상여를 옮겼다. 36 그 상여는 정금으로 되었고 호마노와 베델리엄으로 입혀졌다. 상여의 덮개는 실과 함께 금으로 짠 것이며 그 위에는 호마노와 베델리엄으로 된 갈고리가 있었다. 37 요셉이 그의 아버지 야곱의 머리에 큰 금관을 씌우고 그의 손에 금 규를 두고 그들이 왕의 관례와 같이 그 상여를 둘러섰다. 38 이 행렬에서 이집트의 모든 군대가 그의 앞에 있었는데 맨 앞에는 바로의 모든 용사들이 있었고, 그 뒤에는 요셉의 용사들, 그 뒤에는 남은 이집트 주민들이 있었다. 그들이 모두 칼을 차고 갑옷을 입고 전쟁을 위한 장신구를 들었다. 39 모든 곡하는 자와 슬퍼하는 자가 상여의 반대편 멀리서 가고 있었고 남은 백성들은 상여 뒤를 따라갔다. 40 요셉과 그의 가족이 상여 가까이서 맨발로 울면서 가고 있었고 요셉의 남은 신하들은 그를 에워싸며 가고 있었다. 각 사람

이 장신구를 지니고 그들이 모두 자기 전쟁 무기를 차고 있었다. 41 야곱의 종들 중 50명이 상여 앞에서 가며 길에 몰약과 침향과 모든 종류의 향을 뿌렸다. 상여를 메고 가는 야곱의 모든 아들들은 그 향 위를 걸어갔다. 42 요셉이 큰 진영과 함께 올라갔다. 그들이 가나안 땅에 이를 때까지 매일 이렇게 행하였다. 그들이 요단 저편에 있는 아닷의 타작 마당에 이르자 그들이 그곳에서 크게 애통하고 통곡했다.

가나안의 모든 왕들이 야곱을 위하여 애곡함

43 가나안의 모든 왕들이 이 일을 듣고 그들이 모두 나아갔다. 각 사람이 그의 집에서 나아갔고 가나안의 서른한 왕이 나아갔다. 그들이 모두 그들의 사람들과 함께 야곱을 위하여 애곡하기 위하여 왔다. 44 이 모든 왕들이 야곱의 상여를 보니 요셉의 왕관이 그 위에 있었다. 그들도 자기의 왕관을 상여 위에 두어 그 왕관들로 상여를 둘러쌌다. 45 이 모든 왕들이 그곳에서 야곱의 아들들과 이집트와 함께 야곱을 위하여 크게 애곡했으니 이는 가나안의 모든 왕들이 야곱과 그의 아들들의 용맹함을 알기 때문이다.

에서가 요셉이 야곱을 헤브론 막벨라 굴에 장사하지 못하게 함

46 야곱이 이집트에서 죽었고 그의 아들들과 온 이집트가 그를 장사하기 위하여 가나안 땅으로 그를 옮기고 있다는 소식이 에서에게 전해졌다. 47 에서가 이 일을 들었을 때 그가 세일 산에 거주하고 있었다. 그가 그의 아들들과 그의 모든 백성과 그의 온 가족과 함께 매우 많은 사람들이 야곱을 애곡하기 위하여 왔다. 48 에서가 그의 동생 야곱을 위하여 애곡하러 오자 모든 이집트와 모든 가나안 사람들이 다시 일어나 그곳에서 에서와 함께 야곱을 위하여 크게 통곡했다. 49 요

셉과 그의 형제들이 그곳에서 그들의 아버지 야곱을 모셔와서 그들이 야곱을 굴에 그의 선조들 곁에 장사하기 위하여 헤브론으로 향했다. 50 그들이 기럇 아르바의 그 굴에 이르자 에서와 그의 아들들이 요셉과 그의 형제들이 굴 안으로 가는 길을 가로막으며 말했다. 야곱은 이곳에 장사될 수 없다. 이것이 우리와 우리 조상에게 속한 것이기 때문이다. 51 요셉과 그의 형제들이 에서의 아들들의 말을 듣고 그들이 몹시 화가 났다. 요셉이 에서에게 가까이 가서 말했다. 당신들이 말한 이 일이 무엇입니까? 분명 내 아버지 야곱이 25년 전에 이삭이 죽은 후에 당신에게 큰 재산을 주고 그것을 당신에게서 샀습니다. 그가 또 당신과 당신의 아들들과 당신의 뒤에 올 당신의 씨에게서 가나안 온 땅을 샀습니다. 52 야곱이 그의 아들들과 그의 뒤에 올 씨를 위한 영원한 기업으로 그것을 샀습니다. 그런데 어찌하여 당신은 이 날 이 일을 말합니까? 53 에서가 대답하여 말했다. 네가 거짓을 말하고 있다. 네가 말한 것처럼 내가 이 온 땅에서 내게 속한 것 중에 아무것도 팔지 않았다. 나의 동생 야곱도 이 땅에서 내게 속한 것 중에 어떤 것도 사지 않았다. 54 에서는 그의 말로 요셉을 속이기 위하여 이것을 말했다. 에서는 자기가 가나안 땅에서 모든 소유를 야곱에게 팔 때에 요셉이 그 날에 없었다는 것을 알고 있었기 때문이다.

납달리가 매매 증서를 가져오려고 이집트로 감

55 요셉이 에서에게 말했다. 분명 내 아버지가 이 일들을 당신과 함께 매매 증서에 기록하고 증인들이 그것을 증언하였습니다. 우리가 이집트에 그것을 가지고 있습니다. 56 에서가 그에게 대답하여 말했다. 그 증서를 가져오라. 우리가 그 증서대로 행할 것이다. 57 요셉이 그의 형 납달리를 불러서 그에게 말했다. 내가 형에게 구하니 급히 서

둘러서 지체하지 말고 이집트로 달려가서 그 모든 증서, 매매 증서와 봉인된 증서와 열린 증서와 모든 장자권의 매매가 기록된 처음 증서들 모두를 가지고 오십시오. 58 형이 그것들을 이곳으로 우리에게로 가져오면 우리가 에서와 그의 아들들이 이 날 한 모든 말을 알 수 있을 것입니다. 59 납달리가 요셉의 말을 듣고 그가 급히 이집트로 내려갔다. 납달리는 광야에 있는 어떤 수사슴보다 발이 가벼워 그가 이삭을 부러뜨리지 않고 그 위에 올라갈 수 있었다.

에서의 사람들이 야곱의 아들들과 싸움

60 에서가 납달리가 그 증서들을 가져오려고 간 것을 보고 그와 그의 아들들이 동굴로 가는 길을 더 굳게 막고 에서와 그의 모든 백성들이 요셉과 그의 형제들을 대항하여 싸우려고 일어났다. 61 야곱의 모든 아들들과 이집트 백성들이 에서와 그의 사람들과 싸웠다. 에서의 아들들과 그의 백성들이 야곱의 아들들 앞에서 패했다. 야곱의 아들들이 에서의 백성 40명을 죽였다.

에서가 죽음

62 그 때에 야곱의 손자 단의 아들 후심이 야곱의 아들들과 함께 있었다. 그러나 그가 싸움이 일어난 곳에서 약 100규빗 정도 떨어져 있었다. 그가 야곱의 상여를 지키기 위하여 야곱의 아들들의 자녀들과 함께 있었기 때문이다. 63 후심은 말을 못하고 듣지 못했으나 그가 사람들 가운데 두려움의 목소리를 알아들었다. 64 그가 물었다. 당신들이 왜 죽은 자를 장사 지내지 않습니까? 이 큰 두려움은 무엇입니까? 그들이 그에게 에서와 그의 아들들이 한 말을 말했다. 그러자 그가 싸움 중에 있는 에서에게 달려가 칼로 에서를 쳤다. 그가 그의 머리를 베

자 그것이 멀리 날아갔고 에서가 싸우는 사람들 가운데에 쓰러졌다. 65 후심이 이 일을 행하자 야곱의 아들들이 에서의 아들들을 이겼다.

야곱의 아들들이 야곱을 막벨라 굴에 장사함

야곱의 아들들이 힘을 써서 그들의 아버지 야곱을 동굴에 장사했고 에서의 아들들은 그것을 지켜봤다. 66 야곱이 아브라함이 헷 자손에게서 소유로 삼을 매장지로 산 헤브론에 있는 막벨라의 굴에 장사되었으며 그가 매우 값진 옷을 입은 채로 장사되었다. 67 어떤 왕도 요셉이 그의 아버지가 죽었을 때 그에게 표한 예와 같은 것을 받지 못했다. 이는 그가 그의 아버지를 왕들의 장례와 같이 크게 예를 갖춰 장사했기 때문이다. 68 요셉과 그의 형제들이 자기들의 아버지를 위하여 7일 동안 애곡했다.

57 야곱의 아들들과 에서 자손의 전쟁

에서의 아들들과 야곱의 아들들의 전쟁

1 이 일 후에 에서의 아들들이 야곱의 아들들과 전쟁을 일으켜 에서의 아들들이 야곱의 아들들과 헤브론에서 싸웠다. 에서는 장사되지 못하고 여전히 죽어 누워 있었다. 2 그들 사이에 전쟁이 심하였는데 에서 자손이 야곱의 자손 앞에서 패했다. 야곱의 자손이 에서 자손 80명을 죽였으나 야곱의 자손 중에서는 한 사람도 죽지 않았다. 요셉의 손이 모든 에서 자손 사람들을 이겼고 그가 에서의 손자 엘리바스의 아들 스보와 그의 사람들 50명을 포로로 잡았다. 그가 그들을 쇠사슬로 결박하고 그들을 그의 종들의 손에 넘겨 이집트로 데려가도록 했다. 3 야곱의 자손이 스보와 그의 사람들을 포로로 잡자 에서의 집에서 남은 자들이 그들도 포로로 잡혀갈까 하여 크게 두려워 하였다. 그들이 모두 에서의 시체를 들고 에서의 아들 엘리바스와 그의 사람들과 함께 도망하여 그들의 길로 가서 세일 산으로 갔다. 4 그들이 세일 산에 이르러 에서를 세일에 장사하였으나 그들이 그의 머리를 세일로 가져오지 않았다. 그것이 헤브론에서 전쟁이 일어난 그 장소에 묻혔기 때문이다. 5 에서 자손이 야곱의 자손 앞에서 도망하자 야곱의 자손이 세일의 경계까지 그들을 쫓았다. 그들이 그들을 쫓아 갔을 때에 그들 가운데 한 사람도 죽이지 못했으니 이는 그들이 옮기는 에서의 시체가

그들에게 혼란을 일으켰기 때문이다. 그들이 도망하였고 야곱의 자손은 그들에게서 돌이켜 헤브론에 그들의 형제들이 있는 곳으로 올라왔다. 그 날에 그들이 그곳에서 지내고 그 다음 날 그들이 전쟁에서 쉬기까지 그리했다.

야곱의 아들들과 에서·세일·동방 자손의 전쟁

6 셋째 날에 그들이 호리 족속 세일의 모든 자손과 동방의 모든 자손을 모았는데 그들이 바다의 모래와 같이 많았다. 그들이 가서 자기들의 형제들을 구하려고 요셉과 그의 형제들과 싸우기 위하여 이집트로 내려갔다. 7 요셉과 야곱의 모든 아들들이 에서의 아들들과 동방의 자손이 그들의 형제들을 구하기 위하여 싸우려고 올라왔다는 것을 들었다. 8 요셉과 그의 형제들과 이집트의 강한 자들이 나아가서 라암셋 성읍에서 싸웠다. 요셉과 그의 형제들이 에서의 아들들과 동방의 자손을 크게 쳤다. 9 그들이 그들 가운데 60만명을 죽이고 호리 족속 세일 자손의 모든 용사를 죽여 그들 가운데 오직 몇 명만이 남았다. 그들이 또한 동방의 자손과 에서 자손 가운데 많은 수를 죽였다. 에서의 아들 엘리바스와 동방의 자손이 모두 요셉과 그의 형제들 앞에서 도망하였다. 10 요셉과 그의 형제들이 숙곳에 이를 때까지 그들을 쫓아갔다. 그들이 숙곳에서 그들 가운데 30명을 죽였다. 남은 자들이 도망하여 각자의 성읍으로 도망하였다. 11 요셉과 그의 형제들과 이집트의 용사들이 기쁜 마음으로 돌아왔으니 그들이 그들의 모든 대적을 이겼기 때문이다. 12 엘리바스의 아들 스보와 그의 사람들은 여전히 이집트에서 야곱의 아들들의 노예로 있었고 그들의 고통이 늘어갔다.

세일 자손이 에서 자손을 몰아내려고 함

13 에서 자손과 세일 자손이 그들의 땅으로 돌아왔을 때 세일 자손이 보니 에서 자손의 싸움으로 인하여 그들이 모두 야곱의 자손과 이집트 백성의 손에 넘어졌다. 14 세일 자손이 에서 자손에게 말했다. 너희가 보아서 알듯이 너희로 인하여 전쟁 가운데 이 진영에서 용사나 능숙한 자가 한 사람도 남지 않았다. 15 그러므로 이제 우리의 땅에서 떠나라. 우리에게서 떠나 너희 선조가 거하는 땅, 가나안 땅으로 가라. 어찌하여 너희 자손이 후일에 우리 자손의 산물을 상속하려 하느냐? 16 에서 자손이 세일 자손의 말을 들으려 하지 않았다. 세일 자손이 그들과 전쟁을 하려고 하였다.

에서 자손과 세일 자손의 전쟁

17 에서 자손이 딘하바라고도 하는 아프리카의 왕 앙게아스에게 은밀히 사람을 보내어 말했다. 18 당신의 사람들 중 얼마를 우리에게 보내어 그들이 우리에게 오도록 해주십시오. 우리가 함께 호리 족속 세일 자손과 싸울 것입니다. 그들이 그 땅에서 우리를 쫓아내려고 우리와 싸우기로 결심하였기 때문입니다. 19 딘하바의 왕 앙게아스가 그리 하였으니 그 날들에 그가 에서 자손과 친하였기 때문이다. 앙게아스가 용맹한 보병 500명과 기병 800명을 에서 자손에게 보냈다. 20 세일 자손이 동방의 자손과 미디안 자손에게 사람들을 보내어 말했다. 너희가 에서 자손이 우리에게 한 일을 보았다. 그들로 인하여 야곱의 자손과의 싸움에서 우리가 거의 전멸하였다. 21 그러므로 이제 우리에게 와서 우리를 도우라. 우리가 함께 그들과 싸워서 그들을 땅에서 몰아내고 그들의 형제 야곱 자손과의 전쟁으로 인하여 죽은 우리의 형제들의 원한을 갚으리라. 22 동방의 모든 자손이 세일 자손의 말

을 듣고 약 800명의 칼을 뺀 자들이 그들에게 왔다. 그 때에 바란 광야에서 에서 자손이 세일 자손과 싸웠다. 23 세일 자손이 에서 자손을 이겨 그 날 그 싸움에서 에서 자손 가운데 딘하바 왕 앙게아스의 백성 약 200명을 죽였다. 24 둘째 날에 에서 자손이 두 번째로 세일 자손과 싸우기 위하여 다시 왔다. 이 두 번째에 에서 자손의 전세가 극렬하였고 세일 자손으로 인하여 그들이 크게 힘들어 하였다. 25 에서 자손이 세일 자손이 자기들보다 더 강한 것을 보고 에서 자손 중 몇 사람이 돌이켜 그들의 대적인 세일 자손을 도왔다. 26 두 번째 싸움에서 에서 자손의 사람 중에 딘하바의 왕 앙게아스의 백성 58명이 엎드러졌다. 27 셋째 날에 에서 자손이 그들의 형제 중 얼마가 두 번째 싸움에서 그들에게서 돌이켜 그들에게 대항하여 싸웠다는 것을 들었다. 에서 자손이 이 일을 듣고 그들이 애곡하였다. 28 그들이 말했다. 우리에게서 돌이켜 우리의 대적 세일 자손을 돕는 우리의 형제들에게 우리가 어떻게 행해야 하는가? 에서 자손이 다시 딘하바 왕 앙게아스에게 사람을 보내어 말했다. 29 우리가 세일 자손과 싸울 수 있도록 우리에게 다시 다른 사람들을 보내주십시오. 그들이 이미 우리보다 두 번이나 강했기 때문입니다. 30 앙게아스가 다시 에서 자손에게 약 600명의 용사들을 보내어 그들이 에서 자손을 도우러 왔다. 31 열흘 후에 에서 자손이 다시 바란 광야에서 세일 자손과 전쟁을 일으켰다. 세일 자손의 전세가 매우 힘들었고 이번에는 에서 자손이 세일 자손을 이겼다. 세일 자손이 에서 자손 앞에서 패했다. 에서 자손이 그들 가운데 이천 명을 죽였다. 32 세일의 모든 강한 자가 이 싸움에서 죽었고 오직 그들의 어린 자녀만 그들의 성읍에 남았다. 33 모든 미디안과 동방의 자손이 그 싸움에서 도망하였다. 그들이 전세가 힘든 것을 보고 세일 자손을 남기고 달아났다. 에서 자손이 그들이 동방의 자손의 땅에 이르기까지 그들 모두를 뒤쫓았다. 34 그 싸움에서 에서 자손이 그들 중에서 약 250명을 죽이고 에서 자손 사람 중에서 약 30명이 죽었다. 그러나 이 피해는 호리 족속 세일 자손을 돕기 위하여 그들에게서 돌이킨 그들의 형제들에 의해서 생긴 것이었다. 에서 자손이 다시 그들의 형제들의 악한 행위에 대하여 듣고 그들이 이 일로 인하여 또 다시 슬퍼하였다.

에서 자손이 세일 땅을 차지함

35 그 싸움 후에 에서 자손이 돌이켜 그들의 고향 세일로 갔다. 에서 자손이 세일 자손의 땅에 남아 있는 자들을 죽였다. 그들이 그들의 아내들과 그들의 자녀들도 죽이고 그들이 살려준 50명의 어린 아이들과 처녀들을 제외하고는 살아 있는 생명을 남겨두지 않았다. 에서 자손이 그들을 죽이지 않고 아이들은 그들의 노예가 되고 처녀들은 그들이 아내로 삼았다. 36 에서 자손이 세일 자손 대신에 세일에 거주했다. 그들이 그들의 땅을 상속 받고 그것을 소유로 삼았다. 37 에서 자손이 그 땅에서 세일 자손에게 속한 모든 것과 그들의 양 떼와 수소들과 그들의 재산을 빼앗았다. 에서 자손이 이 날까지 세일 자손을 대신하여 세일에서 살았다. 에서 자손이 그 땅을 에서의 다섯 아들들에게 그들의 가족에 따라 나누었다. 38 그 날들에 에서 자손이 그들이 소유하게 된 땅에서 그들 위에 왕을 세우기로 하였다. 그들이 서로에게 말했다. 그렇지 않다. 그가 우리의 땅에서 우리를 다스리고 우리는 그의 가르침을 받으며 그가 우리의 대적에게 맞서 우리의 전쟁을 할 것이기 때문이다. 그들이 그리 행하였다. 39 에서의 모든 자손이 맹세하여 말했다. 우리 형제들 중 누구도 우리를 다스릴 수 없고 오직 우리의 형제가 아닌 이방인이 다스려야 한다. 이는 에서 자손이 세일 자손과 싸울 때 그들의 형제들에게서 당한 해로 인하여 모든 에서 자손 각 사람이 자

기 아들과 형제와 친구에게 원한을 갖고 있었기 때문이다.

벨라가 에서 자손을 다스림

40 그러므로 에서 자손이 맹세하여 말했다. 그 날 이후로 우리는 우리 형제들 가운데 왕을 택하지 않을 것이고 오직 이 날까지 이방 땅에서 온 자를 택할 것이다. 41 딘하바 왕 앙게아스의 백성 가운데 한 사람이 있었는데 그의 이름은 브올의 아들 벨라였다. 그는 매우 용감한 사람이고 아름다우며 모든 지혜를 알고 지각과 모략이 있는 사람이었다. 앙게아스의 백성 가운데 그와 같은 자가 없었다. 42 에서의 모든 자손이 그를 데려다가 기름을 붓고 그들이 그를 왕으로 세웠다. 그들이 그에게 절하고 그에게 말했다. 왕은 만수무강 하옵소서, 왕은 만수무강 하옵소서. 43 그들이 천을 펼치고 그들 각 사람이 금과 은으로 된 귀고리와 반지와 팔찌를 가져왔다. 그들이 그에게 은과 금과 호마노와 베델리엄이 풍족하게 했다. 그들이 그에게 보좌를 만들어 주고 그의 머리 위에 왕관을 씌웠다. 그들이 그를 위하여 궁전을 지어 그가 그곳에서 살았다. 그가 온 에서 자손의 왕이 되었다. 44 앙게아스의 백성들이 에서 자손에게서 그들의 전쟁에 대한 삯을 받고 그들이 가서 딘하바에 있는 그들의 주인에게 돌아갔다. 45 벨라가 에서 자손을 30년 동안 다스렸다. 에서 자손이 이 날까지 세일 자손 대신에 그 땅에서 평안히 거주하였다.

58 야곱의 아들들과 에서 자손의 전쟁

마그론이 이집트의 왕이 됨

1 이스라엘 백성이 이집트로 내려간 지 32년에, 요셉이 71세일 때에, 그 해에 이집트 왕 바로가 죽고 그의 아들 마그론이 그를 대신하여 통치했다. 2 바로가 그가 죽기 전에 요셉에게 명하여 요셉이 그의 아들 마그론에게 아버지가 되고 요셉이 그를 돌보며 그가 요셉의 가르침 아래에 있도록 했다. 3 온 이집트가 요셉이 그들 위에 왕이 되는 것에 동의하였으니 이는 모든 이집트 사람들이 지금까지 요셉을 사랑하였기 때문이다. 다만 바로의 아들 마그론을 그의 아버지의 보좌에 앉혀 그 날들에 그가 그의 아버지를 대신하여 왕이 되었다. 4 마그론이 다스리기 시작할 때에 그가 41세였고 그가 이집트를 40년 동안 다스렸다. 온 이집트가 그의 이름을 그의 아버지의 이름을 따라 바로라 불렀으니 그것이 이집트에서 그들을 다스리는 모든 왕에게 하는 그들의 관례이기 때문이다.

요셉이 이집트를 평안히 다스림

5 바로가 그의 아버지를 대신하여 다스릴 때에 그의 아버지가 그에게 명령한 대로 그가 이집트의 법과 모든 다스리는 일들을 요셉의 손에 맡겼다. 6 요셉이 이집트 위에 왕이 되었으니 이는 그가 온 이집트

를 관리하였기 때문이다. 온 이집트가 그의 다스림과 가르침 아래에 있었으니 이는 바로가 죽은 후에 온 이집트가 요셉에게 의지하였고 그들이 그가 자기들을 다스리는 것을 매우 기뻐했기 때문이다. 7 그러나 그들 가운데 그를 좋아하지 않는 어떤 사람들이 있었으니 그들이 이렇게 말했다. 어떤 이방인도 우리를 다스려서는 안 된다. 그러나 바로가 죽은 후에 그 날들에 요셉이 이집트의 모든 통치를 맡았고 그가 감독하는 자가 되어 누구의 방해도 받지 않고 온 땅에 행하고 있었다. 8 온 이집트가 요셉의 다스림 아래에 있었고 요셉이 그 주변의 모든 대적들과 전쟁을 일으켜 그가 그들을 정복하였다. 요셉이 가나안의 경계에 이르기까지 온 땅과 온 블레셋을 정복하였고 그들이 모두 그의 권세 아래에 있으며 그들이 요셉에게 매년 세금을 바쳤다. 9 이집트 왕 바로가 그의 아버지를 대신하여 그의 보좌에 앉았으나 그가 처음에 그의 아버지의 감독 아래에 있었던 것처럼 요셉의 감독과 지도 아래에 있었다. 10 그가 이집트 땅에서 다스리지도 못할 뿐만 아니라 요셉의 지도 아래에 있었고 그 때에 요셉은 이집트에서 큰 강 프랏에 이르기까지 온 지역을 다스렸다. 11 요셉이 그의 모든 길에서 성공하였고 주께서 그와 함께 하셨다. 주께서 요셉에게 지혜와 영광과 존귀를 더하셨고 이집트와 온 땅의 사람들의 마음에 그를 사랑하는 마음을 주셨다. 요셉이 온 땅을 40년 동안 다스렸다. 12 블레셋과 가나안과 시돈과 요단 저편의 모든 지역 사람들이 요셉의 모든 날 동안에 그에게 선물을 가져왔다. 요셉이 그를 둘러싼 모든 대적과 싸워서 그들을 정복하여 모든 지역이 요셉의 손에 있었고 그들이 그에게 매년 공물을 바쳤다. 요셉이 이집트에서 그의 보좌 위에 평안히 앉아 있었다. 13 그의 모든 형제, 야곱의 아들들도 요셉의 모든 생애에 그 땅에서 평안히 거주하였다. 그들이 그 땅에서 크게 생육하고 번성하였고 그들의 아버지 야곱이 그들에게 명령한 것처럼 그들이 모든 날 동안 주를 섬겼다.

에서 자손이 다시 야곱의 아들들과 전쟁함

14 여러 날들과 해들이 지나고 에서 자손이 그들의 왕 벨라와 함께 그들의 땅에서 조용히 거주하며 그들이 그 땅에서 생육하고 번성하였을 때의 일이다. 그들이 가서 야곱의 아들들과 온 이집트와 싸워서 그들의 형제 엘리바스의 아들 스보와 그의 사람들을 구하기로 했으니 이는 그들이 그 날들에 아직 요셉의 노예로 있었기 때문이다. 15 에서 자손이 동방의 모든 자손에게 사람을 보내어 그들이 서로 화친하였고 동방의 모든 자손이 에서 자손과 함께 이집트로 가서 전쟁하려고 왔다. 16 그들 가운데는 딘하바의 왕 앙게아스의 사람들도 왔다. 그들이 이스마엘 자손에게도 사람을 보내어 그들도 왔다. 17 이 모든 사람들이 모여서 에서 자손의 전쟁을 도우려고 세일로 왔다. 이들의 진영이 매우 크고 사람들이 바다의 모래와 같이 많았다. 약 80만 명의 사람들과 보병들과 마병들과 이 모든 군대가 야곱의 자손과 싸우기 위하여 이집트로 내려갔다. 그들이 라암셋 곁에 진을 쳤다. 18 요셉이 그의 형제들과 이집트의 용사들과 약 600명의 사람들과 함께 나아가서 그들이 라암셋 땅에서 그들과 싸웠다. 야곱의 아들들이 이집트로 내려간 지 50년에, 벨라가 세일에서 에서 자손을 다스린 지 30년에, 그 때에 야곱의 아들들이 다시 에서 자손과 싸웠다. 19 주께서 에서의 모든 용사들과 동방의 모든 자손을 요셉과 그의 형제들의 손에 넘기셨다. 에서 자손의 사람들과 동방의 자손들이 요셉 앞에서 패했다. 20 에서의 백성들과 동방의 자손들 중에서 죽임을 당하여 야곱의 아들들 앞에서 쓰러진 자들이 약 20만 명이었고 그들의 왕 브올의 아들 벨라가 그들과 함께 전쟁에서 쓰러졌다. 에서 자손이 그들의 왕이 전쟁에서 쓰러져 죽

은 것을 보고 그들의 손이 약해졌다. 21 요셉과 그의 형제들과 모든 이집트 사람들이 여전히 에서의 집 백성들을 치고 있었다. 모든 에서의 사람들이 야곱의 아들들을 두려워하여 그들 앞에서 도망하였다. 22 요셉과 그의 형제들과 모든 이집트 사람들이 하루 길을 그들을 추격하여 그들 가운데 약 300명을 죽이고 길에서 계속 그들을 쳤다. 그 후에 그들이 그들에게서 돌이켰다. 23 요셉과 그의 모든 형제들이 이집트로 돌아왔고 그들 가운데 한 사람도 잃은 사람이 없었으나 그곳에서 이집트 사람들 가운데 12명이 쓰러졌다. 24 요셉이 이집트로 돌아와서 그가 스보와 그의 사람들을 더욱 결박하도록 명하여 그들을 쇠로 결박하고 그들의 슬픔을 더하였다. 25 에서 자손의 모든 백성과 동방의 자손들이 수치 가운데 각자의 성읍으로 돌아갔으니 이는 그들과 함께 했던 모든 용사들이 전쟁에서 쓰러졌기 때문이다.

요압이 에서 자손을 다스림

26 에서 자손이 그들의 왕이 전쟁에서 죽은 것을 보고 그들이 급히 동방의 자손 사람 중에서 한 사람을 데리고 왔다. 그의 이름은 사락의 아들 요압으로 보스라 땅 사람이었다. 그들이 자기들의 왕 벨라를 대신하여 그가 자기들을 다스리도록 하였다. 27 요압이 벨라를 대신하여 그의 보좌에 왕으로 앉았다. 요압이 에돔에서 에서 자손을 10년 동안 다스렸다. 그 날 이후로 에서 자손이 다시는 야곱의 아들들과 싸우러 가지 않았으니 이는 에서의 아들들이 야곱의 아들들의 용맹함을 알고 그들을 크게 두려워하였기 때문이다. 28 그러나 그 날 이후로 에서 자손이 야곱의 아들들을 미워하였고 그들 사이에 증오와 원한이 매우 심하여 항상 있었고 이 날까지 그리하였다.

구삼이 에서 자손을 다스림

29 이 일 후에 10년이 지나서 보스라에서 온 사락의 아들 요압이 죽었다. 에서 자손들이 한 사람을 데리고 왔는데 그의 이름은 구삼으로 데만 땅에서 온 사람이었다. 그들이 요압을 대신하여 그 사람을 자기들을 다스릴 왕으로 세웠다. 구삼이 에돔에서 에서의 모든 자손을 20년 동안 다스렸다.

이스라엘 자손과 이집트가 평안을 누림

30 그 날들에 요셉과 이집트 왕과 그의 형제들과 모든 이스라엘 자손이 요셉의 모든 자손과 그의 형제들과 함께 이집트에서 평안히 거주하였으며 그들에게 거치는 것이나 악한 일이 없었다. 그 때에 요셉과 그의 형제들의 날들에 이집트가 전쟁으로부터 평안을 누렸다.

59 요셉의 죽음

이집트로 내려간 이스라엘의 자손들

1 야곱과 함께 각각 자기 가족을 데리고 이집트에 이르러 그곳에 거주한 이스라엘의 아들들의 이름은 이러하다. 2 레아의 자녀는 르우벤과 시므온과 레위와 유다와 잇사갈과 스불론과 그들의 누이 디나다. 3 라헬의 아들들은 요셉과 베냐민이다. 4 레아의 시녀 실바의 아들들은 갓과 아셀이다. 5 라헬의 시녀 빌하의 아들들은 단과 납달리다. 6 그들이 자기들의 아버지 야곱과 함께 이집트에 이르기 전에 가나안 땅에서 그들에게 태어난 그들의 자손은 이러하다. 7 르우벤의 아들들은 하녹과 발루와 헤스론과 갈미다. 8 시므온의 아들들은 여무엘과 야민과 오핫과 야긴과 소할과 가나안 여인의 아들 사울이다. 9 레위의 자녀는 게르손과 고핫과 므라리와 그들이 이집트로 내려갈 때 그들에게 태어난 그들의 누이 요게벳이다. 10 유다의 아들들은 엘과 오난과 셀라와 베레스와 사라다. 11 엘과 오난은 가나안 땅에서 죽었다. 베레스의 아들들은 헤스론과 하물이다. 12 잇사갈의 아들들은 돌라와 부와와 욥과 쇼므론이다. 13 스불론의 아들들은 세렛과 에론과 얄르엘이다. 단의 아들은 후심이다. 14 납달리의 아들들은 야스엘과 구니와 예셀과 실람이다. 15 갓의 아들들은 시본과 학기와 수니와 에스본과 에리와 아로디와 아렐리다. 16 아셀의 자녀는 임나와 이스와와 이스

위와 브리아와 그들의 누이 세라다. 브리아의 아들들은 헤벨과 말기엘이다. 17 베냐민의 아들들은 벨라와 베겔과 아스벨과 게라와 나아만과 아히와 로스와 뭅빔과 훕빔과 오릇이다. 18 이집트에서 요셉에게 태어난 아들들은 므낫세와 에브라임이다. 19 야곱의 허리에서 나온 사람이 모두 70명이었다. 이들은 그들의 아버지 야곱과 함께 이집트에 거주하기 위하여 온 사람들이다. 요셉과 그의 모든 형제들이 이집트에 평안히 거하였고 그들이 요셉이 사는 모든 날 동안 이집트의 가장 좋은 것을 먹었다.

요셉의 유언

20 요셉이 이집트 땅에서 93년을 살았고 그가 온 이집트를 8년 동안 다스렸다. 21 요셉이 죽을 때가 가까이 오자 그가 사람들을 보내어 그의 형제들과 그의 아버지의 온 가족을 불렀다. 그들이 모두 함께 와서 그의 앞에 앉았다. 22 요셉이 그의 형제들과 그의 아버지의 온 가족에게 말했다. 나는 죽을 것이나 하나님이 반드시 당신들에게 나타나셔서 당신들을 이 땅에서 인도하여 내시고 그분이 당신들의 조상들에게 주겠다고 맹세하신 땅으로 이르게 하실 것입니다. 23 하나님이 당신들에게 나타나셔서 여기서 당신들을 이끌어 내셔서 당신들의 조상들의 땅으로 인도하실 때에 당신들은 여기서 내 **뼈**를 가지고 올라가십시오. 24 요셉이 이스라엘의 아들들에게 그들의 뒤에 올 그들의 씨를 위하여 맹세하게 하여 말했다. 하나님께서 반드시 당신들에게 나타나시리니 당신들은 여기서 내 **뼈**를 가지고 올라가십시오.

요셉이 죽음

25 이 일 후에 그 해에 이스라엘 사람들이 이집트에 내려간 지 71

년에 요셉이 죽었다. 26 요셉이 이집트 땅에서 죽을 때에 그가 110세였다. 그의 모든 형제들과 그의 모든 종들이 일어나 그들이 그들의 관례에 따라 요셉의 시신을 향으로 처리했다. 그의 형제들과 온 이집트가 그를 위하여 70일을 애곡하였다. 27 그들이 요셉의 몸을 향료와 모든 종류의 향으로 채우고 입관하여 그를 강가, 시홀에 장사하였다. 그의 아들들과 그의 모든 형제들과 그의 아버지의 온 가족이 그를 위하여 7일 동안 애곡하였다. 28 요셉이 죽은 후에 그 날들에 온 이집트 사람들이 이스라엘 자손을 다스리기 시작했다. 아버지를 대신하여 다스리던 이집트 왕 바로가 이집트의 모든 법을 주관하고 그의 지도 아래에 이집트의 모든 통치를 맡았으며 그가 자기 백성을 평안히 다스렸다.

60 앙게아스와 투누스의 전쟁

스보가 탈출함

1 요셉이 죽은 후에 해가 바뀌고 이스라엘 사람들이 이집트에 내려간 지 72년에 에서의 아들 엘라바스의 아들 스보와 그의 사람들이 이집트에서 달아났다. 2 그가 아프리카 딘하바로 아프리카 왕 앙게아스에게 갔다. 앙게아스가 그들을 존귀하게 받아들이고 그가 스보를 군대 대장으로 삼았다. 3 스보가 앙게아스의 눈과 그의 백성의 눈에 은혜를 입어 스보가 많은 날 동안 아프리카 왕 앙게아스의 군대 대장으로 있었다. 4 스보가 아프리카 왕 앙게아스를 꾀어 그의 모든 군대를 모아서 이집트 사람들과 야곱의 아들들에게 가서 싸워 그의 형제들의 원한을 갚으려고 했다. 5 그러나 앙게아스가 이 일을 하려는 스보의 말을 듣지 않으려고 했으니 이는 앙게아스가 야곱의 아들들의 힘과 에서 자손과의 전쟁에서 그들이 그의 군대에게 한 일을 알기 때문이다. 6 그 날들에 스보가 앙게아스의 눈과 그의 모든 백성의 눈에 매우 위대해 보였다. 그가 계속해서 그들이 이집트와 전쟁을 하도록 꾀었으나 그들이 그렇게 하지 않았다.

앙게아스와 투누스가 서로 야니아를 아내로 삼으려고 함

7 그 날들에 깃딤 땅의 부심나 성읍에 한 사람이 있었는데 그의 이

름은 우수였다. 깃딤 사람들이 그를 악하게 신처럼 섬겼다. 그가 죽었는데 그에게는 아들이 없었고 외동딸이 있었으니 그 여자의 이름은 야니아였다. 8 그 처녀는 매우 아름답고 고우며 총명했다. 온 땅에 그와 같이 아름답고 지혜로운 여자를 볼 수 없었다. 9 아프리카 왕 앙게아스의 백성들이 그 여자를 보고 그들이 그에게 와서 그 여자를 칭송하였다. 앙게아스가 깃딤 자손에게 사람을 보내어 그 여자를 아내로 삼게 해달라고 요청하였다. 깃딤 사람들이 그 여자를 그에게 아내로 주는 것에 동의하였다. 10 앙게아스의 사자들이 깃딤 땅에서 그들의 여정을 떠나려고 할 때에 비벤투의 왕 투누스의 사자들이 깃딤에 왔다. 비벤투 왕 투누스도 그의 사자들을 보내어 야니아를 그의 아내로 삼으려고 한 것이다. 이는 그의 사람들도 그에게 와서 그 여자에 대하여 칭송하였기 때문이다. 그래서 그가 그의 모든 신하들을 그 여자에게 보냈다. 11 투누스의 신하들이 깃딤에 와서 그들이 야니아를 그들의 왕 투누스의 아내로 삼기 위하여 그 여자를 요구하였다. 12 깃딤 사람들이 그들에게 말했다. 우리가 그 여자를 줄 수 없소. 당신들이 오기 전에 아프리카 왕 앙게아스가 그 여자를 아내로 삼고자 한다고 하였으니 우리가 그에게 그 여자를 주어야 하오. 그러니 이제 우리가 앙게아스에게서 그 처녀를 빼앗아 투누스에게 주는 일을 할 수 없소. 13 우리가 앙게아스를 크게 두려워하니 그가 우리를 대적하여 전쟁하러 와서 우리를 멸할까 하오. 당신들의 주인 투누스가 우리를 그의 손에서 구할 수 없을 것이오. 14 투누스의 사자들이 깃딤 자손의 모든 말을 듣고 그들이 그들의 주인에게 돌아가 그에게 깃딤 자손의 모든 말을 전했다. 15 깃딤 자손이 앙게아스에게 사자를 보내어 말했다. 투누스가 야니아를 데려가 아내로 삼으려고 사람을 보내어 우리가 이러이러하게 대답했습니다. 우리가 들으니 그가 당신과 전쟁을 일으키기 위하여 그의 온 군대를 소집하였고 그가 당신의 형제 루쿠스와 싸우려고 사두니아 길 가로 지나가려고 합니다. 그 후에 그가 당신과 싸우러 갈 것입니다.

앙게아스와 투누스의 전쟁

16 앙게아스가 깃딤 자손이 그에게 사람을 보내어 전달한 서신에 기록된 그들의 말을 듣자 그가 노하여 일어나 그의 온 군대를 소집하고 바다의 섬들을 지나 사두니아로 가는 길로 가서 그의 형제 사두니아 왕 루쿠스에게 갔다. 17 루쿠스의 아들 니블로스가 그의 삼촌 앙게아스가 오고 있다는 것을 들었다. 그가 큰 군대와 함께 그를 마중하러 나가서 그에게 입맞추고 그를 안았다. 니블로스가 앙게아스에게 말했다. 당신이 나의 아버지의 안부를 묻고 내가 언제 당신과 함께 투누스와 싸우러 가야할 지 물을 때에 그에게 나를 그의 군대 대장으로 삼아 달라고 말해주십시오. 앙게아스가 그리하였다. 그가 그의 형제에게 왔고 그의 형제가 그를 맞으러 오자 그가 그에게 안부를 물었다. 18 앙게아스가 그의 형제 루쿠스의 안부를 묻고 그의 아들 니블로스를 그의 군대 대장으로 삼아 달라고 청하자 루쿠스가 그리 하였다. 앙게아스와 그의 형제 루쿠스가 일어나 그들이 싸우러 투누스로 향하였고 큰 군대와 많은 사람들이 그들과 함께 하였다. 19 그가 배들을 타고 와서 그들이 아스도라스 지방에 이르렀다. 투누스가 그들을 향하여 오고 있었으니 이는 그가 사두니아로 나아가 그것을 멸하고 그 후에 그곳을 지나 앙게아스에게 가서 그와 싸우려고 했기 때문이다. 20 앙게아스와 그의 형제 루쿠스가 카노피아 계곡에서 투누스를 만났다. 거기서 그들 사이에 전쟁이 강력했다. 21 사두니아 왕 루쿠스의 전세가 심각하여 그의 모든 군대가 쓰러지고 그의 아들 니블로스도 그 전쟁에서 쓰러졌다. 22 그의 삼촌 앙게아스가 그의 신하들에게 명하여 그들이 니블로스를

위하여 금으로 된 관을 만들고 그들이 그의 시신을 거기에 넣었다.

투누스가 죽음

앙게아스가 다시 투누스에게 전쟁을 일으켰고 앙게아스가 그보다 강하여 그를 죽이고 그가 칼날로 그의 모든 백성을 쳤다. 앙게아스가 그의 형제의 아들 니블로스와 그의 형제 루쿠스의 군대의 원수를 갚았다. 23 투누스가 죽자 그 전쟁에서 살아남은 자들의 손이 약해져 그들이 앙게아스와 그의 형제 루쿠스 앞에서 달아났다. 24 앙게아스와 그의 형제 루쿠스가 그들을 알바누와 로마 사이에 있는 대로까지 추격하여 그들이 투누스의 온 군대를 칼날로 죽였다. 25 사두니아 왕 루쿠스가 그의 신하들에게 명하여 그들이 놋으로 된 관을 만들고 그의 아들 니블로스의 시신을 그 안에 넣도록 하였다. 그들이 그곳에 그를 장사하였다. 26 그들이 그 대로에서 그 위에 큰 탑을 건설하고 그들이 이 날까지 그것을 니블로스의 이름을 따라서 불렀다. 그들이 비벤투 왕 투누스를 그곳에 니블로스와 함께 장사하였다. 27 알바누와 로마 사이의 대로 한 쪽에 니블로스의 무덤이 있고 다른 쪽에 투누스의 무덤이 있으며 이 날까지 그들 사이에 돌을 깐 길이 있었다. 28 니블로스가 장사되고 그의 아버지 루쿠스가 그의 군대와 함께 그의 땅 사두니아로 돌아왔다. 그의 형 아프리카 왕 앙게아스는 그의 백성들과 함께 투누스의 성읍 비벤투 성읍으로 갔다. 29 비벤투의 주민들이 그의 명성을 듣고 그들이 그를 크게 두려워하였다. 그들이 울며 애원하며 그를 맞으러 나아갔다. 비벤투의 주민들이 자기들을 죽이지 말고 자기들의 성읍을 멸하지 말아 달라고 앙게아스에게 간청했다. 그가 그렇게 하였으니 이는 그 날들에 비벤투가 깃딤 자손의 성읍들 중 하나로 여겨졌기 때문이다. 그리하여 그가 그 성읍을 멸하지 않았다. 30 그러나 그 날 이후로 아프리카 왕의 군대들이 깃딤으로 가서 그곳을 탈취하고 노략하였다. 그들이 가는 곳은 어느 곳이든지 앙게아스의 군대 장관 스보가 그들과 함께 갔다. 31 이 일 후에 앙게아스가 그의 군대와 함께 돌이켜 그들이 부심나 성읍에 이르렀다. 앙게아스가 그곳에서 우수의 딸 야니아를 아내로 삼고 그 여자를 아프리카 그의 성읍으로 데리고 갔다.

61 깃딤 왕 스보

바로가 궁전을 지음

1 그 때에 이집트 왕 바로가 그의 모든 백성에게 명하여 이집트에 그를 위하여 견고한 궁전을 짓도록 하였다. 2 그가 또 야곱의 아들들에게 명하여 이집트 사람들이 그 궁전을 짓는 일을 돕도록 하였다. 이집트 사람들이 왕이 거주할 아름답고 우아한 궁전을 지었다. 왕이 그 안에 살았고 그가 그의 통치를 새롭게 하고 그가 굳건히 다스렸다.

스불론이 죽음

3 이스라엘 사람들이 이집트로 내려간 지 72년에 그 해에 야곱의 아들 스불론이 죽었다. 스불론이 114년을 살고 죽어 입관되어 그의 자녀들의 손에 넘겨졌다.

시므온이 죽음

4 75년에 그의 형 시므온이 죽었다. 그가 죽을 때 120세였다. 그도 입관되어 그의 자녀들의 손에 넘겨졌다.

스보가 앙게아스에게 야곱의 아들들과 전쟁을 일으키도록 부추김

5 에서의 손자 엘리바스의 아들, 딘하바의 왕 앙게아스의 군대 장

관 스보가 여전히 날마다 앙게아스를 꾀어 이집트에 있는 야곱의 아들들과 싸울 전쟁을 준비하도록 했다. 앙게아스는 이 일을 하지 않으려고 했으니 이는 그의 신하들이 그에게 야곱의 아들들의 모든 힘과 에서 자손과의 전쟁에서 그들이 행한 일을 그에게 말했기 때문이다. 6 그 날들에 스보가 날마다 앙게아스에게 야곱의 아들들과 전쟁하도록 꾀었다. 7 얼마 후에 앙게아스가 스보의 말에 귀를 기울이고 그가 이집트에 있는 야곱의 아들들과 싸우는 것을 허락하였다. 앙게아스가 그의 모든 백성을 준비시켜 바닷가의 모래와 같이 많은 사람들이 모였다. 그가 이집트에 싸우러 가기로 결심하였다.

발람의 마술로 앙게아스가 전쟁을 포기함

8 앙게아스의 신하들 가운데에 15살 된 청년이 있었는데 그의 이름은 브올의 아들 발람이었다. 그 청년은 매우 지혜롭고 마법을 아는 자였다. 9 앙게아스가 발람에게 말했다. 내가 너에게 청하니 우리를 위하여 마술을 행하여 우리가 가고 있는 이 싸움에서 누가 이길지 우리가 알게 하라. 10 발람이 그에게 밀랍을 가져오도록 명하였다. 그가 그것으로 앙게아스의 군대와 이집트의 군대를 나타내는 병거들과 마병들의 형상을 만들고 그가 마술을 위하여 정교하게 만든 물들에 그것들을 넣었다. 그가 화석류나무 가지를 손에 들고 기묘하게 행하며 그것들을 함께 물 위에 던졌다. 그가 물에서 보니 앙게아스의 군대를 닮은 형상들이 이집트 사람들과 야곱의 아들들을 닮은 형상들 앞에서 쓰러지는 것처럼 보였다. 11 발람이 이 일을 앙게아스에게 말했다. 앙게아스가 절망하여 무기를 들지 않고 전쟁을 하러 이집트로 내려가지 않고 그가 그의 성읍에 남았다.

스보가 깃딤으로 감

12 엘리바스의 아들 스보가 앙게아스가 이집트 사람들과 전쟁하러 가는 것에 대하여 절망한 것을 보고 스보가 아프리카에서 앙게아스에게서 달아나 그가 가서 깃딤에 이르렀다. 13 깃딤의 모든 사람들이 그를 크게 존귀히 여기며 영접했고 그들이 그를 고용하여 모든 날 동안 그들의 전쟁을 싸우게 하였다. 그 날들에 스보가 크게 부유해졌고 그 날들에 아프리카 왕의 군대들은 여전히 많았다. 깃딤의 자손들은 그들을 향하여 진격하고 있는 아프리카 왕 앙게아스의 군대로 인하여 모여서 굽디시아 산으로 갔다. 14 그 날에 스보가 어린 암소를 잃어버렸다. 그가 그것을 찾기 위하여 갔는데 그것이 산 근처에서 울고 있는 것을 들었다. 15 스보가 가서 그가 보니 산 아래에 큰 동굴이 있고 그 동굴의 입구에 커다란 돌이 있었다. 스보가 그 돌을 쪼개고 그가 동굴 안으로 들어가 보니 큰 짐승이 그 소를 잡아먹고 있었다. 그것의 가운데에서 위로는 사람을 닮았고 가운데에서 아래로는 짐승을 닮았다. 스보가 그 짐승을 향하여 일어나 그의 칼로 그것을 죽였다. 16 깃딤의 주민들이 이 일을 듣고 그들이 크게 기뻐하며 말하였다. 우리의 가축을 잡아먹는 이 짐승을 죽인 이 사람에게 우리가 무엇을 해줘야 하겠느냐? 17 그들이 모두 한 해의 한 날에 그를 기념하기 위하여 모였다. 그들이 그 날의 이름을 그의 이름을 따라서 스보라 불렀다. 그들이 해마다 그 날에 그에게 전제를 바치고 그들이 그에게 선물을 가져왔다.

앙게아스가 야니아를 위하여 수로와 궁전을 건축함

18 그 때에 앙게아스 왕의 아내 우수의 딸 야니아가 병들었다. 그 여자가 병든 것으로 인하여 앙게아스와 그의 관리들이 슬퍼했다. 앙게아스가 그의 지혜자들에게 말했다. 내가 야니아에게 무엇을 행해야

하고 내가 어떻게 해야 그 여자의 병을 낫게 하겠느냐? 그의 지혜자들이 그에게 대답하였다. 우리 지방의 공기가 깃딤 땅의 공기와 같지 않고 우리의 물이 그들의 물과 다릅니다. 그래서 왕비께서 병든 것입니다. 19 왕비께서 공기와 물이 바뀐 것으로 인하여 병든 것입니다. 왕비의 나라에서 그분은 오직 부르마에서 난 물만 드셨는데 그분의 조상들은 신부들에게 그것을 가져다 줍니다. 20 앙게아스가 그의 신하들에게 명하여 그들이 깃딤에 속한 부르마의 물들을 담은 그릇을 그에게 가져왔다. 그들이 그 물들과 아프리카 땅의 모든 물들의 무게를 재어보고 그들이 그 물들이 아프리카의 물들보다 더 가볍다는 것을 알게 되었다. 21 앙게아스가 이 일을 보고 그가 모든 관리들에게 명하여 수천 수만의 석공들을 모아 그들이 셀 수 없는 돌들을 쪼개었다. 건축자들이 와서 그들이 매우 강한 다리를 만들었는데 그것이 깃딤 땅에서 샘물을 아프리카까지 운반하였다. 그 물들은 모두 왕비 야니아를 위한 것으로 왕비가 마시고 그 안에서 빵을 굽고 씻고 목욕하고 또 그것으로 식량을 얻을 수 있는 모든 씨와 땅의 모든 과일에 물을 주기 위한 것이었다. 22 왕이 명하여 그들이 깃딤의 흙을 큰 배들에 실어 오고 그들이 또 건축하는데 사용할 돌들을 가져오게 하여 건축자들이 왕비 야니아를 위한 궁전들을 지었다. 그러자 왕비가 자기 병에서 낫게 되었다.

스보가 깃딤과 이탈리아를 다스림

23 해가 지나서 아프리카 군대들이 전과 같이 깃딤 땅으로 약탈하러 왔다. 엘리바스의 아들 스보가 그들의 소식을 듣고 그가 그들에 대하여 명하고 그가 그들과 함께 싸웠다. 아프리카 군대가 그의 앞에서 도망하였고 그가 그들에게서 깃딤 땅을 구하였다. 24 깃딤 자손이 스보의 용맹함을 보았다. 깃딤 자손이 스보를 그들을 다스릴 왕으로 세

우기로 결심하여 그가 그들 위에 왕이 되었다. 그가 다스리는 동안 그들이 두발 자손과 주위의 모든 섬들을 정복하러 갔다. 25 그들의 왕 스보가 가장 앞에서 갔고 그들이 두발과 섬들과 전쟁을 일으켜 그들을 정복하였다. 그들이 전쟁에서 돌아올 때에 그들이 그를 위하여 그의 통치를 새롭게 하고 그들이 그가 거주할 매우 큰 왕궁과 큰 보좌를 지었다. 스보가 깃딤 온 땅과 이탈리아 땅을 50년 동안 다스렸다.

62 야곱의 아들들이 죽음

르우벤이 죽음

1 이스라엘 사람들이 이집트로 내려간 지 79년에 그 해에 야곱의 아들 르우벤이 이집트 땅에서 죽었다. 르우벤이 죽을 때에 그가 125세였다. 그들이 그를 입관하였고 그가 그의 자녀의 손에 넘겨졌다.

단이 죽음

2 80년에 그의 동생 단이 죽었다. 그가 죽을 때에 그가 120세였다. 그가 입관되어 그의 자녀의 손에 넘겨졌다.

잇사갈이 죽음

3 그 해에 에돔 왕 후삼이 죽었다. 그의 뒤에 베닷의 아들 하닷이 35년간 다스렸다. 81년에 야곱의 아들 잇사갈이 이집트에서 죽었다. 잇사갈이 죽을 때에 그가 122세였다. 그가 이집트에서 입관되어 그의 자녀의 손에 넘겨졌다.

아셀이 죽음

4 82년에 그의 형 아셀이 죽었다. 그가 죽을 때에 그의 나이가 123세였다. 그가 이집트에서 입관되어 그의 자녀의 손에 넘겨졌다.

갓이 죽음

5 83년에 갓이 죽었다. 그가 죽을 때에 125세였다. 그가 이집트에서 입관되어 그의 자녀의 손에 넘겨졌다.

에돔과 모압의 전쟁

6 84년에, 에돔 왕 브닷의 아들 하닷의 통치 5년에 하닷이 에서의 모든 자손을 소집하였다. 그가 그의 온 군대를 준비시켰는데 약 40만 명이었다. 그가 모압 땅으로 향하여 그가 모압과 싸워서 그들을 자기의 속국으로 만들려고 하였다. 7 모압 자손이 이 일을 듣고 그들이 크게 두려워하였다. 그들이 미디안 자손에게 사람을 보내어 에돔 왕 브닷의 아들 하닷과의 전쟁에 도움을 요청하였다. 8 하닷이 모압 땅에 왔고 모압과 미디안 자손이 그를 맞으러 나갔다. 그들이 모압 평원에서 그를 향하여 전열을 갖추었다. 9 하닷이 모압과 싸워 모압 자손과 미디안 자손 가운데 쓰러진 자들이 많았는데 약 20만 명이었다. 10 모압 자손의 전세가 매우 심하였다. 그들의 손이 약해져 그들이 등을 돌리고 미디안 자손을 남겨두고 그들이 전쟁하도록 했다. 11 미디안 자손이 모압의 생각을 알지 못했다. 그러나 그들이 싸움에서 힘을 내고 하닷과 그의 모든 군대와 싸웠으나 모든 미디안 사람이 그의 앞에서 쓰러졌다. 12 하닷이 모든 미디안을 강하게 공격하고 그가 그의 칼날로 그들을 쳤다. 그가 모압을 도우러 온 자들 중에 한 사람도 남기지 않았다. 13 전쟁에서 미디안 자손이 모두 죽자 모압 자손이 도망하였다. 그 때에 하닷이 온 모압을 그의 속국으로 삼아 그들이 그의 손 아래에 있게 되었고 그들이 명령에 따라 매년 세금을 바쳤다. 하닷이 돌이켜 그의 땅으로 돌아갔다.

미디안과 모압의 전쟁

14 해가 지나고 미디안의 땅에 있던 미디안의 남은 자들이 모압 자손이 하닷과의 전쟁에서 등을 돌리고 미디안을 남겨 싸우게 한 것으로 인하여 그들의 모든 형제들이 쓰러졌다는 것을 들었다. 미디안의 다섯 군주가 그들의 땅에서 그들의 형제들 중에서 남은 자들과 함께 모압과 싸워 그들의 형제들의 원한을 갚기로 결심하였다. 15 미디안 자손이 사람들을 보내어 그들의 모든 형제들, 동방의 자손과 그들의 모든 형제들과 그두라의 모든 자손에게 모압과의 전쟁에서 미디안을 도와달라고 청하였다. 16 모압 자손이 이 일을 듣고 동방의 모든 자손이 그들과 싸우기 위하여 함께 모였다는 것에 크게 두려워하였다. 모압 자손이 에돔 땅으로 브닷의 아들 하닷에게 편지를 보내어 말했다. 17 이제 우리에게 와서 우리를 도우라. 그러면 우리가 미디안을 칠 것이다. 그들 모두가 그들의 모든 형제들 동방의 자손과 함께 모여 우리를 대적하여 와서 전쟁에서 쓰러진 미디안의 원한을 갚으려 한다. 18 에돔 왕 브닷의 아들 하닷이 그의 온 군대와 함께 나아가서 미디안과 싸우기 위하여 모압 땅으로 갔다. 미디안과 동방의 자손이 모압 평야에서 모압과 싸웠고 그들 사이에 전쟁이 매우 험하였다. 19 하닷이 모든 미디안 자손과 동방의 자손을 칼날로 치고 그 때에 미디안의 손에서 모압을 구했다. 미디안과 동방의 자손 가운데 남은 자들은 하닷과 그의 군대 앞에서 도망하였다. 하닷이 그들의 땅까지 그들을 뒤쫓아서 그들을 크게 치니 그들이 길에서 쓰러졌다. 20 하닷이 미디안의 손에서 모압을 구하였으니 이는 미디안의 모든 자손이 칼날에 쓰러졌기 때문이다. 하닷이 돌이켜 그의 땅으로 돌아갔다. 21 그 날 이후로 미디안 자손이 모압 자손을 미워하였으니 이는 그들이 모압 자손으로 인하여 전쟁에서 쓰러졌기 때문이다. 그들 사이에 모든 날들 동안 크고 강한 원한이

있었다. 22 모압 땅의 길에서 미디안 사람들이 발견되면 그들이 모두 모압의 칼에 죽었고 미디안 땅의 길에서 모압 사람들이 발견되면 그들이 모두 미디안의 칼에 죽었다. 여러 날들 동안 미디안이 모압에게 그렇게 행하였고 모압이 미디안에게 그렇게 행하였다.

유다가 죽음

23 야곱이 이스라엘에 내려간 지 86년에, 그 때에 야곱의 아들 유다가 이집트에서 죽었다. 유다가 죽을 때에 그가 129세였다. 그들이 그의 시신을 향으로 처리하고 그를 입관하여 그가 그의 자손의 손에 넘겨졌다.

납달리가 죽음

24 89년에 납달리가 죽었다. 그가 132세였고 그가 입관되어 그의 자녀들의 손에 넘겨졌다.

아프리카와 깃딤의 전쟁

25 이스라엘 사람들이 이집트로 내려간 지 91년, 즉 에서의 아들 엘리바스의 아들 스보가 깃딤 자손을 다스린 지 30년이었다. 이전에 아프리카 자손이 평소처럼 깃딤 자손을 약탈하러 올라왔으나 이 13년 동안에 그들이 올라오지 않았다. 26 그 해에 그들이 올라오자 엘리바스의 아들 스보가 그의 사람들 중 얼마와 함께 그들에게 나아가서 그들을 크게 쳤다. 아프리카의 군대가 스보 앞에서 도망하였고 그들이 그의 앞에서 쓰러졌다. 스보와 그의 사람들이 그들을 뒤쫓아 그들이 아프리카 가까이에 이르기까지 계속해서 그들을 쳤다. 27 아프리카 왕 앙게아스가 스보가 한 일을 듣고 크게 근심하였다. 앙게아스가 모든

날들 동안 스보를 두려워하였다.

63 아프리카와 깃딤의 전쟁

레위가 죽음

1 93년에 야곱의 아들 레위가 이집트에서 죽었다. 그가 죽을 때에 137세였다. 그들이 그를 입관하여 그가 그의 자녀의 손에 넘겨졌다.

이집트가 이스라엘 자손을 학대하기 시작함

2 레위가 죽은 후에 모든 이집트가 야곱의 아들들, 요셉의 형제들이 죽은 것을 보고 그들이 그 날부터 야곱의 자손이 이집트에서 나갈 때까지 그들을 괴롭게 하고 그들의 삶을 고통스럽게 했다. 그들이 요셉이 이스라엘 자손에게 준 모든 포도원과 밭과 그들이 사는 화려한 집과 이집트의 모든 좋은 것을 그들의 손에서 빼앗았다. 그 날들에 이집트 사람들이 야곱의 자손에게서 모든 것을 빼앗았다. 3 그 날들에 모든 이집트의 손이 이스라엘 자손을 더 학대하였다. 이집트 사람들이 이스라엘 백성들을 상하게 하여 그들이 이집트 사람들로 인하여 그들의 생명이 피곤할 때까지 그렇게 하였다. 4 이스라엘이 이집트로 내려간 지 102년에 그 날들에 이집트 왕 바로가 죽고 그의 아들 메롤이 그를 대신하여 다스렸다. 그 날들에 요셉과 그의 형제들을 알던 이집트의 모든 용사와 모든 세대가 죽었다. 5 그들 대신에 다른 세대가 일어났는데 그들은 야곱의 아들들과 그들이 자기들에게 행한 모든 선과 이

집트에서 그들이 행한 모든 권능을 알지 못했다. 6 그 날 이후로 모든 이집트가 야곱의 자손의 삶을 괴롭히고 온갖 노역으로 그들을 괴롭게 하였으니 이는 그들이 기근의 날들에 그들을 구원한 그들의 조상을 알지 못했기 때문이다. 7 이것은 주께로부터 나온 것으로 후일에 이스라엘 자손이 유익을 얻게 하여 온 이스라엘 자손이 그들의 하나님 주를 알게 하려는 것이었다. 8 그리고 그들이 하나님께서 그의 백성 이스라엘로 인하여 이집트에 행하실 이적과 강한 기사를 알도록 하여 그들이 그들의 조상의 하나님 주를 두려워하고 그분의 모든 길들로 걸으며 그들과 그들 이후에 올 그들의 씨가 항상 그리하도록 하신 것이었다. 9 메롤이 다스리기 시작할 때 그가 20세였고 그가 94년을 다스렸다. 온 이집트가 이집트에서 그들을 다스리는 모든 왕에게 행하는 관례에 따라 그의 이름을 그의 아버지의 이름을 따라 바로라 불렀다.

아프리카와 깃딤의 전쟁

10 그 때에 아프리카 왕 앙게아스의 모든 군대가 평소처럼 깃딤 땅을 약탈하러 나아가 그곳에 가득하였다. 11 에서의 손자 엘리바스의 아들 스보가 그들의 소식을 듣고 그가 그의 군대와 함께 그들을 대항하려고 나아가서 길에서 그들과 싸웠다. 12 스보가 아프리카 왕의 군대를 칼날로 쳐서 그들 가운에 남은 자가 한 사람도 없었고 한 사람도 아프리카에 그의 주인에게 돌아간 자가 없었다. 13 앙게아스가 엘리바스의 아들 스보가 그의 모든 군대에게 행한 일, 그가 그들을 멸하였다는 일을 들었다. 앙게아스가 그의 모든 군대와 아프리카 땅의 모든 남자를 소집하여 바닷가의 모래와 같이 많은 사람들이 모였다. 14 앙게아스가 그의 형제 루쿠스에게 사람을 보내어 말했다. 너의 모든 사람들과 함께 나에게 와서 나의 사람들을 멸한 스보와 깃딤 온 자손을 치

는 것을 도우라. 루쿠스가 그의 온 군대, 매우 큰 군대를 데리고 그의 형제 앙게아스가 스보와 깃딤 자손과 싸우는 것을 도우러 왔다. 15 스보와 깃딤 자손이 이 일을 듣고 그들이 크게 두려워하였고 큰 두려움이 그들의 마음에 임했다. 16 스보도 에돔 땅에 에돔 왕 브닷의 아들 하닷과 모든 에서 자손에게 서신을 보내어 말했다. 17 내가 아프리카 왕 앙게아스가 그의 형제와 함께 우리와 전쟁하러 오고 있다는 것을 들었소. 우리가 그를 크게 두려워하니 이는 그의 군대가 매우 크고, 특히 그가 그의 형제와 그의 군대와 함께 우리에게 오고 있기 때문이오. 18 그러므로 이제 당신도 나에게 와서 나를 도우시오. 그러면 우리가 함께 앙게아스와 그의 형제 루쿠스에 대항하여 싸워 당신이 우리를 그들의 손에서 구하게 될 것이오. 그러나 당신이 오지 않으면 당신이 알듯이 우리가 모두 죽을 것이오. 19 에서 자손이 깃딤 자손과 그들의 왕 스보에게 편지를 보내어 말했다. 우리가 앙게아스와 그의 백성과 싸울 수 없으니 이는 이 여러 해 동안 우리 사이에 평화의 언약이 있었기 때문이오. 그것은 처음 왕인 벨라의 날들과 이집트 왕, 야곱의 아들 요셉의 날들로부터 있었던 것이오. 그가 그의 아버지를 장사할 때 우리가 요단 저편에서 그와 싸웠소. 20 스보가 그의 형제들 에서 자손의 말을 듣고 그가 그들에게 말하기를 그쳤다. 스보가 앙게아스를 크게 두려워하였다. 21 앙게아스와 그의 형제 루쿠스가 깃딤 자손에 맞서 그들의 모든 군대의 전열을 갖추었는데 그들이 약 80만 명이었다.

하나님께서 아프리카 군대를 스보의 손에 넘기심

22 깃딤의 모든 자손이 스보에게 말했다. 우리를 위하여 당신의 조상들의 하나님께 기도해 주십시오. 혹시 그가 우리를 앙게아스와 그의 군대의 손에서 구원해 주실지도 모릅니다. 우리가 그는 위대한 하나님

이고 그가 자기를 믿는 모든 자를 구한다고 들었습니다. 23 스보가 그들의 말을 듣고 그가 주께 구하며 말했다. 24 나의 조상 아브라함과 이삭의 하나님 주여, 이 날 나는 당신이 진실한 하나님이고 민족들의 모든 신들은 헛되고 쓸모 없다는 것을 압니다. 25 이 날 나에게 우리 조상들이 우리에게 말한 우리의 조상 아브라함과 맺은 당신의 언약을 기억해 주시고 우리의 조상 아브라함과 이삭을 위하여 이 날 나에게 은혜를 베푸셔서 우리와 싸우러 오는 아프리카 왕의 손에서 나와 깃딤 자손을 구원해 주십시오. 26 주께서 스보의 말을 들으시고 아브라함과 이삭으로 인하여 그에게 관심을 두셨다. 주께서 스보와 깃딤 자손을 앙게아스와 그의 백성의 손에서 구하셨다. 27 그 날에 스보가 아프리카 왕 앙게아스와 그의 모든 백성과 싸웠고 주께서 앙게아스의 모든 백성을 깃딤 자손의 손에 넘기셨다. 28 앙게아스의 전세가 심하였다. 스보가 앙게아스와 그의 형제 루쿠스의 모든 사람을 칼날로 쳐서 그 날 저녁까지 그들 가운데 쓰러진 자가 40만 명이었다. 29 앙게아스가 그의 모든 사람들이 죽은 것을 보고 그가 아프리카의 모든 주민에게 편지를 보내어 그들이 그에게 와서 전쟁에서 그를 돕도록 했다. 그가 그 편지를 써 보내어 말했다. 아프리카에서 열 살로부터 그 위로 발견되는 모든 자는 나에게 오게 하라. 그들 모두 내게 오게 하라. 오지 않는 자는 죽을 것이고 그가 가진 모든 것과 그의 온 가족은 왕의 것이 될 것이다. 30 아프리카의 모든 남은 주민들이 앙게아스의 말을 두려워하였다. 열 살 이상 된 남자와 소년 30만 명이 그 성읍에서 나와 그들이 앙게아스에게 갔다. 31 열흘이 지나서 앙게아스가 스보와 깃딤 자손과 다시 전쟁하였다. 그들 사이에 전쟁이 매우 크고 강했다. 32 스보가 앙게아스와 루쿠스의 군대에서 부상 당한 자들 중 많은 자들을 쳤는데 약 2천 명이었다. 앙게아스의 군대 장관 소시브달이 그 싸움에서 쓰러졌다. 33 소시브달이 쓰러지자 아프리카 군대가 등을 돌려 도망하였고 앙게아스와 그의 형제 루쿠스도 그들과 함께 도망하였다. 34 스보와 깃딤 자손이 그들을 뒤쫓아 길에서 그들을 크게 쳐서 약 200명을 죽였다. 그들이 그의 아버지와 함께 도망한 앙게아스의 아들 아스드루발을 뒤쫓아서 그들이 길에서 그의 사람들 20명을 쳤으나 아스드루발은 깃딤 자손에게서 도망하였고 그들이 그를 치지 않았다. 35 앙게아스와 그의 형제 루쿠스가 그들의 남은 자들과 함께 도망하여 그들이 놀라고 두려워하며 아프리카로 갔다. 앙게아스가 모든 날들에 엘리바스의 아들 스보가 자기와 싸울까 하여 두려워하였다.

64 깃딤과 이집트의 전쟁

발람이 깃딤으로 감
1 그 때에 브올의 아들 발람이 그 싸움에서 앙게아스와 함께 있었다. 그가 스보가 앙게아스를 이기는 것을 보고 그곳에서 도망하여 깃딤으로 갔다. 2 스보와 깃딤 자손이 그를 크게 존귀히 여기며 영접하였으니 이는 스보가 발람의 지혜에 대하여 알았기 때문이다. 스보가 발람에게 많은 선물을 주었고 그가 그와 함께 지냈다.

스보가 주를 기억하지 않음
3 스보가 전쟁에서 돌아와서 그가 깃딤 자손에게 명하여 그와 함께 전쟁에 나간 자들의 수를 세니 한 사람도 빠진 사람이 없었다. 4 스보가 이 일을 기뻐하였다. 그가 그의 나라를 새롭게 하고 그가 그의 모든 신하들에게 연회를 베풀었다. 5 그러나 스보가 주를 기억하지 않았고 주께서 전쟁에서 그를 도우셔서 그와 그의 백성을 아프리카 왕의 손에서 구하셨다고 생각하지 않았다. 그가 여전히 깃딤 자손과 에서의 악한 자손의 길들로 걸으며 그의 형제 에서 자손이 그에게 가르친 다른 신들을 섬겼다. 그러므로 사람들이 말하기를 악한 자에게서 악한 것이 나온다 하였다. 6 스보가 온 깃딤 자손을 평안히 다스렸으나 자기와 자기의 모든 백성을 아프리카 왕의 손에서 구하신 주를 알지 못했다.

아프리카 군대가 전과 같이 깃딤에 노략하러 오지 않았으니 그들이 자기들을 칼날로 친 스보의 힘을 알았기 때문이다. 앙게아스도 모든 날들 동안 엘리바스의 아들 스보와 깃딤 자손을 두려워하였다.

스보가 에서와 이스마엘 자손과 함께 이집트로 전쟁하러 감

7 스보가 전쟁에서 돌아온 그 때에 스보가 자기가 아프리카 모든 백성을 이기고 전쟁에서 그들을 칼날로 친 것을 보고 스보가 깃딤 자손에게 말하여 이집트로 가서 야곱의 자손과 이집트 왕 바로와 싸우자고 했다. 8 이는 스보가 이집트의 용사들이 죽었고 요셉과 그의 형제들 야곱의 아들들이 죽었으며 그들의 모든 자손 이스라엘 자손이 이집트에 거주한다는 것을 들었기 때문이다. 9 요셉과 그의 형제들과 온 이집트가 야곱을 장사하러 헤브론으로 갔을 때에 그들이 가나안 땅에서 에서 자손을 쳤는데 스보가 가서 그들과 온 이집트와 싸워서 그의 형제 에서 자손의 원수를 갚으려고 하였다. 10 스보가 에돔 왕 브닷의 아들 하닷과 그의 형제 모든 에서 자손에게 사자들을 보내어 말했다. 11 너희가 아프리카 왕이 너희와 언약을 맺었으니 그와 싸우지 않겠다고 말하지 않았느냐? 보라 내가 그와 싸워서 그와 그의 모든 백성을 쳤다. 12 이제 내가 이집트와 그곳에 있는 야곱의 자손을 치려고 결심하였다. 또 내가 요셉과 그의 형제들과 조상들이 그들의 아버지를 헤브론 땅에 장사하러 올라갔을 때에 가나안 땅에서 우리에게 한 일의 원수를 갚으려고 한다. 13 그러니 이제 만일 너희가 와서 내가 그들과 이집트와 싸우는 것을 돕고자 하면 우리가 우리 형제들의 원수를 갚을 것이다. 14 에서 자손이 스보의 말을 들었다. 에서 자손이 모였는데 매우 많은 백성이었다. 그들이 스보와 깃딤 자손의 전쟁을 도우러 갔다. 15 스보가 동방의 모든 자손과 이스마엘 모든 자손에게 사람들을 보

내어 그들에게 같은 말을 전하였다. 그들이 모여 스보와 깃딤 자손이 이집트와 싸우는 것을 도우러 왔다. 16 이 모든 왕들과 에돔 왕과 동방의 자손과 모든 이스마엘 자손과 깃딤 왕 스보가 나아가 헤브론에서 그들의 모든 군대의 전열을 갖추었다. 17 그 진영이 매우 크고 그 길이가 사흘 길 거리이며 사람들이 바닷가의 모래와 같이 셀 수 없이 많았다. 18 이 모든 왕들과 그들의 군대가 내려와서 온 이집트와 싸우려고 와서 그들이 함께 바드로스 계곡에 진을 쳤다.

이집트와 이스라엘 자손이 전쟁을 준비함

19 온 이집트가 그들의 소식을 듣고 그들도 함께 모였는데 이집트 땅의 모든 백성과 이집트에 속한 모든 성읍이 모이니 그들이 약 30만 명이었다. 20 이집트 사람들도 그 날들에 고센 땅에 있던 이스라엘 자손에게 사람을 보내어 와서 이 왕들과 싸우라고 전하였다. 21 이스라엘 사람들이 모였는데 그들이 약 150명이었다. 그들이 이집트 사람들을 돕기 위하여 그 전쟁에 참여하였다. 22 이스라엘 사람들과 이집트 사람들이 나아갔는데 그들이 약 30만 명과 150명이었다. 그들이 이 왕들과 싸우려고 그들을 향하여 가서 그들이 고센 땅을 떠나 바드로스 맞은편에 자리를 잡았다. 23 이집트 사람들이 이스라엘이 그들의 진영에서 그들과 함께 싸우러 간다는 것을 믿지 않았으니 이는 온 이집트 사람들이 말하기를 그들이 에서 자손의 형제니 어쩌면 이스라엘 자손이 우리를 에서와 이스마엘 자손의 손에 넘길지도 모른다고 했기 때문이다. 24 모든 이집트 사람들이 이스라엘 자손에게 말했다. 너희는 여기 너희가 있는 곳에 남아 있으라. 우리가 가서 에서와 이스마엘 자손과 싸우리라. 만일 이 왕들이 우리를 이기려고 하면 너희는 함께 우리에게 와서 우리를 도우라. 이스라엘 자손이 그리하였다.

발람의 점술이 실패함

25 깃딤 왕 에서의 손자 엘리바스의 아들 스보와 에돔 왕 브닷의 아들 하닷과 그들의 온 진영과 동방의 모든 자손과 이스마엘 모든 자손의 모래와 같이 많은 사람들이 다그반게스 맞은편 바드로스 계곡에 모여 진을 쳤다. 26 시리아 사람 브올의 아들 발람이 스보의 진영에 있었으니 그가 깃딤 자손과 함께 싸우러 왔기 때문이다. 발람은 스보와 그의 사람들의 눈에 매우 존귀한 자였다. 27 스보가 발람에게 말했다. 우리를 위하여 점을 쳐서 우리와 이집트 사람들 중에 누가 전쟁에서 이길지 알게 하라. 28 발람이 일어나 점술을 행하려 하였다. 그는 점술의 지식에 능한 자였으나 그가 헷갈려하여 그것이 그의 손에서 부서졌다. 29 그가 다시 하려 하였으나 그것이 이루어지지 않았다. 발람이 낙담하여 그것을 놔두고 완성시키지 않았다. 이것은 이 일이 주께로부터 온 것으로 그들의 전쟁에서 스보와 그의 백성을 자기들의 조상들의 하나님 주를 믿는 이스라엘 자손의 손에 넘기려고 하셨기 때문이다.

깃딤과 이집트의 전쟁

30 스보와 하닷이 그들의 군대의 전열을 갖추었다. 모든 이집트 사람들이 그들을 향하여 나아갔는데 그들이 30만 명이었고 이스라엘 중에서 한 사람도 그들과 함께 하지 않았다. 31 모든 이집트 사람들이 바드로스와 다그반게스의 맞은편에서 이 왕들과 싸웠는데 이집트 사람들의 전세가 힘들었다. 32 그 전쟁에서 그 왕들이 이집트 사람들보다 강하여 그 날에 이집트의 남자들 중에서 약 180명이 쓰러졌고 그 왕들의 군대 중에서 약 30명이 쓰러졌다. 이집트의 모든 사람들이 그 왕들 앞에서 도망하였다. 에서와 이스마엘 자손이 이집트 사람들을 뒤쫓아 이스라엘 자손의 진영이 있는 곳까지 가며 계속해서 그들을 쳤다.

이스라엘 자손이 깃딤의 군대를 물리침

33 이집트의 모든 사람들이 이스라엘 자손에게 울며 말했다. 어서 우리를 도와 우리를 에서와 이스마엘과 깃딤 자손의 손에서 구하라. 34 이스라엘 자손 중 150명이 그들의 자리에서 나와 이 왕들의 진영으로 달려갔다. 이스라엘 자손이 그들의 하나님 주께 그들을 구하여 달라고 부르짖었다. 35 주께서 이스라엘의 목소리를 들으셨다. 주께서 그 왕들의 모든 사람들을 이스라엘의 손에 넘기셨다. 이스라엘 자손이 이 왕들에게 맞서 싸워서 이스라엘 자손이 그 왕들의 사람들 중에 약 사천 명을 쳤다. 36 주께서 그 왕들의 진영을 크게 놀라게 하셔서 그들에게 이스라엘 자손에 대한 두려움이 임하였다. 37 그 왕들의 온 군대가 이스라엘 자손 앞에서 도망하였다. 이스라엘 자손이 그들을 추격하여 구스 땅의 경계에 이를 때까지 계속 그들을 쳤다. 38 이스라엘 자손이 길에서 그들 가운데 이천 명을 쳤으나 이스라엘 자손 가운데에서는 한 사람도 쓰러지지 않았다. 39 이집트 사람들이 이스라엘 자손이 그렇게 적은 수로 그 왕들과 싸우는 것과 그 왕들이 지는 것을 보고 40 그들이 강하게 싸우는 것으로 인하여 모든 이집트 사람들이 크게 두려워하였다. 온 이집트가 달아났고 모든 사람이 전열에서 벗어나 길에 숨었고 그들이 이스라엘 사람들만 남겨두어 싸우게 했다. 41 이스라엘 자손이 그 왕들의 사람들에게 큰 피해를 입히고 그들이 구스 땅 경계까지 그들을 추격한 후에 그들에게서 돌아왔다.

이스라엘 자손이 이집트 사람들을 침

42 온 이스라엘이 이집트 사람들이 그들에게 한 일, 그들이 전쟁에서 도망하여 그들만 싸우도록 남겨둔 것을 알았다. 43 이스라엘 자손도 간교하게 행하여 그들이 전쟁에서 돌아올 때에 그들이 길에서 이집

트 사람들 얼마를 발견하고 그곳에서 그들을 쳤다. 44 이스라엘 자손이 그들을 칠 때에 그들이 그들에게 이렇게 말했다. 45 너희가 어찌하여 우리에게서 떠나 적은 수인 우리를 남겨두고 우리가 우리를 죽일 수 있는 큰 백성을 가진 이 왕들과 싸우게 하고 너희는 자기 목숨을 건지려고 하였느냐? 46 이스라엘 사람들이 길에서 만난 자들에 대하여 서로 말했다. 치라, 치라, 그는 이스마엘 사람이거나 에돔 사람이거나 깃딤 자손이다. 그들이 서서 그 사람을 쳤으나 그들은 그가 이집트 사람이라는 것을 알았다. 47 이스라엘 자손이 이집트 사람들에게 이 일을 간교히 행하였으니 이는 그들이 이스라엘 자손을 전쟁에 버려두고 도망하였기 때문이다. 48 이스라엘 자손이 길에서 이런 식으로 이집트 사람들 약 200명을 죽였다. 49 이집트의 모든 사람들이 이스라엘 자손이 그들에게 행한 악을 보고 온 이집트가 이스라엘 자손을 크게 두려워하였으니 이는 그들이 이스라엘 자손의 큰 힘과 그들 중 한 사람도 쓰러지지 않은 것을 보았기 때문이다. 50 온 이스라엘 자손이 기뻐하며 고센으로 가는 길로 돌아갔고 이집트의 남은 자들은 각자가 자기 집으로 돌아갔다.

65 이스라엘 자손의 고된 노동

이집트 사람들이 이스라엘 자손의 번성을 두려워함

1 이 일 후에 이집트 왕 바로의 모든 모사와 이집트의 모든 장로들이 모여 왕 앞에 와서 그에게 엎드려 절하고 그들이 그의 앞에 앉았다. 2 이집트의 모사들과 장로들이 왕에게 말했다. 3 이스라엘 자손 백성이 우리보다 크고 강합니다. 우리가 전쟁에서 돌아올 때에 그들이 길에서 우리에게 행한 모든 악을 왕께서 아십니다. 4 왕께서 그들의 강한 힘도 보셨으니 이 힘은 그들의 조상들로부터 온 것입니다. 그들 중 몇 사람이 바다의 모래와 같이 많은 사람들과 맞서 그들을 칼날로 죽였고 자기들 가운데 한 사람도 쓰러지지 않았습니다. 만일 그들의 수가 많았다면 그들이 완전히 적들을 멸하였을 것입니다. 5 그러므로 이제 우리가 그들에게 어떻게 행해야 할지 계략을 주십시오. 우리가 우리 가운데에서 그들을 점점 없애지 않으면 그들이 이 땅에서 우리에게 너무 많아질 것입니다. 6 만일 이스라엘 자손이 이 땅에서 늘어나면 그들이 우리에게 걸림돌이 될 것입니다. 만일 전쟁이 일어나면 그들이 그들의 큰 힘을 가지고 우리를 대항하여 우리의 적들과 연합하고 우리와 싸워서 우리를 이 땅에서 멸하고 떠날 것입니다.

바로의 모략

7 왕이 이집트의 장로들에게 말하였다. 이것이 이스라엘에 대한 계략이고 우리가 이것으로 죽지 않을 것이다. 8 보라 이 땅에 전쟁에 준비되지 않은 성읍들인 비돔과 라암셋이 있다. 그것을 건축하고 견고하게 하는 것이 우리가 마땅히 행할 바이다. 9 그러므로 이제 너희도 가서 그들에게 간교하게 행하여 이집트와 고센에 왕의 명령을 이렇게 선포하라. 10 너희 이집트와 고센과 바드로스의 모든 사람들과 그곳의 모든 주민들아! 왕께서 우리에게 비돔과 라암셋을 건축하고 전쟁을 위하여 그 성읍들을 견고히 하도록 명하셨다. 너희 온 이집트와 이스라엘 자손과 그 성읍들의 모든 주민 가운데에 우리와 함께 일하고자 하는 자는 왕의 명령으로 그에게 날마다 삯이 주어질 것이다. 이제 너희는 먼저 가서 간교히 행하여 사람들을 모아서 비돔과 라암셋을 지으러 오게 하라. 11 너희가 건축할 때에 왕의 명령으로 온 이집트에 날마다 이렇게 선포하라. 12 이스라엘 자손 중 얼마가 너희와 함께 일하러 오면 너희는 며칠 동안 그들에게 날마다 그들의 삯을 주라. 13 그들이 매일 너희와 일하게 된 후에 너희는 매일 은밀히 한 사람씩 그들 가운데서 나오고 너희는 일어나 그들의 감독과 관리가 되라. 그 후에 너희는 그들이 품삯 없이 일하게 하고 만일 그들이 거부하면 너희의 힘을 다하여 강제로 그들이 일하게 하라. 14 너희가 이렇게 행하면 그것으로 우리가 잘 되어 이스라엘 자손에 대하여 우리의 땅이 강하여 질 것이다. 건축과 일의 피로로 인하여 이스라엘 자손이 줄어들게 될 것이니 이는 너희가 날마다 그들이 그들의 아내와 지내지 못하게 할 것이기 때문이다. 15 이집트의 모든 장로들이 왕의 모략을 듣고 그 모략이 그들과 바로의 신하들과 온 이집트의 눈에 좋게 보였다. 그들이 왕의 말을 따라 행하였다.

이스라엘 자손이 비돔과 라암셋 건축에 참여함

16 모든 신하가 왕에게서 물러나 그들이 온 이집트와 다그반게스와 고센과 이집트 주위의 모든 성읍들에 선포했다. 17 너희가 에서와 이스마엘 자손이 우리와 싸우고 우리를 멸하려고 한 것을 보았다. 18 그러므로 이제 왕이 우리에게 명령하여 그들이 다시 우리에게 올 것을 대비하여 땅을 견고하게 하고 비돔과 라암셋을 건축하고 전쟁에 대비하여 그것을 견고하게 하라고 하셨다. 19 온 이집트와 이스라엘 자손 중에 누구든지 우리와 함께 건축하러 오는 자에게는 왕의 명령대로 왕에 의하여 매일 그의 삯이 주어질 것이다. 20 이집트와 온 이스라엘 자손이 바로의 신하들이 하는 모든 말을 듣고 이집트 사람들과 이스라엘 자손 중에서 바로의 신하들과 함께 비돔과 라암셋을 건축하러 오는 자들이 있었으나 레위 자손 중에서는 아무도 그들의 형제들과 함께 건축하러 오지 않았다.

이스라엘 자손의 고된 노동

21 처음에는 바로의 모든 신하들과 그의 고관들이 속임수로 매일 품삯을 받는 일꾼으로서 모든 이스라엘과 함께 건축하러 왔다. 그들이 처음에는 이스라엘에게 그들의 매일의 품삯을 주었다. 22 바로의 신하들이 온 이스라엘과 함께 건축하였고 그들이 이스라엘과 함께 그 일을 위하여 한 달 동안 일했다. 23 한 달이 지나고 바로의 모든 신하들이 날마다 이스라엘 사람들로부터 은밀히 빠져나오기 시작했다. 24 그 때에 이스라엘이 계속해서 일을 하면서 그들이 날마다 그들의 삯을 받았으니 이는 그 때에 이집트 사람 중 얼마가 아직 이스라엘과 함께 일하고 있었기 때문이다. 그래서 이집트 사람들이 그 날들에 이스라엘에게 삯을 주고 그들의 동료 이집트 사람들도 그들이 일한 것에 대한 삯을

받게 했다. 25 1년 4개월이 지나서 모든 이집트 사람들이 이스라엘 자손 가운데에서 빠져나왔고 이스라엘 자손만이 그 일을 위하여 남게 되었다. 26 모든 이집트 사람들이 이스라엘 자손 가운데에서 나온 후에 그들이 돌아와 그들 위에 압제자와 관리가 되었다. 그들 중 얼마는 이스라엘 자손을 감독하는 감독이 되어 그들에게서 그들이 일한 모든 삯을 받았다. 27 이집트 사람들이 날마다 이스라엘 자손에게 이렇게 행하여 그들이 일하는 것에서 그들을 괴롭게 하였다. 28 모든 이스라엘 자손이 그 일을 하게 되었고 이집트 사람들은 그 때 이후로 이스라엘 자손에게 어떤 삯도 주지 않았다. 29 이스라엘 사람 중 얼마가 그들에게 삯을 주지 않는 것으로 인하여 일하기를 거부하자 감독들과 바로의 신하들이 그들을 포악하게 대하고 세게 쳐서 그들을 강제로 돌아가게 하여 그들의 형제들과 함께 일하게 하였다. 모든 이집트 사람들이 모든 날 동안 이스라엘 자손에게 이렇게 행하였다. 30 이스라엘 모든 자손이 이 일로 이집트 사람들을 크게 두려워하여 이스라엘 모든 자손이 돌아가서 삯을 받지도 못하고 일했다. 31 이스라엘 자손이 비돔과 라암셋을 건축하였다. 모든 이스라엘 자손이 그 일을 행하였는데 얼마는 벽돌을 만들고 얼마는 건축하면서 이스라엘 자손이 이집트 온 땅과 성벽을 건축하고 견고하게 하였다. 이스라엘 자손이 여러 해 동안 이 일을 하였는데 주께서 그들을 기억하시고 그들을 이집트에서 내보내실 때까지 그렇게 하였다.

건축에 참여하지 않은 레위 자손

32 그러나 레위 자손은 이스라엘의 그들의 형제들의 일에 고용되지 않았는데 그들이 처음부터 이집트를 나갈 때까지 그리하였다. 33 이는 이집트 사람들이 이스라엘 사람들에게 한 이 모든 말들이 속

임수라는 것을 레위 자손이 알았기 때문이다. 그래서 레위 자손은 그들의 형제들과 함께 그 일하는 곳에 가지 않았다. 34 그 후로는 이집트 사람들이 레위 자손이 일하게 하는 것에 관심을 두지 않았으니 이는 그들이 처음부터 그들의 형제들과 함께 있지 않았기 때문이다. 이집트 사람들이 그들을 그대로 두었다.

이스라엘 자손이 더욱 번성함

35 이집트 사람들의 손이 계속 이스라엘 자손에게 가혹하게 행하여 그 일을 하도록 했고 이집트 사람들이 이스라엘 자손에게 일을 엄하게 시켰다. 36 이집트 사람들이 힘든 일 곧 흙 이기기와 벽돌 굽기와 온갖 밭일로 이스라엘 자손의 삶을 고통스럽게 하였다. 37 이스라엘 자손이 이집트 왕 메롤이시여 하고 이집트의 왕 메롤을 부르니 이는 그의 날들에 이집트 사람들이 온갖 일로 그들의 삶을 힘들게 했기 때문이다. 38 이집트 사람들이 이스라엘 자손에게 모든 일을 엄하게 시켜 이스라엘 자손을 괴롭게 하였다. 그러나 그들이 이스라엘 자손을 괴롭힐수록 그들은 더 많이 늘어났다. 이집트 사람들이 이스라엘 자손으로 인하여 근심하였다.

66 바로가 이스라엘 남자 아이들을 죽이려고 함

삼라가 에돔을 다스림

1 그 때에 에돔 왕 브닷의 아들 하닷이 죽고 동방 자손의 지역 메스레가에서 온 삼라가 그를 대신하여 다스렸다. 2 이집트 왕 바로가 다스린지 13년, 이스라엘 사람들이 이집트로 내려간 지 125년에 삼라가 에돔을 18년간 다스렸다. 3 그가 다스릴 때에 그가 그의 군대를 불러내어 가서 엘리바스의 아들 스보와 깃딤 자손과 싸우게 하려 하였으니 이는 그들이 아프리카 왕 앙게아스와 싸워 그들이 그의 온 군대를 멸하였기 때문이다. 4 그러나 그가 스보와 싸우지 않았으니 이는 에서 자손이 그를 막았기 때문이다. 그들이 말하기를 그는 자기들의 형제라 하니 삼라가 에서 자손의 말을 듣고 그의 모든 군대와 함께 에돔 땅으로 돌이키고 엘리바스의 아들 스보와 싸우러 나아가지 않았다.

이스라엘이 고된 노역 아래에서도 번성함

5 이집트 왕 바로가 이 일을 듣고 말했다. 에돔 왕 삼라가 깃딤 자손과 싸우려고 결심하였다. 그 후에 그가 이집트와 싸우러 올 것이다. 6 이집트 사람들이 이 일을 듣고 그들이 이스라엘 자손의 노역을 늘렸으니 이는 이스라엘 자손이 하닷의 날들에 에서 자손과의 싸움에서 그들에게 한 것과 같은 일을 하지 못하게 하려는 것이었다. 7 이집트 사

람들이 이스라엘 자손에게 말했다. 급히 서둘러 너희 일을 하고 너희 작업을 끝내어 땅을 견고히 하라. 너희 형제 에서 자손이 우리와 싸우러 올까 하니 그들이 너희로 인하여 우리에게 올 것이기 때문이다. 8 이스라엘 자손이 날마다 이집트 사람들의 일을 하였다. 이집트 사람들은 이스라엘 자손을 괴롭게 하여 그 땅에서 그들의 수를 줄이려고 하였다. 9 그러나 이집트 사람들이 이스라엘 자손에게 일을 더 많이 시킬수록 이스라엘 자손이 늘어나고 번성하여 온 이집트가 이스라엘 자손으로 가득하게 되었다.

바로가 이집트 남자 아이들을 죽이려고 함

10 이스라엘이 이집트에 내려간 지 125년에 모든 이집트 사람들이 보니 이스라엘에 대한 그들의 모략이 성공하지 못했고 오히려 그들이 늘어나고 번성하여 이집트 땅과 고센 땅에 이스라엘 자손이 가득하였다. 11 이집트의 모든 장로들과 현인들이 왕 앞으로 와서 그에게 절하고 그의 앞에 앉았다. 12 이집트의 모든 장로들과 현인들이 왕에게 말했다. 왕은 만수무강 하옵소서. 왕께서 우리에게 이스라엘 자손에 대한 모략을 말하여 우리가 왕의 말에 따라 그들에게 행하였습니다. 13 그러나 일을 많이 시킬수록 그들이 땅에서 증가하고 번성하였습니다. 보십시오. 온 땅이 그들로 가득하게 되었습니다. 14 그러므로 우리 주 왕이시여, 온 이집트의 눈이 왕을 향하며 왕의 지혜로 그들이 이스라엘을 이겨 그들을 멸하거나 그들을 땅에서 줄어들게 할 지략을 주시기를 그들이 바라고 있습니다. 왕이 그들에게 대답하여 말했다. 너희는 이 일에 대한 모략을 내어 우리가 그들에게 행할 바를 알게 하라. 15 왕의 모사 중에 한 관리가 있는데 그의 이름은 욥으로 우스 땅 메소포타미아 출신이다. 그가 왕에게 대답하여 말했다. 16 왕께서 기

뻐하시면 왕께서는 그의 종의 모략을 들으시기 바랍니다. 왕이 그에게 말하라 하였다. 17 욥이 왕과 고관들과 이집트의 모든 장로들 앞에서 말했다. 18 왕께서 이전에 이스라엘 자손의 노역에 대하여 말씀하신 모략은 매우 좋은 것이니 그들에게서 그 노역을 영원히 제하여서는 안 됩니다. 19 그러나 만일 왕께서 그들을 괴롭히는 것을 좋게 여기시면 이것이 왕께서 그들의 수를 줄일 수 있는 모략입니다. 20 우리가 오랫동안 전쟁을 두려워하며 이스라엘이 이 땅에서 번성하게 되면 전쟁이 일어날 때 그들이 우리를 이 땅에서 몰아낼 것이라 말하였습니다. 21 왕께서 기쁘게 여기시면 왕명이 선포되게 하고 그것이 이집트의 법에 기록되고 변개되지 않게 하십시오. 그 법은 이러하니 이스라엘 자손에게 태어나는 모든 남자 아이들의 피를 땅에 쏟으라는 것입니다. 22 왕께서 이렇게 행하시면 이스라엘의 모든 남자 아이들이 죽어서 그들이 전쟁으로 일으키게 될 해가 없을 것입니다. 왕께서는 이렇게 행하시어 모든 히브리 산파에게 사람들을 보내어 그들에게 이 일을 행하도록 명하십시오. 왕과 고관들이 이 일을 기쁘게 여겨 왕이 욥의 말대로 행하였다. 23 왕이 사람들을 보내어 히브리 산파들을 불러오도록 했다. 그 중 한 사람의 이름은 십브라였고 다른 사람의 이름은 부아였다. 24 그 산파들이 왕 앞으로 와서 그의 앞에 섰다. 25 왕이 그들에게 말하였다. 너희가 히브리 여인들에게 산파의 일을 할 때에 자리에서 그들을 살펴서 아들이거든 그를 죽이고 딸이거든 살려라. 26 만일 너희가 이 일을 행하지 않으면 내가 너희와 너희 집을 불사를 것이다.

히브리 산파들이 이스라엘 남자 아이들을 살려둠

27 그러나 산파들이 하나님을 두려워하여 그들이 이집트 왕의 말을 듣지 않았다. 히브리 여인들이 산파들에게 아들이나 딸을 낳으면

산파들이 아기에게 필요한 모든 것을 행하고 그들을 살려두었다. 산파들이 항상 그리 행하였다. 28 왕에게 이 일이 알려지자 그가 사람들을 보내어 산파들을 불러 그가 그들에게 말했다. 너희가 어찌하여 이 일을 행하여 아기들을 살렸느냐? 29 산파들이 왕 앞에서 함께 대답하여 말했다. 30 왕은 히브리 여인들이 이집트 여인들과 같다고 생각하지 마십시오. 이스라엘의 모든 자손이 건장하여 산파가 그들에게 이르기 전에 그들이 해산합니다. 당신의 여종 우리들이 많은 날 동안 히브리 여인들의 아이를 받지 못했습니다. 모든 히브리 여인이 그들 자신이 산파니 이는 그들이 건장하기 때문입니다. 31 바로가 그들의 말을 듣고 이 일에 대하여 그들을 믿었으며 산파들은 왕 앞에서 물러났다. 하나님께서 그들을 선대하셨고 그 백성은 번성하고 크게 늘었다.

67 이스라엘의 남자 아이들이 강에 던져짐

미리암이 태어남

1 이집트 땅에 레위의 씨 중에 한 사람이 있었는데 그의 이름은 아므람으로 이스라엘의 증손 레위의 손자 그핫의 아들이었다. 2 이 사람이 가서 그의 아버지의 누이 레위의 딸 요게벳을 아내로 삼았는데 그 여자는 126세였다. 그가 그 여자에게 들어갔다. 3 그 여인이 임신하여 딸을 낳았다. 그 여인이 여자 아이의 이름을 미리암이라 불렀으니 이는 그 날들에 이집트 사람들이 이스라엘 자손의 삶을 괴롭게 하였기 때문이다.

아론이 태어남

4 그 여인이 다시 임신하여 아들을 낳았다. 그 여인이 그 아이의 이름을 아론이라 하였으니 이는 그 여인이 임신한 날들에 바로가 이스라엘의 남자 아이들의 피를 흘리기 시작했기 때문이다.

스보가 죽음

5 그 날들에 깃딤의 왕, 에서의 손자 엘리바스의 아들 스보가 죽고 야네아스가 그를 대신하여 다스렸다 6 스보가 깃딤 자손을 다스린 기간은 50년이었다. 그가 죽어서 깃딤 땅 나브나 성읍에 장사되었다.

7 그를 이어 깃딤 자손의 용사 중 하나인 야네아스가 50년간 다스렸다.

발람이 이집트로 감

8 깃딤 왕이 죽은 후에 브올의 아들 발람이 깃딤 땅에서 도망하여 가서 이집트의 왕 바로에게 갔다. 9 바로가 그를 크게 존귀히 여기며 영접하였으니 이는 그가 그의 지혜에 대하여 들었기 때문이다. 그가 그에게 선물들을 주고 그를 모사로 삼고 그를 높였다. 10 발람이 이집트에서 왕의 모든 귀족들과 함께 영광을 누리며 살았고 귀족들이 그를 높였으니 이는 그들이 모두 그의 지혜를 배우고자 했기 때문이다.

바로가 한 아이에 대한 꿈을 꿈

11 이스라엘이 이집트로 내려간 지 130년에 바로가 꿈을 꾸었다. 그가 그의 보좌에 앉아 있었는데 그가 그의 눈을 들어 보니 한 노인이 그의 앞에 서 있었다. 그 노인의 손에는 저울들이 있었는데 그것은 상인들이 사용하는 저울들과 같은 것이었다. 12 그 노인이 그 저울들을 들고 바로 앞에 그것들을 달았다. 13 그 노인이 이집트의 모든 장로와 모든 귀족과 모든 위대한 자들을 데려와 그들을 함께 묶어서 한 저울에 달았다. 14 그가 한 젖 먹는 아이를 데려다가 다른 저울에 달았는데 그 아이가 다른 모든 사람들보다 더 무게가 나갔다. 15 바로가 이 두려운 환상으로 인하여 놀라며 왜 그 아이가 다른 모든 자들보다 무거울까 생각하였다. 바로가 깨니 그것은 꿈이었다. 16 바로가 아침 일찍 일어나 그의 모든 신하들을 불러서 그들에게 꿈을 말하자 그들이 크게 두려워하였다. 17 왕이 그의 모든 현인들에게 말했다. 내가 너희에게 구하니 내가 꾼 꿈을 해석하여 나에게 알게 하라. 18 브올의 아들 발람이 왕에게 대답하여 말했다. 이것은 다름이 아니라 후일에 이집트

에 대하여 생겨날 큰 악을 뜻합니다. 19 이스라엘에 한 아들이 태어날 것인데 그가 온 이집트와 그것의 주민들을 멸하고 강한 손으로 이스라엘을 이집트에서 나가게 할 것입니다. 20 그러므로 이제 왕이시여, 이 일에 대한 계책을 물어 이집트에 대한 이 악이 일어나기 전에 왕께서 이스라엘 자손의 소망과 그들의 기대를 없애십시오. 21 왕이 발람에게 말했다. 그러면 우리가 이스라엘에게 무엇을 행해야 하느냐? 분명 우리가 처음의 계책으로 그들에게 어떤 방법을 행하였으나 그들을 이길 수 없었다. 22 그러므로 이제 너는 우리가 그들을 이길 계책을 내라. 23 발람이 왕에게 대답하여 말했다. 이제 사람들을 보내어 당신의 두 모사를 부르십시오. 우리가 그들이 이 일에 대하여 내는 계책이 무엇인지 보고 그 후에 당신의 종이 말하겠습니다. 24 왕이 사람들을 보내어 그의 두 모사 미디안 사람 르우엘과 우스 사람 욥을 부르자 그들이 와서 왕 앞에 앉았다. 25 왕이 그들에게 말했다. 보라 너희 둘이 내가 꾼 꿈과 그것의 해석을 들었다. 그러니 이제 계책을 내어 이스라엘 자손에게 무엇을 행해야 할지 알게 하라. 그것으로 우리가 우리에 대한 그들의 악이 생기기 전에 그들을 이길 수 있게 하라.

르우엘이 바로에게 이스라엘 자손에게 손을 대지 말라고 고함

26 미디안 사람 르우엘이 왕께 대답하여 말했다. 왕께서 만수무강하시기를 빕니다. 27 왕께서 기쁘게 여기신다면 왕께서는 히브리 사람들에 대하여 삼가시고 그들을 그대로 두시며 왕의 손을 그들에게 뻗지 마소서. 28 이들은 주께서 옛날에 택하신 자들이며 땅의 모든 나라들과 땅의 왕들 가운데에서 그의 기업으로 택하신 자들입니다. 그들에게 손을 댄 자들 중에 벌을 받지 않은 자가 누구이며 그들 가운데에 그들의 하나님이 그들에게 원한을 갚지 않은 자들이 누구입니까? 29 왕께

서 아시듯이 아브라함이 이집트로 내려갔을 때에 이전에 이집트를 다스리던 왕인 바로가 아브라함의 아내 사라를 보고 그를 아내로 삼았습니다. 이는 아브라함이 이집트 사람들이 그의 아내로 인하여 그를 죽일까 두려워하여 그 여자는 내 누이라 말하였기 때문입니다. 30 이집트 왕이 사라를 데리고 가자 하나님께서 그와 그의 가족을 무거운 질병으로 치셨는데 그가 그의 아내 사라를 아브라함에게 돌려보낼 때까지 그리하셨습니다. 그 후에 그가 나았습니다. 31 블레셋 왕 그랄 사람 아비멜렉도 하나님이 치셨으니 아브라함의 아내 사라 때문이었습니다. 그래서 사람에서 짐승에 이르기까지 모든 태를 닫으셨습니다. 32 그들의 하나님이 밤에 아비멜렉의 꿈에 나타나 그를 두렵게 하셔서 그가 데려간 사라를 아브라함에게 보내도록 하셨습니다. 사라로 인하여 그랄의 모든 백성이 벌을 받은 후에 아브라함이 그들을 위하여 그의 하나님께 기도하고 그가 그를 위하여 간구하자 하나님이 그들을 낫게 하셨습니다. 33 아비멜렉이 그와 그의 백성에게 임한 이 모든 일을 두려워하여 그가 아브라함의 아내 사라를 그에게 돌려보내고 그와 그 여자에게 많은 선물을 주었습니다. 34 그가 이삭을 그랄에서 쫓아냈을 때에도 그에게 똑같이 행하였습니다. 하나님께서 그에게 놀라운 일들을 행하셔서 그랄의 모든 시내가 말라버리고 그들의 열매를 맺는 나무가 열매를 맺지 못했습니다. 35 그랄의 아비멜렉과 그의 친구 중 하나인 아훗삿과 그의 군대 장관 비골이 그에게 가서 그들이 그의 앞에서 땅에 엎드려 절했습니다. 36 그들이 자기들을 위하여 간구하도록 그에게 구하자 그가 그들을 위하여 주께 기도했고 주께서 그의 간구를 들으시고 그들을 낫게 하였습니다. 37 완전한 자인 야곱도 그의 온전함으로 그의 목숨을 찾던 그의 형 에서의 손과 그의 삼촌 시리아 사람 라반의 손에서 구함을 받았습니다. 주께서 야곱과 그의 자녀를 없애기 위하여 함께 온 가나안의 모든 왕들의 손에서도 그들을 구원하셔서 그들이 돌이켜 그 왕들을 쳤습니다. 그러니 그들에게 손을 댄 자들 중에 벌을 받지 않은 자가 있습니까? 38 분명 당신의 아버지의 아버지, 선대 바로께서는 야곱의 아들 요셉의 지혜를 보시고 그를 이집트 땅의 모든 고관들 위로 높였습니다. 이는 그가 그의 지혜로 이 땅의 모든 주민을 기근에서 구하였기 때문입니다. 39 그 후에 그가 야곱과 그의 자녀들을 이집트로 내려오도록 명하여 그들의 선으로 이집트 땅과 고센 땅이 기근에서 구원을 얻게 하였습니다. 40 만일 이것이 왕의 눈에 좋게 보이면 이스라엘 자손을 멸하는 일을 멈추십시오. 그러나 왕께서 그들이 이집트에 거주하는 것을 원하지 않으시면 그들을 여기서 나가게 하여 그들이 그들의 조상들이 거류했던 땅, 가나안 땅으로 가게 하십시오. 41 바로가 이드로의 말을 듣고 그에게 크게 화를 냈다. 그러자 그가 수치스러워하며 왕 앞에서 일어나 그가 요셉의 지팡이를 가지고 그의 땅 미디안으로 갔다.

발람의 계책

42 왕이 우스 사람 욥에게 말하였다. 욥이여, 너는 무엇이라 말하겠느냐? 히브리 사람들에 대한 너의 계책은 무엇이냐? 43 욥이 왕에게 대답했다. 보십시오. 이 땅의 모든 주민이 왕의 권능 안에 있으니 왕께서는 왕의 눈에 좋게 여기는 대로 행하십시오. 44 왕이 발람에게 말했다. 발람이여 너는 무엇이라 말하겠느냐? 너는 말하여 우리가 듣게 하라. 45 발람이 왕에게 말했다. 왕께서 들은 히브리 사람들에 대한 모든 계책에서 그들이 구원함을 받을 것이며 왕은 어떤 계책으로도 그들을 이길 수 없을 것입니다. 46 만일 왕께서 맹렬한 불로 그들을 줄이려고 생각해도 왕은 그들을 이기실 수 없으니 분명 그들의 하나님이

그들의 조상 아브라함을 갈대아인의 우르에서 구하셨기 때문입니다. 만일 왕께서 그들을 칼로 멸하려고 생각하신다면 분명 그들의 조상 이삭이 그것에서 구원함을 얻었고 그 사람 대신에 숫양이 주어졌습니다. 47 만일 왕께서 고된 노역으로 그들을 줄이려고 생각하신다면 왕께서는 이것으로도 그들을 이길 수 없으니 이는 그들의 조상 야곱이 온갖 고된 일로 라반을 섬기고도 번성하였기 때문입니다. 48 그러므로 왕이시여, 나의 말을 들으십시오. 이것이 왕께서 그들을 이기고 왕께서 떨어지지 않을 그들에 대한 계책입니다. 49 왕께서 만일 기쁘게 여기시면 왕께서 명하셔서 이 날 이후로 태어나는 그들의 모든 자녀를 물에 던지게 하십시오. 왕께서 이 방법으로 그들의 이름을 지워버릴 것이니 이는 그들이나 그들의 조상 중에 누구도 이런 방법으로 시험을 받은 적이 없기 때문입니다. 50 왕이 발람의 말을 듣고 왕과 그의 고관들이 그것을 좋게 여겼다. 왕이 발람의 말을 따라 행하였다.

바로가 이스라엘의 남자 아이들을 강물에 던지라 명함

51 왕이 이집트 온 땅에 선포하고 법령을 만들도록 하여 말하기를 이 날 이후로 히브리 사람들에게 태어나는 모든 남자 아이는 물에 던지라 하였다. 52 바로가 그의 모든 신하를 불러 말하였다. 이제 가서 이스라엘 자손이 있는 고센 온 땅을 뒤져서 히브리 사람들에게 태어나는 모든 아들들이 강에 던져지는가 보라. 그러나 너희는 모든 딸들은 살려두어라. 53 이스라엘 자손이 바로가 명하여 그들의 남자 아이를 강에 던지라는 이 일을 듣고 그 사람들 중 얼마가 그들의 아내를 멀리했고 다른 사람들은 그들을 가까이 했다. 54 이 날 이후로 남편과 함께 지낸 이스라엘 여자들의 해산의 때가 이르자 그들이 아이를 낳기 위하여 들로 갔다. 그들이 들에서 출산하고 자기 아이를 들에 두고 집으로

돌아왔다.

하나님이 이스라엘의 남자 아이들을 돌보심

55 이스라엘 자손의 조상들에게 그들을 번성하게 하겠다고 맹세하신 주께서 하늘에 있는 그분의 천사들 중 하나를 보내셔서 아이들을 물에 씻기고 기름을 붓고 강보로 싸며 그들의 손을 두 개의 매끄러운 돌들에 넣게 하여 하나에서는 젖을 빨고 다른 하나에서는 꿀을 먹게 하셨다. 주께서 그들의 머리를 무릎까지 자라게 하셔서 그것으로 그들을 덮게 하셨고 그들을 향한 긍휼로 인하여 그들을 위로하고 가까이 하셨다. 56 하나님이 그들을 긍휼히 여기시고 지면에서 그들을 번성하게 하기를 원하셔서 하나님이 그들이 자랄 때까지 그분의 땅 안에서 보존되도록 그 땅이 그들을 받아들이게 하셨다. 그 후에는 땅이 그 입을 열고 그들을 토해 냈고 그들이 땅의 채소와 숲의 풀처럼 그 성읍에서 자라났다. 그들이 각기 자기 가족과 자기 아버지의 집으로 돌아가서 그들과 함께 살았다. 57 이스라엘 자손의 아이들이 그들을 향한 하나님의 은혜로 땅 위에서 들의 채소와 같이 되었다. 58 온 이집트 사람들이 이 일을 보고 그들 각 사람이 자기 소의 멍에와 자기 쟁기를 들고 자기 밭으로 가서 그들이 사람이 씨 뿌릴 때에 밭을 갈듯이 그것을 갈았다. 59 그들이 밭을 갈 때에 그들이 이스라엘 자손의 어린 아이들을 다치게 할 수 없었다. 그래서 그 백성의 수가 늘고 매우 강하여졌다.

이스라엘의 남자 아이들이 강에 던져짐

60 바로가 그의 신하들에게 날마다 명하여 고센 땅에 가서 이스라엘 자손의 아이를 찾게 하였다. 61 그들이 아이 하나를 찾으면 그들이 아이의 어미의 품에서 아이를 억지로 빼앗아 강에 던졌다. 그러나 그

아이가 여자 아이면 그들이 어미와 함께 두었다. 이집트 사람들이 이스라엘 사람들에게 계속 이렇게 행하였다.

68 모세가 태어남

미리암의 예언

1 그 때에 하나님의 영이 아론의 누이, 아므람의 딸 미리암에게 임하여 그 여자가 가서 그 집에 대하여 예언하여 말했다. 보라, 이 때에 나의 부모로부터 우리에게 한 아들이 태어날 것이다. 그가 이집트의 손에서 이스라엘을 구원할 것이다. 2 아므람이 그의 딸의 말을 듣고 그가 가서 그의 아내를 집으로 데리고 왔다. 그것은 그가 바로가 야곱의 집의 모든 남자 아이를 물에 던지라고 명하자 그 때에 그 여자를 쫓아낸 후의 일이었다. 3 아므람이 그의 아내 요게벳을 쫓아낸 지 3년 후에 그가 다시 그 여자를 데리고 왔다. 그가 그 여자에게 들어가서 그 여자가 임신하였다.

모세가 태어남

4 그 여자가 임신한 지 일곱 달이 지나서 아들을 낳았다. 그러자 온 집이 큰 빛으로 가득했는데 그 빛이 날 때 그것이 해와 달의 빛과 같았다. 5 그 여자가 보니 그 아이가 선하고 좋게 보여 그 여자가 그 아이를 안쪽 방에 석 달 동안 숨겼다. 6 그 날들에 이집트 사람들이 그곳의 모든 히브리 사람들을 죽이려고 모의를 했다. 7 이집트의 여자들이 이스라엘 자손이 있는 고센으로 갔는데 그들이 그들의 어린 것들, 아직

말 못하는 그들의 아이들을 그들의 어깨에 메고 갔다. 8 그 날들에 이스라엘 자손의 여인들이 아이를 낳으면 여인들이 각자 이집트 사람들에게서 자기의 아들을 숨겨 이집트 사람들이 그들이 출산한 것을 알지 못하게 하여 그들이 그 땅에서 그들을 멸하지 못하게 했다. 9 이집트 여인들이 고센 땅에 갔는데 아직 말 못하는 그들의 아이들이 그들의 어깨 위에 있었다. 이집트 여인들이 히브리 여인들의 집에 들어가면 그들의 아이가 울기 시작했다. 10 그 아이가 울면 안방에 있던 히브리 여인의 아이가 그것에 대답하였다. 그러면 이집트 여인이 가서 바로의 궁에서 그것을 말했다. 11 그러면 바로가 그의 신하들을 보내어 그 아이를 잡아 죽이게 했다. 이집트 사람들이 히브리 여인들에게 항상 이렇게 행하였다. 12 요게벳이 자기 아들을 숨긴 지 약 석 달이 된 그 때에 그 일이 바로의 집에 알려졌다. 13 그 여자가 신하들이 오기 전에 급히 자기 아들을 데리고 나가서 그 여자가 그 아이를 위하여 갈대 상자를 가져다가 역청과 나무 진을 칠하고 아기를 거기 담아 강 가의 갈대 사이에 두었다. 14 그의 누이 미리암이 그 아기에게 무슨 일이 일어나는지와 자기가 한 말이 어떻게 되는지 알려고 멀리 섰다.

모세가 바로의 딸 바시아의 아들이 됨

15 그 때에 하나님이 이집트 땅에 심한 열기를 보내셨는데 그것이 태양이 사람의 살을 태우는 것과 같았다. 그것이 이집트 사람들을 크게 괴롭게 하였다. 16 온 이집트 사람들이 그들의 살을 태우는 강한 열기로 인하여 강으로 목욕하러 내려갔다. 17 바로의 딸 바시아도 열기로 인하여 목욕하러 강으로 갔고 그 여자의 시녀들은 강 가를 거닐었으며 이집트의 모든 여자들도 그리하였다. 18 바시아가 자기 눈을 들어 강을 보니 물 위에 상자가 보여 자기 시녀를 보내어 그것을 가져오

게 하였다. 19 그 여자가 그것을 열고 그 아기를 보니 그 아기가 울었다. 그 여자가 그 아기를 불쌍히 여기며 이르기를 이 아이는 히브리 아이 중 하나라 하였다. 20 강 가에서 거닐던 모든 이집트 여인들이 그 아이에게 젖을 먹이려고 하였으나 그가 젖을 먹지 않았다. 이는 이 일이 주께로부터 온 것으로 그를 다시 그 어머니의 품으로 돌려보내기 위한 것이었다. 21 그 때에 그의 누이 미리암이 강 가의 이집트 여인들 가운데 있었다. 그 여자가 이 일을 보고 바로의 딸에게 말했다. 내가 가서 히브리 여인 중에 유모를 불러다가 당신을 위하여 그 아이를 돌보게 해도 되겠습니까? 22 바로의 딸이 그 여자에게 가라고 하자 그 소녀가 가서 그 아기의 어머니를 불러왔다. 23 바로의 딸이 요게벳에게 말했다. 이 아기를 데리고 가서 나를 위하여 젖을 먹여라. 내가 너의 삯으로 너에게 날마다 은 두 개를 주겠다. 24 2년이 지난 후에 그 아기가 자라서 그 여자가 그 아기를 바로의 딸에게 데리고 갔다. 그 아이가 그 여자에게 아들이 되었고 그 여자가 그의 이름을 모세라 불렀으니 이는 내가 그를 물에서 건져내었다 하였기 때문이다.

모세의 이름

25 그의 아버지 아므람은 그의 이름을 하바르라 불렀으니 이는 그가 말하기를 내가 쫓아보냈던 내 아내와 관계하였다 했기 때문이다. 26 그의 어머니 요게벳은 그의 이름을 여구디엘이라 불렀으니 이는 그 여자가 말하기를 내가 전능하신 분께 그를 소망하였으며 하나님께서 그를 나에게 돌려보내셨다 하였기 때문이다. 27 그의 누이 미리암은 그의 이름을 예렛이라 불렀으니 이는 그 소녀가 그의 끝이 어떻게 될지 알고자 하여 그를 따라 강으로 내려갔기 때문이다. 28 그의 형 아론은 그의 이름을 아비사눅이라 부르며 말하기를 나의 아버지가 나의

어머니를 떠났으나 그로 인하여 어머니에게 돌아갔다 하였다. 29 아브람의 아버지 그핫은 그의 이름을 아비그돌이라 불렀으니 이는 하나님께서 그로 인하여 야곱의 집의 끊어짐을 회복하셔서 그들이 더 이상 그들의 남자 아이를 물에 던지지 않게 하셨기 때문이다. 30 그들의 유모가 그를 아비소고라 부르며 말하기를 그가 함의 자손으로 인하여 그의 장막에 석 달 동안 숨겨졌다 하였다. 31 온 이스라엘은 그의 이름을 느다넬의 아들 스마야라 불렀으니 이는 그들이 말하기를 그의 날들에 하나님께서 그들의 부르짖음을 들으시고 그들의 압제자에게서 그들을 구하셨다고 하였기 때문이다. 32 모세가 바로의 집에서 바로의 딸 바시아에게 아들로 있었고 모세가 왕의 자녀 가운데에서 자랐다.

69 이스라엘 자손의 노역이 무거워짐

사울이 에서 자손을 다스림

1 그 날들에 에돔 왕이 다스린 지 18년에 그가 죽어서 그가 에돔 땅에 왕의 처소로 자신을 위하여 지은 그의 신전 안에 장사되었다. 2 에서 자손이 강 위에 있는 브돌에 사람을 보내어 그들이 그곳에서 눈이 아름답고 용모가 준수한 청년을 데리고 왔는데 그의 이름은 사울이었다. 그들이 그를 삼라를 대신하여 자기들을 다스릴 왕으로 삼았다. 3 사울이 에돔 땅에서 모든 에서 자손을 40년 동안 다스렸다.

이스라엘 자손의 노역이 무거워짐

4 이집트 왕 바로가 발람이 이스라엘 자손에 대하여 낸 계책이 성공하지 못하였고 그들이 여전히 생육하고 번성하고 이집트 온 땅에 흥왕한 것을 보았다. 5 그 날들에 바로가 온 이집트에 있는 이스라엘 자손에게 선포하여 명하였다. 누구도 그가 날마다 하는 일을 줄여서는 안 된다. 6 어떤 사람이 흙 이기기든지 벽돌 굽기든지 그가 날마다 해야 할 그의 일에서 부족함이 발견되면 그것 대신에 그의 막내 아들을 그곳에 둘 것이다. 7 그 날들에 이스라엘 자손에게 지워진 이집트의 노역이 더 무거워졌다. 만일 어떤 사람의 매일의 노역에서 벽돌 하나가 부족하게 되면 이집트 사람들이 그의 막내 아들을 그의 어머니에게

서 강제로 데려와 그 건물에 그의 아버지가 채우지 못한 그 벽돌의 자리에 그를 두었다. 8 이집트 사람들이 날마다, 오랜 기간 동안 계속해서 모든 이스라엘 자손에게 이렇게 행하였다. 9 그러나 그 때에 레위 지파는 처음부터 그들의 형제 이스라엘 사람들과 함께 일하지 않았다. 이는 레위 자손이 이집트 사람들이 처음에 이스라엘 사람들에게 행한 그들의 속임수를 알았기 때문이다.

70 모세가 바로의 왕관을 빼앗음

모세가 바로의 왕관을 빼앗음

1 모세가 태어난 지 3년에 바로가 잔치 가운데에 앉아 있었고 왕비 알바라닛이 그의 오른쪽에, 바시아가 그의 왼쪽에 앉아 있었으며 어린 모세가 그 여자의 품에 누워 있었다. 브올의 아들 발람과 그의 두 아들들과 나라의 모든 고관들이 왕의 앞에 있는 상에 앉아 있었다. 2 그 아이가 왕의 머리 위로 그의 손을 뻗어 왕의 머리에서 왕관을 집어서 그것을 자신의 머리에 씌웠다. 3 왕과 고관들이 그 소년이 한 일을 보고 왕과 고관들이 두려워하였고 그의 옆에 있던 한 사람이 놀라워했다. 4 왕이 그의 앞에 상에 앉아 있던 고관들에게 말했다. 너희 고관들아, 너희가 이 일에 대하여 무엇이라 말하겠느냐? 이 일에 대하여 이 소년에게 내려질 판결이 무엇이냐?

발람이 어린 모세를 죽이려고 함

5 마술사 브올의 아들 발람이 왕과 고관들 앞에서 대답하였다. 내 주 왕이시여, 이제 오래 전에 왕께서 꿈을 꾸시고 종이 당신에게 해석해드린 꿈을 기억하십시오. 6 이 아이는 히브리 자손에게서 난 아이며 하나님의 영이 그 안에 있습니다. 나의 주 왕께서는 이 아이가 아무것도 모르고 이 일을 행했다고 생각하지 마십시오. 7 그는 히브리 소

년으로 그에게 지혜와 총명이 있습니다. 그가 아직 아이나 이 일을 지혜로 행하였고 자신을 이집트의 왕으로 택한 것입니다. 8 이는 이것이 모든 히브리인들이 왕들과 고관들을 속여 이 모든 일들을 교묘히 행하여 땅의 왕들과 그 사람들을 떨게 하려는 것이기 때문입니다. 9 분명 왕께서 그들의 조상 아브라함이 그리 행하여 바벨의 왕 니므롯의 군대와 그랄 왕 아비멜렉을 속인 것과 그가 헷 자손의 땅과 가나안의 모든 나라를 소유하게 된 것을 아십니다. 10 그가 이집트로 내려와서 그의 아내 사라에 대하여 말하기를 그 여자는 나의 누이라고 하여 이집트와 왕을 속였습니다. 11 그의 아들 이삭도 그가 그랄에 가서 그곳에 거주할 때 그리 행하였습니다. 그의 힘이 블레셋 사람들의 왕 아비멜렉의 군대를 이겼습니다. 12 그가 또한 블레셋 사람들의 나라를 넘어지게 하려고 그의 아내 리브가를 그의 누이라 말하였습니다. 13 야곱도 그의 형을 속여 그의 손에서 그의 장자권과 그의 축복을 빼앗아 갔습니다. 14 그 후에 그가 밧단아람으로 그의 삼촌 라반의 집으로 가서 그에게서 교묘히 그의 딸과 그의 가축과 그의 모든 소유를 얻어서 도망하여 가나안 땅 그의 아버지에게 돌아갔습니다. 15 그의 아들들은 그들의 동생 요셉을 팔아서 그가 이집트로 내려가 노예가 되었고 12년 동안 감옥에 있었습니다. 16 그 후에 선대 바로께서 꿈을 꾸시고 그를 감옥에서 꺼내어 그가 바로의 꿈을 해석한 것으로 인하여 그를 이집트의 모든 고관들 위로 존귀하게 하셨습니다. 17 하나님이 이 온 땅에 기근이 임하게 하시자 그가 사람들을 보내어 그의 아버지와 그의 모든 형제들과 그의 온 가족을 데리고 오도록 하고 어떤 값이나 보상도 없이 그들을 봉양하고 그들에게 이집트 사람들을 종으로 주었습니다. 18 그러므로 이제 나의 주 왕이시여 이 아이가 그들의 행위대로 행하고 모든 왕과 고관과 재판관들을 멸시하려고 그들을 대신하여 이집트에서 길러졌습니다. 19 왕께서 좋게 여기시면 우리가 그의 피를 땅에 쏟아 그가 자라서 왕의 손에서 왕의 통치를 빼앗고 그가 다스림으로 이집트의 소망이 사라지는 일이 없게 하십시오. 20 발람이 왕에게 말했다. 우리가 이집트의 모든 재판관들과 현인들을 불러서 왕께서 말씀하신 대로 이 아이에게 죽음의 판결을 내려야할 지를 알게 하소서. 그러면 우리가 이 아이를 죽이겠습니다.

주의 천사가 모세를 살림

21 바로가 사람들을 보내어 이집트의 모든 현인들을 불러서 그들이 왕 앞에 이르렀다. 주의 천사도 그들 가운데 있었는데 그가 이집트의 현인들 중 하나와 같았다. 22 왕이 현인들에게 말했다. 너희가 분명이 집에 있는 히브리 소년이 한 일과 발람이 이 일에 대하여 판결한 것을 들었다. 23 이제 너희도 판결하여 이 아이가 행한 일에 대하여 그에게 내려질 일이 무엇인지 알게 하라. 24 바로의 현인들 중 하나와 같이 보이는 천사가 이집트의 모든 현인들의 앞과 왕과 고관들의 앞에서 대답하여 말했다. 25 왕께서 기쁘게 여기신다면 왕께서는 사람들을 보내어 호마노와 숯불을 가져오게 하셔서 그것들을 그 아이 앞에 놓게 하십시오. 만일 그 아이가 그의 손을 뻗어 호마노를 집으면 그가 한 모든 일이 지혜로 한 일이라는 것을 우리가 알 것이며 우리가 그 아이를 죽여야 합니다. 26 그러나 만일 그 아이가 그의 손을 뻗어 숯을 집으면 그가 이 일을 모르고 한 일이라는 것을 우리가 알 것이고 그는 살 것입니다. 27 왕과 고관들이 이 일을 좋게 여겨 왕이 주의 천사의 말대로 행하였다. 28 왕이 명하여 호마노와 숯을 가져와 모세 앞에 놓게 하였다. 29 그들이 그 아이를 그것들 앞에 두자 그 아이가 그의 손을 호마노 쪽으로 뻗으려 하였다. 그러나 주의 천사가 그의 손을 잡아 숯 위에

두자 숯의 불씨가 그의 손에서 사그라들었다. 그가 그것을 들고 그것을 그의 입 안으로 넣자 그것이 그의 입술과 그의 혀의 부분에 화상을 입혔다. 그래서 그의 입과 혀가 무겁게 되었다. 30 왕과 고관들이 이것을 보고 그들이 모세가 지혜를 가지고 왕의 머리에서 왕관을 벗긴 것이 아니라는 것을 알게 되었다. 31 그래서 왕과 고관들이 그 아이를 죽이지 않았다. 모세는 바로의 집에서 계속 살면서 자랐고 주께서 그와 함께 하셨다. 32 그 아이가 왕궁에 있을 때에 그가 자주색 옷을 입었고 그가 왕의 자녀들 가운데에서 자랐다. 33 모세가 왕궁에서 자랄 때에 바로의 딸 바시아가 그를 아들로 여겼고 바로의 모든 가족이 그를 존귀히 여겼으며 이집트의 모든 사람들이 그를 두려워하였다.

모세가 이스라엘 자손의 고된 노동을 봄

34 그가 날마다 나가서 그의 형제 이스라엘 자손이 있는 고센 땅으로 갔다. 모세가 날마다 그들이 숨이 부족하고 고된 노동을 하는 것을 보았다. 35 모세가 그들에게 물었다. 어찌하여 이 일이 매일 너희에게 주어졌느냐? 36 그들이 자기들에게 일어난 모든 일과 그가 태어나기 전에 바로가 그들에게 한 모든 명령을 그에게 말하였다.

발람이 구스로 감

37 그들이 브올의 아들 발람이 그들에 대하여 말한 모든 계책과 모세가 왕의 머리에서 그의 왕관을 벗겼을 때 그를 죽이려고 그에 대하여 말한 계책을 그에게 말했다. 38 모세가 이 일들을 듣고 발람에 대한 화가 일어나 그가 그를 죽이고자 했다. 그가 날마다 그를 기다리며 매복했다. 39 발람이 모세를 두려워하여 그와 그의 두 아들이 일어나 이집트에서 나아갔다. 그들이 도망하여 그들의 생명을 건졌고 그들이 구

스 땅으로 구스 왕 키키아누스에게 갔다.

모세가 이집트와 이스라엘 자손에게 위대한 자가 됨

40 모세는 바로의 집에 있으면서 출입하였고 주께서 모세가 바로의 눈과 그의 신하들의 눈과 온 이집트 사람들의 눈에 은총을 입게 하셨다. 그들이 그를 몹시 사랑하였다. 41 그 날에 모세가 가서 그의 형제들을 보러 고센으로 가서 그가 이스라엘 자손이 고된 노동을 하는 것을 보았을 때 모세가 그들로 인하여 슬퍼하였다. 42 모세가 이집트로 돌아가 바로의 집으로 가서 왕 앞에 이르러 절하였다. 43 모세가 바로에게 말했다. 내 주여 내가 당신께 구합니다. 내가 당신에게 작은 요청을 하러 왔으니 내가 헛되이 내 얼굴을 돌이키지 않게 하소서. 바로가 그에게 말하라 하였다. 44 모세가 바로에게 말했다. 고센에 있는 당신의 종들 이스라엘 자손에게 그들의 노역에서 하루를 쉴 수 있게 해 주십시오. 45 왕이 모세에게 대답하여 말했다. 보라 내가 네가 구하는 것을 허락하여 이 일에 있어서 너의 얼굴을 들게 하였다. 46 바로가 이집트와 고센 온 땅에 선포하여 말했다. 47 너희 온 이스라엘 자손에게 왕이 말하노라. 너희는 엿새 동안 너희의 일과 노동을 하되 너희는 일곱째 날에 쉬고 어떤 일도 하지 말라. 왕과 바시아의 아들 모세가 명한 대로 너희가 모든 날들에 이렇게 행하라. 48 모세가 왕이 그에게 허락한 이 일을 기뻐하였다. 모든 이스라엘 자손이 모세가 그들에게 명한 대로 하였다. 49 이는 이 일이 주께로부터 나와 이스라엘 자손에게 일어난 것이니 주께서 이스라엘 자손의 조상들을 위하여 그들을 구원하시려고 그들을 기억하기 시작하셨기 때문이다. 50 주께서 모세와 함께 하셨고 그의 명성이 온 이집트에 퍼졌다. 51 모세가 모든 이집트 사람들의 눈과 모든 이스라엘 자손의 눈에 위대하게 되었고 그가 그의 백

성 이스라엘을 위하여 좋은 것을 구하고 왕에게 그들에 대하여 평화의 말들을 하였다.

71 모세가 이집트 사람을 죽임

모세가 이집트 사람을 죽임

1 모세가 18세가 되었을 때에 그가 그의 부모를 보고자 하여 고센으로 갔다. 모세가 고센 근처에 이르러 그가 이스라엘 자손이 일하는 곳에 왔다. 그가 그들의 고된 노동을 보고 그가 한 이집트 사람이 그의 히브리 형제들 중 하나를 치는 것을 보았다. 2 그 맞는 사람이 모세를 보고 그가 그에게 달려가 도움을 청하였으니 이는 그 사람에게 모세가 바로의 집에서 크게 존귀한 사람이기 때문이다. 그가 그에게 말했다. 나의 주여 내 말을 들어주십시오. 이 이집트 사람이 밤에 내 집에 와서 나를 묶고 내 앞에서 내 아내에게 들어갔습니다. 이제 그가 나의 생명을 가져가려고 합니다. 3 모세가 이 악한 일을 듣자 그가 그 이집트 사람에게 화가 났다. 그가 이리 저리 살피고 그가 그곳에 아무도 없음을 보고 그가 그 이집트 사람을 치고 그를 모래 속에 감추었다. 그가 그 히브리 사람을 치던 자의 손에서 그를 구하였다. 4 그 히브리 사람이 자기 집으로 가고 모세도 자기 집으로 돌아갔다. 그가 가서 왕궁으로 돌아갔다. 5 그 사람이 집에 돌아와서 그가 그의 아내와 이혼하려고 하였으니 이는 어떤 사람이 자기 아내가 더럽혀진 후에 그 여자에게 들어가는 것은 야곱의 집에서 옳지 않은 일이기 때문이다. 6 그 여자가 가서 자기 형제들에게 말하니 그 여자의 형제들이 그를 죽이려고

하였다. 그래서 그가 그의 집으로 도망하였다.

바로가 모세를 죽이려고 함

7 둘째 날에 모세가 그의 형제들에게 가서 보니 두 사람이 싸우고 있었다. 모세가 악한 자에게 말했다. 너는 왜 네 이웃을 치느냐? 8 그가 모세에게 대답하여 말했다. 누가 너를 우리의 고관과 재판관으로 삼았느냐? 네가 이집트 사람을 죽인 것처럼 나를 죽이려고 하느냐? 모세가 두려워하여 말했다. 분명 이 일이 알려졌구나. 9 바로가 이 일을 듣고 그가 모세를 죽이라 명령하였다. 그러자 하나님께서 그의 천사를 보내셔서 그가 친위 대장의 모양으로 바로에게 나타났다. 10 주의 천사가 친위 대장의 손에서 칼을 빼앗아 그것으로 그의 머리를 베었으니 이는 친위 대장의 모양이 모세의 모양으로 바뀌었기 때문이다. 11 주의 천사가 모세의 오른손을 잡고 그를 이집트에서 끌어내어 이집트 경계 밖에 40일 길 되는 거리의 장소에 두었다.

아론의 예언

12 그의 형 아론이 홀로 이집트 땅에 남았다. 그가 이스라엘 자손에게 예언하여 말했다. 13 너희 조상의 하나님 주께서 이렇게 말씀하신다. 각 사람은 그의 눈에 가증한 것들을 버리고 이집트의 우상으로 너희 자신을 더럽히지 말라. 14 그 때에 이스라엘 자손이 반항하여 아론의 말을 듣지 않았다. 15 주께서 아브라함과 이삭과 야곱과 맺으신 언약을 기억하지 않으셨다면 그들을 죽이려고 하셨을 것이다. 16 그 날들에 바로의 손이 이스라엘 자손을 계속해서 학대하였다. 하나님께서 그분의 말씀을 선포하시고 그들을 돌보실 때까지 바로가 그들을 짓누르고 억압했다.

72 모세가 구스로 도망함

구스와 아람과 동방 자손의 전쟁

1 그 날들에 구스 자손과 동방의 자손과 아람 사이에 큰 전쟁이 있었다. 그들이 구스 왕의 손에 있었으나 그를 배반하였다. 2 구스 왕 키키아누스가 구스의 모든 자손과 함께 나아갔는데 그들이 바다의 모래와 같이 많았다. 그가 가서 아람과 동방의 자손과 싸우고 그들을 복종시키려 하였다. 3 키키아누스가 나갈 때에 그가 마술사 발람을 그의 두 아들과 함께 남겨두어 성읍과 그 땅의 가장 미천한 백성들을 지키도록 하였다. 4 키키아누스가 아람과 동방의 자손에게 나아가 그가 그들과 싸워서 그들을 쳤다. 그들이 모두 키키아누스와 그의 백성들 앞에서 다쳐서 쓰러졌다. 5 그가 그들 가운데 많은 사람들을 사로잡아서 전과 같이 그들을 자기 지배 하에 두었다. 그가 그들의 땅에 진을 쳐서 전과 같이 그들에게서 공물을 받으려 하였다.

발람과 구스 백성이 구스 왕을 배반함

6 구스 왕이 브올의 아들 발람을 성읍과 그 성읍의 가난한 자들을 지키도록 남겨두자 그가 일어나 그 땅의 백성들과 계략을 세워 키키아누스 왕을 배반하고 그가 고향으로 돌아올 때에 그가 성읍에 들어오지 못하도록 하였다. 7 그 땅의 백성들이 그의 말을 듣고 그들이 그에게

맹세하여 그를 자기들을 다스릴 왕으로, 그의 두 아들을 군대 장관으로 삼았다. 8 그들이 일어나서 성읍의 두 모퉁이에 성벽을 높이고 그들이 매우 강한 건물을 지었다. 9 세 번째 모퉁이에는 그들이 성읍과 구스 온 땅을 두르는 강 사이에 수많은 도랑을 팠다. 그들이 그곳에서 강물이 나오도록 했다. 10 네 번째 모퉁이에는 그들이 그들의 주문과 마법으로 많은 뱀들이 모이도록 했다. 그들이 성읍을 견고히 하고 그 안에 거하였으며 그들 앞에서 아무도 나가거나 들어오지 않았다.

구스 왕과 군대가 구스를 포위함

11 키키아누스가 아람과 동방의 자손과 싸워서 그가 전과 같이 그들을 정복하였고 그들이 이전처럼 그에게 그들의 공물을 바쳤다. 그가 그의 땅으로 돌아갔다. 12 구스 왕 키키아누스와 그의 군대의 모든 대장이 그의 성읍에 가까이 이르러 그들이 그들의 눈을 들어 보니 성읍의 벽들이 건축되었고 그것이 매우 높았다. 그 사람들이 이것을 보고 놀랐다. 13 그들이 서로에게 말했다. 이것은 그들이 우리가 전쟁에서 늦어지는 것을 보고 그들이 우리를 두려워하였기 때문이다. 그래서 그들이 이 일을 행하여 성벽을 높이 쌓고 견고히 하여 가나안 왕들이 와서 그들과 전쟁하지 않게 하려는 것이다. 14 왕과 그 군대가 성문에 가까이 가서 그들이 올려다보니 보라 성의 모든 문들이 닫혀 있었다. 그들이 문지기들에게 외쳐 말하였다. 우리에게 문을 열어 우리가 성읍에 들어가게 하라. 15 그러나 그들의 왕 마술사 발람의 명으로 문지기들이 그들에게 문을 열어주지 않고 그들이 그들의 성읍에 들어가지 못하게 하였다. 16 그래서 그들이 성문 맞은편에서 전쟁을 일으켰는데 그날에 키키아누스의 군대 중에서 130명이 쓰러졌다. 17 다음 날에 그들이 계속해서 싸우고 그들이 강 가에서 싸웠다. 그들이 지나가고자 하

였으나 그럴 수 없었다. 그래서 그들 중 얼마가 구덩이에 빠져 죽었다. 18 왕이 그들에게 명하여 나무를 잘라서 뗏목을 만들고 그것으로 건너가게 하였다. 19 그들이 구덩이가 있는 장소에 이르자 물들이 돌아서 열 개의 뗏목 위에 있던 200명의 사람들이 빠졌다. 20 셋째 날에 그들이 뱀들이 있는 곳으로 싸우러 왔으나 그들이 그곳에 가까이 갈 수 없었으니 이는 뱀들이 그들 가운데 170명을 죽였기 때문이다. 그들이 구스와 싸우기를 멈추고 그들이 구스를 9년 동안 포위하여 아무도 출입하지 못했다.

모세가 구스 왕의 진영으로 감

21 구스에 대하여 전쟁이 일어나고 그들을 포위했을 때에 모세가 이집트 사람을 죽인 것으로 바로가 그를 죽이고자 하여 그가 이집트에서 바로에게서 도망하였다. 22 모세가 이집트에서 바로에게서 도망하였을 때 그가 18세였다. 그가 도망하여 그 때에 구스를 포위하고 있던 키키아누스의 진영으로 갔다. 23 모세가 구스 왕 키키아누스의 진영에 9년 동안 있었는데 그들이 그 때에 계속 구스를 포위하고 있었다. 모세가 그들과 함께 출입하였다. 24 왕과 고관들과 모든 용사들이 모세를 사랑하였으니 이는 그가 크고 존귀하며 그의 키가 고귀한 사자와 같고 그의 얼굴은 해와 같으며 그의 힘이 사자의 힘과 같았기 때문이다. 그가 왕의 모사가 되었다.

구스 왕이 죽음

25 9년이 지나서 키키아누스가 죽을 병에 걸려 그가 일곱째 날에 죽었다. 26 그의 신하들이 그를 향으로 처리하고 그를 옮겨 성문 맞은편 이집트 땅 북쪽을 향한 곳에 장사하였다. 27 그들이 그의 위에 아

름답고 크고 높은 탑을 세우고 그들이 그 아래에 큰 돌들을 두었다. 28 왕의 서기관들이 그 돌들에 그들의 왕 키키아누스의 모든 권세와 그가 싸운 모든 전쟁을 기록하였으니 그것이 이 날까지 거기에 기록되어 있다.

모세가 구스를 다스리기 시작함

29 구스 왕 키키아누스가 죽은 후에 그의 사람들과 군대가 전쟁으로 인하여 크게 근심하였다. 30 그들이 서로 말하였다. 우리가 지금 무엇을 해야 할지 계책을 내라. 이는 우리가 우리의 고향을 떠나 9년 동안 광야에 거주하였기 때문이다. 31 만일 우리가 이 성읍과 싸워야 한다고 말한다면 우리 중 많은 사람이 부상 당하여 엎드러지거나 죽임을 당할 것이다. 만일 우리가 포위하며 이곳에 있어도 우리는 죽게 될 것이다. 32 이제 아람과 동방 자손의 모든 왕들이 우리의 왕이 죽었음을 들을 것이고 그들이 적개심을 가지고 갑자기 우리를 공격할 것이다. 그들이 우리와 싸워서 우리 가운데 한 사람도 남기지 않을 것이다. 33 그러므로 이제 우리가 가서 우리 위에 왕을 세우고 이 성읍이 우리에게 넘어올 때까지 계속 포위하자. 34 그 날에 그들이 키키아누스의 군대 중에서 한 사람을 왕으로 택하고자 하였으나 그들이 그들을 다스릴 자로 택할 자 중에 모세와 같은 자가 없음을 알았다. 35 그들 각 사람이 급히 자기의 옷을 벗어서 그것을 땅에 던졌다. 그들이 그것을 높이 쌓고 모세를 그 위에 두었다. 36 그들이 일어나 나팔을 불고 그의 앞에서 외쳐 말하였다. 왕이여 만수무강 하옵소서! 왕이여 만수무강 하옵소서! 37 모든 백성과 귀족들이 그에게 맹세하여 그에게 키키아누스의 아내 구스 사람인 왕비 아도니아를 아내로 주겠다고 하였다. 그 날에 그들이 모세를 그들 위에 왕으로 삼았다. 38 그 날에 온 구스 사

람들이 선포하여 말하였다. 모든 사람은 자기 소유 중에서 모세에게 선물을 바쳐야 한다. 39 그들이 그 높이 쌓은 것 위에 천을 펼치고 각 사람이 자기가 가진 것 중에서 일부를 그 안에 던졌는데 한 사람은 금 귀고리를, 다른 사람은 동전을 던졌다. 40 또한 구스 자손들이 호마노와 베델리엄과 진주와 대리석과 많은 은과 금을 모세를 위하여 그 쌓은 것 위에 던졌다. 41 모세가 온 구스 자손이 그에게 준 모든 은과 금과 모든 그릇들과 베델리엄과 호마노를 그의 창고에 두었다. 42 그 날에 모세가 구스 왕 키키아누스를 대신하여 구스 자손을 다스리기 시작했다.

73 구스 왕 모세

모세가 구스를 다스림

1 이집트 왕 바로가 다스린 지 55년, 이스라엘 사람들이 이집트로 내려간 지 157년에 모세가 구스에서 다스렸다. 2 모세가 구스를 다스리기 시작할 때 그가 27세였고 그가 40년간 다스렸다. 3 주께서 모세가 모든 구스 자손의 눈에 호의와 은총을 입게 하셔서 구스 자손이 그를 매우 사랑하였다. 모세가 하나님과 사람들에게 사랑을 받았다.

구스 성읍에 대한 모세의 전략

4 그가 다스린 지 일곱째 날에 구스의 모든 자손이 모여서 모세 앞으로 나아가 땅에 엎드려 그에게 절하였다. 5 모든 백성이 왕 앞에서 함께 말했다. 우리가 이 성읍에서 해야할 일을 알도록 우리에게 지략을 베풀어 주십시오. 6 이제 우리가 이 성읍을 포위한 지 9년이며 우리가 우리의 자녀와 우리의 아내를 보지 못했습니다. 7 왕이 그들에게 대답하여 말했다. 너희가 내가 너희에게 명령하는 모든 말을 듣고자 하면 주께서 그 성읍을 우리의 손에 넘겨 주셔서 우리가 그것을 정복할 것이다. 8 만일 우리가 키키아누스가 죽기 전 우리가 그들과 싸우던 전쟁을 하면 전과 같이 우리 가운데 많은 사람들이 상처를 입고 쓰러질 것이다. 9 그러므로 이것이 이 일에 대하여 너희를 위한 계책

이다. 만일 너희가 내 말을 들으면 그 성읍이 우리의 손에 넘겨지게 될 것이다. 10 온 군대가 왕에게 대답하여 말했다. 우리 주가 명령하는 모든 것을 우리가 행하겠습니다. 11 모세가 그들에게 말했다. 온 진영을 다니며 모든 백성에게 선포하여 말하라. 12 왕의 말씀이 이러하니 너희는 숲으로 들어가서 학의 어린 것들을 가져오라. 각 사람이 그의 손에 어린 것을 들고 오라. 13 왕의 말을 어기는 자, 학의 어린 것을 가져오지 않는 자는 누구든지 죽을 것이며 왕이 그의 모든 소유를 몰수할 것이다. 14 너희가 그것들을 데리고 오면 그것들이 너희 손에 있어야 한다. 너희는 그것들이 자랄 때까지 그것들을 기르라. 너희는 그것들이 매의 새끼들이 나는 것과 같이 빨리 날도록 훈련시켜라. 15 구스의 온 자손이 모세의 말을 듣고 그들이 일어나 온 진영에 명령을 선포하였다. 16 너희 구스 온 자손에게 내리는 왕의 명령은 이러하다. 너희는 모두 함께 숲으로 가서 그곳에서 어린 학을 잡아 각 사람이 그의 손에 그 어린 것을 가지고 집으로 가져가라. 17 왕의 명령을 어기는 자는 누구든지 죽을 것이고 왕이 그의 모든 재산을 몰수할 것이다. 18 모든 백성이 그리 행하여 그들이 숲으로 나갔다. 그들이 잣나무에 올라 각 사람이 자기 손에 학의 모든 어린 새끼들을 잡았다. 그들이 왕의 명령에 따라 그것들을 광야로 가져가서 길렀다. 그들이 그것들을 어린 매와 같이 빨리 날도록 훈련시켰다. 19 어린 학들이 길러진 후에 왕이 그것들을 3일 동안 굶기도록 명령하여 모든 백성이 그리 하였다.

모세가 구스 성읍을 정복함

20 셋째 날에 왕이 그들에게 말하였다. 너희는 힘을 내고 용감한 자가 되어라. 각 사람은 자기의 갑옷을 입고 자기의 칼을 차고 자기의 말을 타고 자기의 어린 학을 자기 손에 잡으라. 21 우리가 일어나 뱀

들이 있는 곳에서 이 성읍과 싸울 것이다. 모든 백성이 왕이 명한 대로 행하였다. 22 그들이 각자 자기의 어린 새끼들을 손에 들고 그들이 떠났다. 그들이 뱀들이 있는 곳에 이르자 왕이 그들에게 말하였다. 각 사람은 자기의 어린 학을 뱀들 위로 보내라. 23 그들 각 사람이 왕의 명령대로 자기의 어린 학을 보내자 그 어린 학들이 뱀들 위로 달려가 그 것들을 모두 먹어치우고 그곳에서 그것들을 멸하였다. 24 왕과 백성들이 그곳에서 모든 뱀들이 죽은 것을 보고 모든 백성이 일어나 큰 소리를 질렀다. 25 그들이 가까이 가서 그 성읍과 싸워서 그것을 탈취하여 점령하고 그 성읍으로 들어갔다. 26 그 날 그곳에서 그 성읍에 거주하던 모든 백성 가운데 천백 명이 죽었다. 그러나 그 성읍을 포위하던 자들 중에서는 한 사람도 죽지 않았다. 27 모든 구스 자손이 각자 자기의 집으로, 자기의 아내와 자식들과 자기 소유로 돌아갔다.

발람이 이집트로 도망함

28 마술사 발람이 그 성읍이 점령된 것을 보고 그가 성문을 열고 그와 그의 두 아들과 여덟 형제가 도망하여 이집트 바로 왕에게 돌아갔다. 29 그들은 율법에 기록된 마술사와 요술사로 주께서 이집트에 재앙을 일으키실 때에 모세를 대적하던 자들이었다.

모세가 구스 왕비를 멀리하고 주를 경외함

30 모세가 그의 지혜로 그 성읍을 점령하였고 구스 자손이 구스 왕 키키아누스를 대신하여 그를 보좌에 앉혔다. 31 그들이 그의 머리에 왕관을 씌우고 그에게 키키아누스의 아내, 왕비인 구스 사람 아도니아를 아내로 주었다. 32 모세가 그의 조상들의 하나님 주를 경외하여 그가 그 여자에게 들어가지도 않았고 그 여자에게 눈을 돌리지도 않았

다. 33 이는 모세가 아브라함이 그의 종 엘리에셀에게 맹세시킨 것을 기억했기 때문이다. 아브라함이 그에게 말하기를 너는 내 아들 이삭을 위하여 가나안의 딸들 중에서 여자를 취하지 말라 하였다. 34 그가 또한 야곱이 그의 형제에게서 도망할 때에 이삭이 야곱에게 명령한 것을 기억했다. 이삭이 말하기를 너는 가나안의 딸들 중에서 아내를 취하지도 말고 함의 자손 중 어떤 사람과도 동맹을 맺지 말라. 35 이는 우리 하나님 주께서 노아의 아들 함과 그의 자손과 그의 모든 씨를 셈의 자손과 야벳의 자손과 그들 뒤에 올 그들의 씨에게 영원히 종으로 주셨기 때문이다. 36 그러므로 모세가 구스를 다스리는 모든 날들 동안에 그가 키키아누스의 아내에게 그의 마음이나 그의 눈을 돌리지 않았다. 37 모세가 그의 평생 동안 그의 하나님 주를 두려워하였다. 모세가 그의 마음과 뜻을 다하여 주 앞에서 진리 안에서 걸었으며 그가 그의 모든 생애에 바른 길에서 돌이키지 않았다. 그가 아브라함과 이삭과 야곱이 걸었던 그 길에서 우로나 좌로나 치우치지 않았다.

모세가 아람과 동방 자손을 정복함

38 모세가 구스 자손의 나라에서 힘을 내고 그가 그의 지혜로 구스 자손을 인도하였다. 모세가 그의 나라에서 번성하였다. 39 그 때에 아람과 동방 자손이 구스 왕 키키아누스가 죽었다는 것을 듣고 그 날들에 아람과 동방의 자손이 구스를 배반하였다. 40 그러자 모세가 구스의 모든 자손을 모았으니 그들이 매우 강한 백성이었고 그 수가 약 삼만 명이었다. 그가 아람과 동방의 자손과 싸우러 나아갔다. 41 그들이 먼저 동방의 자손에게 갔다. 동방의 자손이 그들의 소식을 듣고 그들이 그들을 맞으러 가서 그들과 싸웠다. 42 동방의 자손의 전세가 심각하였고 주께서 모든 동방의 자손을 모세의 손에 넘기셔서 약 300명이

쓰러져 죽었다. 43 모든 동방의 자손이 돌이켜 후퇴하였다. 모세와 구스 자손이 그들을 뒤쫓아 그들을 굴복시키고 그들에게 전과 같이 세금을 내도록 하였다. 44 모세와 그와 함께 한 모든 백성들이 그곳을 지나 아람 땅으로 싸우러 갔다. 45 아람 사람들도 그들을 맞으러 나와 그들과 싸웠다. 주께서 그들을 모세의 손에 넘기셔서 아람 사람들 중 많은 자들이 부상 당하여 쓰러졌다. 46 모세와 구스 백성이 아람도 점령하여 그들에게도 전과 같이 세금을 내게 하였다. 47 모세가 아람과 동방의 자손을 구스 자손에게 복종하게 하고 모세와 그와 함께 한 모든 백성이 구스 땅으로 돌아갔다. 48 모세가 구스 자손의 나라에서 스스로를 강하게 하였다. 주께서 그와 함께 하셨고 모든 구스 자손이 그를 두려워하였다.

74 깃딤과 아프리카의 전쟁

에돔과 아프리카와 깃딤의 새로운 왕들

1 여러 해가 지나서 에돔 왕 사울이 죽고 악볼의 아들 바알하난이 그를 대신하여 다스렸다. 2 모세가 구스를 다스린 지 16년에 악볼의 아들 바알하난이 에돔 땅에서 온 에돔 자손을 38년 동안 다스렸다. 3 그의 날들에 모압이 에돔의 권세에 반역하였다. 모압은 브닷의 아들 하닷의 날들 이래로 그들에게 복종하였는데 그가 전에 모압과 미디안을 치고 모압을 에돔에게 복종시켰다. 4 악볼의 아들 바알하난이 에돔을 다스릴 때 모든 모압 자손이 에돔을 배반하였다. 5 그 날들에 아프리카 왕 앙게아스가 죽고 그의 아들 아스드루발이 대신하여 다스렸다. 6 그 날들에 깃딤 자손의 왕 야네아스가 죽었다. 그들이 그가 자신을 위하여 카노피아 평원에 지은 그의 신전에 그를 장사하였다. 라티누스가 그를 대신하여 다스렸다. 7 모세가 구스 자손을 다스린 지 22년에 라티누스가 깃딤 자손을 45년 동안 다스렸다. 8 그가 또 자신을 위하여 크고 강한 탑을 짓고 그가 관례대로 그 안에 그가 살 곳과 다스릴 곳으로 아름다운 신전을 지었다.

깃딤과 아프리카의 전쟁

9 그가 다스린 지 3년에 그가 자기를 위하여 많은 배들을 만들어

준 그의 모든 유능한 자들에게 명령하였다. 10 라티누스가 그의 모든 군대를 소집하여 그들이 배 안으로 와서 그들이 아프리카 왕 앙게아스의 아들 아스드루발과 싸우기 위하여 그것을 타고 갔다. 그들이 아프리카에 이르러 아스드루발과 그의 군대와 싸웠다. 11 라티누스가 아스드루발을 이겨 그가 아스드루발에게서 수로를 탈취하였다. 그것은 아스드루발의 아버지가 우시의 딸 야니아를 아내로 삼았을 때에 깃딤 자손의 땅에서부터 건축한 것이었다. 라티누스가 그 수로의 다리를 무너뜨리고 아스드루발의 온 군대를 크게 쳤다. 12 아스드루발의 남은 강한 자들이 힘을 내었다. 그들의 마음이 시기로 가득찼고 그들이 죽음을 자초하여 다시 깃딤 왕 라티누스와 싸웠다. 13 모든 아프리카 사람들의 전세가 극렬하여 그들이 모두 라티누스와 그의 백성 앞에서 상처를 입고 쓰러졌다. 아스드루발 왕도 그 전쟁에서 쓰러졌다. 14 아스드루발 왕에게는 매우 아름다운 딸이 있었는데 그 여자의 이름은 우스베제나였다. 아프리카의 모든 사람들이 그들의 옷에 그 여자의 형상을 수놓았는데 이는 그 여자가 매우 아름답고 용모가 빼어났기 때문이다. 15 라티누스의 사람들이 아스드루발의 딸 우스베제나를 보고 그들의 왕 라티누스에게 그 여자에 대하여 칭찬했다. 16 라티누스가 명하여 그 여자를 자기에게 데려오게 하였다. 그가 우스베제나를 아내로 삼고 그가 그의 길로 돌이켜 깃딤으로 갔다. 17 앙게아스의 아들 아스드루발이 죽은 후에 라티누스가 전쟁에서 돌이켜 그의 땅으로 돌아갔을 때에 아프리카의 모든 주민들이 일어나 아스드루발의 동생, 앙게아스의 아들 아니발을 그의 형을 대신하여 아프리카 온 땅을 다스릴 왕으로 삼았다. 18 그가 다스릴 때에 그가 그의 형 아스드루발의 원한과 아프리카 주민의 원한을 갚기 위하여 깃딤 자손과 싸우려고 깃딤으로 가기로 결심하고 그렇게 하였다. 19 그가 많은 배들을 만들고 그 안에 그의 모든 군대를 태우고 그가 깃딤으로 갔다. 20 아니발이 깃딤 자손과 싸웠는데 깃딤 자손이 아니발과 그의 군대 앞에서 부상을 당하여 쓰러졌고 아니발이 그의 형의 원수를 갚았다. 21 아니발이 깃딤 자손과 계속해서 18년 동안 전쟁을 했고 그가 깃딤 자손의 땅에 거하며 그곳에 오랫동안 진을 쳤다. 22 아니발이 깃딤 자손을 매우 심하게 쳤는데 그가 그들의 위대한 자들과 고관들과 백성의 남은 자들 약 팔만 명을 쳤다. 23 여러 날들과 해들이 지나 아니발이 아프리카 그의 땅으로 돌아가서 그가 그의 형제 아스드루발을 대신하여 평안히 다스렸다.

75 에브라임 자손이 이집트를 떠남

에브라임 자손이 이집트를 떠남

1 이스라엘 사람들이 이집트로 내려간 지 180년에, 그 때에 이스라엘 자손 중에서 용사 삼만 명이 이집트에서 걸어 나아갔는데 그들은 모두 요셉 지파의 사람들로 요셉의 아들 에브라임 자손이었다. 2 이는 그들이 말하기를 옛날에 주께서 아브라함에게 말씀하신 이스라엘 자손에게 정한 때가 끝났다고 했기 때문이다. 3 이 사람들이 각자 자기 허리에 자기 칼을 차고 모든 사람이 자기 갑옷을 입었다. 그들이 자기들의 힘을 믿고 그들이 강한 손으로 이집트에서 함께 나갔다. 4 그러나 그들이 길에서 먹을 양식을 가져가지 않고 오직 은과 금만 가져갔으며 그 날 먹을 빵도 그들의 손에 가지고 가지 않았다. 이는 그들이 블레셋 사람들에게서 그들의 양식을 얻으려고 하였고 만일 그것이 안 되면 강제로 빼앗으려고 하였기 때문이다. 5 이 사람들은 매우 강하고 용감한 자들로 한 사람이 천 명을 쫓고 두 사람이 만 명을 쫓을 수 있었다. 그래서 그들이 자기들의 힘을 믿고 전과 같이 함께 나갔다.

블레셋 사람들이 에브라임 자손을 죽임

6 그들이 가드 땅을 향하여 그들의 길을 나아갔다. 그들이 내려가서 가드의 목자들이 가드 자손의 가축에게 풀을 뜯게 하는 것을 보았

다. 7 그들이 그 목자들에게 말했다. 우리에게 그 양들을 팔아서 우리가 먹게 하시오. 우리가 배가 고프고 이 날 아무것도 먹지 못했소. 8 그 목자들이 말했다. 이것은 우리의 소와 양인데 우리가 당신들에게 그것을 주거나 팔아야 하오? 그러자 에브라임 자손이 그들에게서 강제로 빼앗으려고 가까이 갔다. 9 가드의 목자들이 그들을 향하여 소리치자 그들의 소리가 먼 곳까지 들렸다. 그러자 온 가드 자손이 그들에게 나왔다. 10 가드 자손이 에브라임 자손의 악한 행위를 보고 그들이 돌아가서 가드 사람을 모았다. 그들이 각자 자기 갑옷을 입고 에브라임 자손과 싸우려고 나아왔다. 11 그들이 그들과 가드 골짜기에서 싸웠고 전쟁이 치열했다. 그 날에 그들이 서로 많은 사람들을 쳤다. 12 둘째 날에 가드 자손이 블레셋 사람들의 모든 성읍에 사람들을 보내어 그들에게 와서 도우라고 하며 말했다. 13 우리에게 와서 우리를 도우라. 우리가 이집트에서 나와 우리의 가축을 빼앗으려 하고 아무 이유 없이 우리와 싸우는 에브라임 자손을 치게 하라. 14 이제 에브라임 자손의 사람들이 주리고 목말라 지쳤으니 이는 그들이 3일 동안 아무 것도 먹지 못했기 때문이다. 블레셋 사람들의 성읍들에서 사만 명이 가드 사람들을 도우러 나왔다. 15 이 사람들이 에브라임 자손과 싸웠는데 주께서 에브라임 자손을 블레셋 사람들의 손에 넘기셨다. 16 그들이 이집트에서 나온 모든 에브라임 자손을 쳤고 싸움에서 도망한 10명 외에 아무도 살아남지 않았다. 17 이는 이 일이 주께로부터 나와 에브라임 자손에게 임한 것으로 그들이 옛날에 주께서 이스라엘 자손에게 정하신 때가 이르기 전에 그들이 주의 말씀을 어겨 이집트에서 나왔기 때문이다. 18 블레셋 사람들 중에서도 많은 사람들, 약 이만 명이 쓰러졌다. 그들의 형제들이 그들을 옮겨 그들의 성읍에 장사하였다. 19 에브라임 자손의 죽은 자들이 가드 계곡에 여러 날과 여러 해 동안 버려졌고 아무도 그들을 옮겨 장사 지내지 않았다. 그 계곡이 사람들의 뼈로 가득했다. 20 그 전쟁에서 도망한 자들이 이집트에 이르러 그들에게 생긴 모든 일을 온 이스라엘 자손에게 말했다. 21 그들의 아버지 에브라임이 그들을 위하여 여러 날 동안 슬퍼했고 그의 형제들이 와서 그를 위로했다. 22 그가 그의 아내에게 들어가 그 여자가 아들을 낳았다. 그가 그의 이름을 브리아라 하였으니 이는 그 여자가 그의 집에서 불행하였기 때문이다.

76 모세가 미디안으로 감

모세가 구스를 떠남

1 그 날들에 아므람의 아들 모세는 여전히 구스 땅에서 왕으로 있었다. 그가 그의 나라에서 번성하였고 그가 의와 정의와 온전함으로 구스 자손을 다스렸다. 2 구스의 모든 자손이 모세가 다스리는 모든 날 동안 그를 사랑했고, 구스 땅의 모든 주민이 그를 크게 두려워했다. 3 모세가 구스를 다스린 지 40년에 모세는 그의 보좌에 앉아 있었고 왕비 아도니아는 그의 앞에 있었으며 모든 귀족들이 그를 둘러 앉아 있었다. 4 왕비 아도니아가 왕과 고관들 앞에서 말했다. 너희 구스 자손이 이 오랜 시간 동안 한 이 일이 무엇이냐? 5 너희가 분명 이 사람이 40년 동안 구스를 다스리면서 그가 나를 가까이 하지도 않고 그가 구스 자손의 신들을 섬기지도 않았다는 것을 알 것이다. 6 그러므로 이제 너희 구스 자손아, 듣고 이 사람이 더 이상 너희를 다스리지 않게 하라. 이는 그가 우리의 혈육이 아니기 때문이다. 7 보라 내 아들 메나크루스가 장성하였으니 그가 너희를 다스리게 하라. 너희가 이집트 왕의 노예인 이방인을 섬기는 것보다 너희 주의 아들을 섬기는 것이 낫기 때문이다. 8 구스 자손의 모든 백성과 귀족들이 왕비 아도니아가 그들의 귀에 한 말을 들었다. 9 모든 백성이 저녁까지 준비하고 아침에 그들이 일찍 일어나 키키아누스의 아들 메나크루스를 그들 위

에 왕으로 세웠다. 10 구스의 모든 자손이 모세에게 그들의 손을 대는 것을 두려워하였으니 이는 주께서 모세와 함께 하셨기 때문이다. 구스 자손이 그들이 모세에게 한 맹세를 기억하여 그들이 그를 해치지 않았다. 11 그러나 구스 자손이 모세에게 많은 선물을 주고 그를 크게 존귀히 여기며 보냈다. 12 모세가 구스 땅에서 나아가 고향으로 돌아갔고 더 이상 구스를 다스리지 않았다. 모세가 구스 땅에서 나올 때에 그가 66세였다. 이는 이 일이 주께로부터 나온 것으로 주께서 옛날에 이스라엘을 함의 자손의 학대로부터 나오게 하시려고 정하신 때가 이르렀기 때문이다.

모세가 미디안으로 감

13 모세가 바로로 인하여 이집트로 돌아가기를 두려워하여 그가 미디안으로 갔다. 그가 가서 미디안의 우물 곁에 앉았다. 14 미디안 사람 르우엘의 일곱 딸이 그들의 아버지의 양 떼를 먹이러 나왔다. 15 그들이 우물로 와서 그들의 아버지의 양 떼에게 물을 먹이려고 물을 길었다. 16 그러자 미디안의 목자들이 와서 그들을 쫓아냈으나 모세가 일어나 그들을 도와 양 떼에게 물을 먹였다. 17 그 딸들이 집으로 그의 아버지 르우엘에게 돌아와 그에게 모세가 그들을 위하여 한 일을 말했다. 18 그들이 말했다. 한 이집트 사람이 우리를 목자들의 손에서 건져내고 그가 우리를 위하여 물을 길어 양 떼에게 물을 먹였습니다. 19 르우엘이 그의 딸들에게 말했다. 그 사람이 어디 있느냐? 너희가 어찌하여 그 사람을 버려두고 왔느냐? 20 르우엘이 그에게 사람을 보내어 그를 데리고 그의 집으로 오게 하였다. 그가 그와 함께 빵을 먹었다.

르우엘이 모세를 감옥에 가둠

21 모세가 르우엘에게 말하기를 그가 이집트에서 도망하였고 40년 동안 구스를 다스렸으며 그 후에 그들이 자기로부터 통치를 빼앗아 가고 자기를 존귀히 여기며 선물들을 주고 자기를 평안히 보냈다고 하였다. 22 르우엘이 모세의 말들을 듣고 르우엘이 속으로 말하였다. 내가 이 사람을 감옥에 집어넣고 그것으로 내가 구스 자손을 달랠 것이니 이는 그가 그들에게서 도망하였기 때문이다. 23 그들이 그를 잡아 감옥에 두어 모세가 감옥에서 10년 동안 있었다. 모세가 감옥에 있는 동안 르우엘의 딸 십보라가 그를 불쌍히 여겨 그에게 줄곧 빵과 물을 가져다 주었다.

하나님이 바로를 나병으로 치심

24 온 이스라엘 자손은 아직 이집트 땅에서 온갖 고된 노동으로 이집트 사람들을 섬기고 있었고 그 날들에 이집트 사람들의 손이 계속해서 이스라엘 자손을 괴롭혔다. 25 그 때에 주께서 이집트 왕 바로를 치셔서 그가 그의 발바닥에서 그의 정수리까지 나병이 생겨 괴로워하였다. 그가 이스라엘 자손을 학대하여 그 때에 이 일이 주께로부터 이집트 왕 바로에게 임한 것이다. 26 주께서 그의 백성 이스라엘 자손의 기도를 들으시고 그들의 고된 노동으로 인한 부르짖음이 주께 상달되었다. 27 그러나 바로의 노가 그들에게서 돌이켜지지 않았고 그의 손이 여전히 이스라엘 자손을 향하여 뻗어 있었다. 바로가 주 앞에서 그의 목을 굳게 하였고 그가 이스라엘 자손에게 그의 짐을 늘리고 온갖 고된 노동으로 그들의 삶을 힘들게 하였다.

바로가 이스라엘의 아이들을 죽임

28 주께서 이집트 왕 바로를 질병으로 괴롭게 하시자 그가 그의 현인들과 마술사들에게 자기를 치유해 달라고 했다. 29 그의 현인들과 마술사들이 그에게 말하기를 어린 아이의 피를 상처에 바르면 그가 낫게 될 것이라 하였다. 30 바로가 그들의 말을 들어 그가 그의 신하들을 고센으로 이스라엘 자손에게로 보내어 그들의 어린 아이들을 데려오도록 하였다. 31 바로의 관리들이 가서 이스라엘 자손의 아기들을 그들의 어미의 품에서 억지로 데려와 그들이 바로에게 날마다 그 아기들을 데리고 갔는데 하루에 한 아이씩 데리고 갔다. 의원들은 그들을 죽여 그것을 환부에 발랐다. 그들이 계속 그렇게 행하였다. 32 바로가 죽인 아이들의 수가 375명이었다. 33 그러나 주께서 이집트 왕의 의원들의 말을 듣지 않으셨고 그 질병이 계속해서 크게 늘어갔다. 34 바로가 그 병으로 10년을 고생하였으나 바로가 이스라엘 자손에 대하여 더욱 마음이 완고해졌다.

바로가 병거에 깔림

35 10년이 지나서 주께서 계속해서 바로를 해로운 질병으로 괴롭게 하셨다. 36 주께서 그를 악성 종양과 위염으로 치셨고 그 질병이 심한 종기가 되었다. 37 그 때에 바로의 두 신하들이 이스라엘 자손이 있는 고센 땅에서 와서 바로의 집으로 가서 그에게 말했다. 우리가 이스라엘 자손이 일하는 것이 늦어지고 태만해진 것을 보았습니다. 38 바로가 그의 관리들의 말을 듣자 그가 이스라엘 자손에 대하여 몹시 화를 냈으니 이는 그가 그의 몸의 고통으로 크게 근심하고 있었기 때문이다. 39 그가 대답하여 말했다. 이제 이스라엘 자손이 내가 병들었다는 것을 알고 그들이 돌아서 우리를 비웃는다. 그러므로 이제 나를 위

하여 병거를 갖추어라. 내가 고센에 가서 이스라엘 자손이 나를 조롱하는 그 비웃음을 보리라. 그의 신하들이 그를 위하여 병거를 갖추었다. 40 그들이 그를 들어 말 위에 태웠으니 그가 스스로 말에 탈 수 없었기 때문이다. 41 그가 마병 열 명과 보병 열 명을 데리고 고센으로 이스라엘 자손에게 갔다. 42 그들이 이집트 경계에 이르자 왕의 말이 좁은 곳을 지나는데 그곳은 포도원의 비어 있는 부분으로 높은 곳이었고 양쪽에는 울타리가 쳐 있었으며 맞은편은 낮은 평원이었다. 43 그곳에서 말들이 급히 달려 서로 밀쳤고 다른 말들이 왕의 말을 밀쳤다. 44 왕이 그 말을 타고 있을 때에 그 말이 낮은 평지로 떨어졌다. 그가 떨어지자 병거가 왕의 얼굴 위로 굴렀고 그 말이 왕의 위로 쓰러졌다. 왕의 몸이 매우 아파서 그가 소리를 질렀다. 45 왕의 살이 그에게서 뜯어져 나갔고 그의 뼈는 부러져 그가 말을 탈 수 없었다. 이는 이 일이 주께로부터 온 것으로 주께서 그의 백성 이스라엘 자손의 부르짖음과 그들의 고통을 들으셨기 때문이다. 46 그의 신하들이 한 번에 조금씩 그들의 어깨로 그를 날라서 그들이 그를 이집트로 다시 데리고 갔다. 그와 함께 있던 마병들도 이집트로 돌아갔다. 47 그들이 그를 그의 침상에 눕혔다. 왕이 그의 종말이 와서 죽을 것을 알았다. 그래서 그의 아내 왕비 아바라닛이 와서 왕 앞에서 울었고 왕이 그와 함께 크게 울었다. 48 그 날에 그의 모든 귀족들과 종들이 와서 왕이 고통 속에 있는 것을 보고 그와 함께 크게 울었다.

바로가 아디감을 왕으로 택함

49 왕의 고관들과 그의 모든 모사들이 왕에게 진언하여 그가 그의 아들들 중에 누구든지 하나를 택하여 그로 그 땅에서 그를 대신하여 다스리게 하라 하였다. 50 왕에게는 왕의 후궁의 자녀 외에 그의 아내

왕비인 아바라닛이 그에게 낳은 세 아들과 두 딸이 있었다. 51 그들의 이름은 이러하니 첫째는 오드리고 둘째는 아디감이며 셋째는 모리온이다. 그들의 누이는 언니의 이름은 바시아고 둘째는 아구시다. 52 왕의 장자 오드리는 어리석고 성격이 급하며 말을 빨리 했다. 53 그러나 아디감은 총명하고 지혜로운 사람으로 이집트의 모든 지혜를 알았으나 용모가 볼품 없고 살이 두껍고 키가 매우 작았다. 그의 키는 한 규빗이었다. 54 왕이 그의 아들 아디감이 모든 일에 총명하고 지혜로운 것을 보고 왕이 자기가 죽은 후에 자기를 대신하여 그가 왕이 되어야 한다고 결심했다. 55 왕이 그를 위하여 아비롯의 딸 그두다를 아내로 주었다. 그는 열 살이었고 그 여자가 그에게 네 아들을 낳았다. 56 그 후에 그가 가서 세 아내를 얻어 여덟 아들과 세 딸을 낳았다. 57 왕의 병세가 심하여 그의 살이 마치 태양이 뜨거울 때에 여름에 들에 던져진 시체의 살과 같이 악취가 났다. 58 왕이 자기의 병이 매우 심한 것을 보고 그가 명하여 그의 아들 아디감을 그의 앞으로 데리고 오도록 하였고 그들이 아디감을 그를 대신하여 그 땅 위에 왕으로 삼았다.

바로가 죽음

59 3년이 지나서 왕이 수치와 치욕 가운데 죽었다. 그의 신하들이 그를 옮겨 소안 미스라임에 있는 이집트 왕들의 무덤에 장사하였다. 60 그러나 그들이 다른 왕들과 같이 그를 향으로 처리하지 않았으니 이는 그의 살이 썩었기 때문이다. 그들이 악취로 인하여 그에게 가까이 가서 향으로 처리할 수 없어서 그들이 그를 급히 매장하였다. 61 이 일이 주께로부터 나와 그에게 임하였으니 이는 주께서 그가 그의 날들에 이스라엘에게 행한 악을 갚으셨기 때문이다. 62 그가 두려움과 수치 가운데 죽었고 그의 아들 아디감이 그를 대신하여 다스렸다.

77 하나님의 지팡이

바로 아디감

1 아디감이 이집트를 다스릴 때에 그가 20세였다. 그가 4년 동안 다스렸다. 2 이스라엘이 이집트로 내려간 지 206년에 아디감이 이집트를 다스렸으나 그가 그의 조상들이 계속해서 다스린 것과 같이 이집트를 오래 다스리지 않았다. 3 그의 아버지 메롤이 이집트에서 94년을 다스렸으나 그가 10년 동안 병을 앓다가 죽었으니 이는 그가 주께 악했기 때문이다. 4 온 이집트 사람들이 이집트에서 행하던 그들의 관례를 따라 아디감을 그의 조상들의 이름과 같이 바로라 불렀다. 5 바로의 모든 현인들이 아디감의 이름을 아후스라 불렀으니 이집트 말로 짧음이 아후스이기 때문이다. 6 아디감은 매우 못생겼고 그의 키는 한 규빗 한 뼘이었으며 그는 수염이 길어 그의 발바닥까지 이르렀다. 7 바로가 그의 아버지의 보좌에 앉아 이집트를 다스렸고 그의 지혜로 이집트를 통치하였다. 8 그가 다스릴 때 그가 그의 이전의 모든 왕들과 그의 아버지보다 더 악하였다. 그가 이스라엘 자손의 짐을 더 무겁게 하였다. 9 그가 그의 신하들과 함께 고센으로 이스라엘 자손에게 가서 그가 그들 위에 노역을 더 무겁게 하며 그가 그들에게 말했다. 너희는 너희의 날마다의 일을 다 하고 이 날 이후로는 너희가 내 아버지의 날들에 하던 것과 같이 우리의 일에서 너희 손을 늦추지 말라.

10 그가 이스라엘 자손 가운데 그들 위에 관리들을 두고 그가 그의 종들 가운데 그 관리들 위에 감독들을 두었다. 11 그가 그들이 날마다 만들어야 할 벽돌의 양을 정하고 그가 돌이켜 이집트로 갔다.

이스라엘의 아기들이 벽돌 대신 사용됨

12 그 때에 바로의 감독들이 바로의 명령에 따라 이스라엘 자손의 관리들에게 명하여 말하였다. 13 바로가 이렇게 명하였다. 너희는 날마다 너희의 일을 하고 너희의 일을 완수하되 날마다 벽돌 양을 지키고 어느 것도 부족한 것이 없게 하라. 14 너희가 너희의 매일의 벽돌의 양에서 부족함이 생기면 내가 너희 어린 자식을 그 벽돌 대신에 둘 것이다. 15 그 날들에 이집트의 감독들이 바로가 그들에게 명한 대로 행하였다. 16 이스라엘 자손이 매일의 벽돌 양에서 부족한 것이 생기면 바로의 관리들이 이스라엘 자손의 아내들에게 가서 벽돌 수가 부족한 만큼 이스라엘 자손의 아기들을 빼앗아 왔다. 그들이 그 아기들의 어미의 무릎에서 아기들을 강제로 빼앗아 건물의 벽돌을 놓을 곳에 아기들을 두었다. 17 그 아기들의 부모들이 건물의 벽에서 아기들이 우는 소리를 들으면 그들이 아기들을 향해 울부짖었다. 18 그 관리들이 이스라엘을 이겨 이스라엘 사람들이 그들의 아기들을 건물 안에 넣어야 했다. 그래서 한 사람이 그의 눈이 아기를 향하여 아기 위로 그의 눈물을 흘리며 자기의 아들을 벽 안에 넣고 그 위에 역청을 칠하였다. 19 이집트의 감독들이 여러 날 동안 이스라엘의 아기들에게 그렇게 행하였으나 누구도 이스라엘 자손의 아기들을 불쌍히 여기지 않았다. 20 그 건물에서 죽은 모든 아기들의 수가 270명이었는데 어떤 아기들은 그들의 아버지가 채우지 못한 벽돌 대신에 건축에 사용되었고 어떤 아기들은 그 건물에서 죽은 채로 꺼내어졌다. 21 아디감의 날들에 이

스라엘 자손에게 지워진 노역이 그들이 그의 아버지의 날들에 행하던 것보다 더 고되었다. 22 이스라엘 자손이 그들의 무거운 노동으로 인하여 날마다 한숨을 쉬었으니 이는 그들이 전에 서로에게 말하기를 바로가 죽으면 그의 아들이 일어나 우리의 일을 가볍게 할 것이다 하였기 때문이다. 23 그러나 그들이 이전보다 이후에 일이 더 늘어나 이스라엘 자손이 이것으로 인하여 한숨을 쉬었고 그들의 노동으로 인하여 그들의 부르짖음이 하나님께 상달되었다. 24 그 날들에 하나님께서 이스라엘 자손의 목소리와 그들의 부르짖음을 들으시고 하나님께서 아브라함과 이삭과 야곱과 맺으신 그분의 언약을 그들에게 기억하셨다. 25 하나님께서 그 날들에 이스라엘 자손의 짐과 그들의 무거운 노동을 보시고 그들을 구원하기로 하셨다.

모세가 르우엘의 감옥에서 나옴

26 그 날들에 아므람의 아들 모세는 여전히 미디안 사람 르우엘의 집에 있는 감옥에 갇혀 있었고 르우엘의 딸 십보라는 날마다 은밀히 그에게 먹을 것을 가져다 주었다. 27 모세가 르우엘의 집 감옥에 10년 동안 갇혀 있었다. 28 10년이 지나서 바로가 그의 아버지를 대신하여 이집트를 다스린 첫째 해에 29 십보라가 그의 아버지 르우엘에게 말했다. 아버지가 지금 10년 동안 감옥에 결박해 둔 그 히브리 사람에 대하여 물어보거나 찾는 사람이 아무도 없습니다. 30 그러므로 이제 만일 이것이 당신의 눈에 좋게 보이면 우리가 사람을 보내어 그가 살았는지 죽었는지 보게 하십시오. 그러나 그 여자의 아버지는 그 여자가 그에게 먹을 것을 가져다 준 것을 몰랐다. 31 그 여자의 아버지 르우엘이 그 여자에게 대답하여 말했다. 사람이 10년 동안 먹을 것이 없이 감옥에 갇혔는데 살아 남은 일이 있었느냐? 32 십보라가 그의 아버지

에게 대답하여 말했다. 분명 당신이 히브리 사람들의 하나님은 위대하고 두려운 분이며 그들을 위하여 항상 이적을 베푸신다는 것을 들었을 것입니다. 33 그분은 아브라함을 갈대아 사람들의 우르에서 구하셨고 이삭을 그의 아버지의 칼에서 구하셨으며 야곱을 얍복 강에서 그와 씨름하던 주의 천사에게서 구하신 분입니다. 34 또한 그분이 이 사람을 통해서 많은 일들을 하셨는데 그를 이집트의 강과 바로의 칼과 구스 자손에게서 구하셨으니 그분이 또한 이 사람을 기근에서 구하셔서 그가 살게 하실 수 있습니다. 35 르우엘이 그 일을 좋게 여겨 그가 그의 딸의 말대로 하였다. 그가 감옥에 사람을 보내어 모세가 어떻게 되었는지 알게 하였다. 36 그가 보니 그 사람 모세가 감옥에서 살아 있고 그의 발로 서서 그의 조상들의 하나님께 찬양하고 기도하고 있었다. 37 르우엘이 명하여 모세를 감옥에서 나오게 하였다. 그들이 그의 수염을 깎고 그가 죄수복을 갈아 입고 빵을 먹었다.

모세가 하나님의 지팡이를 얻음

38 그 후에 모세가 그 집의 뒤편에 있는 르우엘의 동산으로 들어가 그곳에서 그가 자기에게 강한 이적들을 행하신 그의 하나님 주께 기도했다. 39 그가 기도할 때 그가 맞은편을 보니 청옥으로 된 지팡이가 땅에 있었는데 그것이 동산 중앙에 있었다. 40 그가 그 지팡이 가까이 가서 그가 보니 만군의 하나님 주의 이름이 그 지팡이에 새겨져 있었다. 41 그가 그 이름을 읽고 그의 손을 뻗어 숲에서 나무를 뽑듯이 그것을 뽑아 그 지팡이가 그의 손에 있었다. 42 이것은 우리 하나님이 천지와 만물과 바다들과 강들과 모든 물고기를 지으신 후에 하나님이 그분의 모든 일들을 행하시던 지팡이다. 43 하나님이 에덴 동산에서 아담을 쫓아내셨을 때에 그가 이 지팡이를 그의 손에 들고 가서 그가 나온

땅을 갈았다. 44 그 지팡이를 노아가 물려 받았고 그것이 셈과 그의 후손들에게 주어졌으며 히브리인 아브라함의 손에까지 이르게 되었다. 45 아브라함이 그의 모든 소유를 그의 아들 이삭에게 줄 때 그가 이 지팡이도 그에게 주었다. 46 야곱이 밧단아람으로 도망할 때 그가 이것을 그의 손에 들고 갔고 그가 그의 아버지에게 돌아올 때 그가 그것을 버려두고 오지 않았다. 47 그가 이집트로 내려갈 때 그가 그것을 그의 손에 들고 가서 요셉에게 그것을 주었는데 그의 형제들보다 한 몫을 더 준 것이었다. 야곱은 그것을 그의 형 에서에게서 억지로 **빼앗았다**. 48 요셉이 죽은 후에 이집트의 귀족들이 요셉의 집에 왔고 그 지팡이는 미디안 사람 르우엘의 손에 들어왔다. 그가 이집트에서 나올 때에 그가 그것을 손에 들고 가서 그것을 자기 동산에 심었다. 49 겐 족속의 모든 힘센 자들이 그의 딸 십보라를 얻으려고 힘쓰며 그것을 **뽑**으려고 하였으나 그들이 성공하지 못했다. 50 그래서 그 지팡이가 그것을 뽑을 권리가 있는 자가 와서 그것을 **뽑**을 때까지 르우엘의 동산에 심겨져 있었다. 51 르우엘이 그 지팡이가 모세의 손에 있는 것을 보고 그가 놀랐다. 그가 그의 딸 십보라를 모세에게 아내로 주었다.

78 모세의 가족

하닷이 에돔을 다스림

1 그 때에 에돔 왕 악볼의 아들 바알하난이 죽어서 에돔 땅 그의 집에 장사되었다. 2 그가 죽은 후에 에서 자손이 에돔 땅에 사람을 보내어 그곳에서 에돔에 있는 한 사람을 데리고 왔는데 그의 이름은 하닷이었다. 그들이 그들의 왕 바알하난을 대신하여 그를 자기들을 다스릴 왕으로 삼았다. 3 하닷이 에돔 자손을 48년 동안 다스렸다. 4 그가 다스릴 때 그가 전과 같이 모압 자손을 에서 자손의 권세 아래에 두려고 그들과 싸우기로 결심했다. 그러나 그가 그렇게 할 수 없었으니 이는 모압 자손이 이 일을 듣고 그들이 일어나 급히 그들의 형제들 가운데 그들을 다스릴 왕을 세웠기 때문이다. 5 그 후에 그들이 많은 사람들을 모으고 그들의 형제 암몬 자손에게 사람을 보내어 에돔 왕 하닷과의 전쟁을 돕도록 하였다. 6 하닷이 모압 자손이 행한 그 일을 듣고 그들을 크게 두려워하여 그들과 싸우는 것을 삼갔다.

모세가 십보라를 아내로 삼음

7 그 때에 아므람의 아들 모세가 미디안에서 미디안 사람 르우엘의 딸 십보라를 아내로 삼았다. 8 십보라가 야곱의 딸들의 길로 걸었고 그 여자가 사라와 리브가와 라헬과 레아의 의로움과 다름이 없었다.

모세의 아들들

9 십보라가 임신하여 아들을 낳자 그가 그의 이름을 게르솜이라 하였으니 이는 그가 말하기를 내가 이방 땅에서 나그네가 되었다 하였기 때문이다. 그러나 그가 그의 장인 르우엘의 명령으로 할례를 하지 않았다. 10 그 여자가 다시 임신하여 아들을 낳고 그 아이가 할례를 받게 하였다. 그의 이름을 엘리에셀이라 하였으니 이는 모세가 말하기를 내 조상들의 하나님이 나의 도움이 되셔서 나를 바로의 칼에서 구원하셨다 하였기 때문이다.

이스라엘 자손에게 벽돌을 만들 짚을 주지 않음

11 그 날들에 이집트 왕 바로가 이스라엘 자손의 노역을 크게 늘리고 계속해서 이스라엘 자손에게 짐을 무겁게 하였다. 12 그가 이집트에 명하여 말했다. 이 백성에게 벽돌을 만드는데 사용할 짚을 더 이상 주지 말고 그들이 가서 스스로 짚을 찾아서 줍게 하라. 13 또 그들이 만들 벽돌의 수효대로 그들이 날마다 만들게 하고 감하지 말라. 그들이 그들의 일을 게을리 하기 때문이다. 14 이스라엘 자손이 이것을 듣고 그들이 슬퍼하며 한숨을 쉬었다. 그들이 그들의 혼의 괴로움으로 인하여 주께 부르짖었다. 15 주께서 이스라엘 자손의 부르짖음과 이집트 사람들이 그들을 압제하는 것을 보셨다. 16 주께서 그분의 백성과 그분의 유업을 사랑하셔서 그들의 목소리를 들으셨다. 주께서 그들을 이집트의 고통에서 건져내어 그들에게 가나안 땅을 유업으로 주기로 하셨다.

79 하나님이 모세를 바로에게 보내심

하나님이 불타는 떨기나무 가운데서 모세를 부르심
1 그 날들에 모세가 신 광야를 지나 그의 장인 미디안 사람 르우엘의 가축에게 풀을 먹이고 있었고 그가 그의 장인에게서 얻은 지팡이가 그의 손에 있었다. 2 어느 날 염소 새끼 하나가 가축 떼에서 벗어나 모세가 그것을 쫓아 하나님의 산 호렙에 이르렀다. 3 그가 호렙에 이르렀을 때에 주께서 그곳에서 떨기나무 가운데 그에게 나타나셨다. 그가 보니 떨기나무가 불이 붙었으나 그 불이 떨기나무를 태울 힘이 없었다. 4 모세가 이 광경을 보고 크게 놀라며 어찌하여 떨기나무가 타지 않을까 하고 그가 이 놀라운 일을 보러 가까이 갔다. 그러자 주께서 불 가운데에서 모세를 불러 이집트로, 이집트 왕 바로에게 가서 이스라엘 자손이 하나님을 섬기도록 보내라고 하도록 명령하셨다. 5 주께서 모세에게 말씀하셨다. 가라. 이집트로 돌아가라. 너의 생명을 찾던 모든 자들이 죽었다. 너는 바로에게 이스라엘 자손을 그들의 땅으로 보내라고 말하라. 6 주께서 이집트에서 바로의 눈과 그의 신하들의 눈 앞에 이적들과 기사들을 행하도록 그에게 보이셨으니 이는 그들이 주께서 그를 보내셨음을 믿게 하려는 것이었다. 7 모세가 주께서 그에게 명령하신 모든 것을 들었다. 그가 그의 장인에게 돌아가 그에게 그 일을 말하자 르우엘이 그에게 평안히 가라 하였다.

주의 천사가 모세를 치려 함

8 모세가 일어나 이집트로 가는데 그가 그의 아내와 아들들을 함께 데리고 갔다. 그가 길에 있는 숙소에 있었는데 주의 천사가 내려와 기회를 봐서 그를 치려 하였다. 9 그가 모세의 장자로 인하여 그를 죽이고자 하였으니 이는 모세가 그 아들에게 할례를 받게 하지 않아서 주께서 아브라함과 맺으신 언약을 어겼기 때문이다. 10 모세가 그의 장인이 그의 장자에게 할례를 하지 말라고 한 말을 들어 그가 그의 장자에게 할례를 행하지 않았다. 11 십보라가 주의 천사가 모세를 치려고 하는 것을 보고 그 여자가 이 일이 그가 자기 아들 게르솜에게 할례를 행하지 않은 것으로 인하여 생긴 것을 알았다. 12 십보라가 급히 그곳에 있던 날카로운 돌을 들고 그 여자가 자기 아들에게 할례를 행하여 주의 천사의 손에서 자기 남편과 자기 아들을 구하였다.

아론이 모세를 만남

13 그 날에 모세의 형, 아므람의 아들 아론이 강 가를 걷고 있었다. 14 주께서 그곳에서 그에게 나타나셔서 말씀하셨다. 이제 광야에 있는 모세에게 가라. 그가 가서 하나님의 산에서 모세를 만나고 그에게 입맞추었다. 15 아론이 그의 눈을 들어 모세의 아내 십보라와 그 여자의 자녀를 보고 그가 모세에게 말했다. 너에게 있는 이들은 누구냐? 16 모세가 그에게 말했다. 그들은 하나님께서 미디안에서 내게 주신 내 아내와 아들들입니다. 아론이 그 여자와 그 여자의 자녀로 인하여 그 일로 근심했다. 17 아론이 모세에게 말했다. 그 여자와 그 여자의 자녀를 보내어 그들이 자기 아버지의 집으로 가게 하라. 모세가 아론의 말을 듣고 그리 행하였다. 18 십보라가 자기 자녀와 함께 돌아가서 그들이 르우엘의 집에 가서 주께서 그분의 백성에게 임하셔서 그들을

이집트에서 바로의 손에서 이끌어 내실 때까지 그곳에 살았다.

모세와 아론이 하나님의 말씀을 바로에게 전함

19 모세와 아론이 이집트의 이스라엘 자손의 회중에게 가서 그들이 주의 모든 말씀을 그들에게 말하자 그 백성이 크게 기뻐하였다. 20 모세와 아론이 다음 날 일찍 일어나 그들이 바로의 집에 갔는데 그들의 손에 하나님의 지팡이를 들고 갔다. 21 그들이 왕의 문에 이르자 두 젊은 사자가 그곳에 쇠사슬로 묶여 있었다. 왕이 오라고 명령하는 자들이 있기 전에는 그 사자들 앞에 아무도 나가거나 들어올 수 없었다. 마술사들이 와서 그들의 주술로 사자들을 나오게 하면 그것으로 사자들을 왕에게 데려갔다. 22 모세가 급히 그 지팡이를 사자들 위로 들어 그가 그들을 풀어주고 모세와 아론이 왕궁으로 들어갔다. 23 사자들도 그들과 함께 기뻐하며 갔는데 그 사자들이 주인이 들에서 돌아올 때 그 주인을 반기는 개처럼 기뻐했다. 24 바로가 이 일을 보고 그가 놀랐다. 그가 그 소식을 듣고 크게 두려워하였으니 이는 그들의 모양이 하나님의 자녀의 모양과 같았기 때문이다. 25 바로가 모세에게 말했다. 네가 요구하는 것이 무엇이냐? 그들이 그에게 대답하여 말했다. 히브리인들의 하나님 주께서 우리를 당신에게 보내셔서 내 백성을 보내어 그들이 나를 섬기게 하라 하셨습니다. 26 바로가 그들의 말을 듣고 그가 그들 앞에서 크게 두려워하여 그가 그들에게 말했다. 오늘 갔다가 내일 나에게 다시 오라. 그들이 왕의 말대로 행하였다.

발람이 모세와 아론을 시험하고자 함

27 그들이 떠나자 바로가 마술사 발람과 그의 아들 얀네와 얌브레와 왕에게 속한 모든 마술사들과 모사들을 불러 그들이 모두 와서 왕

앞에 앉았다. 28 왕이 그들에게 모세와 그의 형 아론이 그에게 한 모든 말을 전하자 마술사들이 왕에게 말했다. 그 사람들이 성문에 묶여 있는 사자들이 있는데 어떻게 왕께 이르렀습니까? 29 왕이 말했다. 그들이 사자들에게 그들의 지팡이를 들어 그들을 풀어주고 그들이 내게 왔고 사자들도 그 주인을 반기는 개와 같이 그들을 기뻐했다. 30 마술사 브올의 아들 발람이 왕에게 대답하여 말했다. 우리와 같은 마술사는 없습니다. 31 그러므로 이제 그들에게 사람을 보내어 그들을 오게 하여 우리가 그들을 시험하게 하십시오. 왕이 그렇게 행하였다. 32 아침에 바로가 모세와 아론에게 사람을 보내어 왕 앞으로 오라 했다. 그들이 하나님의 지팡이를 들고 왕 앞에 이르러 그에게 말했다. 33 히브리인들의 하나님 주께서 이렇게 말씀하셨습니다. 내 백성을 보내어 그들이 나를 섬기게 하라. 34 왕이 그들에게 대답했다. 그런데 너희가 하나님의 사자이며 너희가 그의 명령으로 내게 왔다는 것을 누가 믿겠느냐? 35 그러므로 이제 이 일에 대하여 이적이나 기사를 보이라. 그러면 너희가 한 말을 믿게 될 것이다.

아론의 지팡이가 마술사들의 지팡이를 삼킴

36 아론이 급히 그의 손에 있던 지팡이를 바로와 그의 신하들 앞에 던지자 그 지팡이가 뱀이 되었다. 37 마술사들이 이것을 보고 그들이 각자 자기 지팡이를 땅에 던지자 그것들이 뱀이 되었다. 38 아론의 지팡이의 뱀이 고개를 들고 입을 벌려 그 마술사들의 지팡이를 삼켰다. 39 마술사 발람이 대답하여 말했다. 뱀이 그의 동류를 삼키는 것과 생물이 서로 잡아먹는 것은 옛날부터 있었던 것이다. 40 그러므로 이제 그것을 처음과 같이 지팡이로 돌이키라. 우리도 우리의 지팡이를 처음과 같이 지팡이로 돌이킬 것이다. 만일 너의 지팡이가 우리의 지팡이

를 삼키면 우리가 하나님의 영이 네 안에 있음을 알 것이고 만일 그렇지 않으면 너는 단지 우리와 같은 기술을 가진 자이다. 41 아론이 급히 그의 손을 뻗어 그 뱀의 꼬리를 잡자 그것이 그의 손에서 지팡이가 되었다. 마술사들도 그들의 지팡이에 그와 같이 행하였다. 그들이 각기 자기 뱀의 꼬리를 잡자 그것이 처음과 같이 지팡이가 되었다. 42 그 뱀들이 지팡이가 되었을 때에 아론의 지팡이가 그들의 지팡이를 삼켜버렸다.

바로가 여호와를 믿지 않음

43 왕이 이 일을 보고 그가 명하여 이집트 왕들에 대하여 기록된 책을 가져오게 하여 그들이 기록의 책들, 이집트 왕들의 연대기를 가져왔는데 그 안에는 이집트의 모든 우상이 새겨져 있었다. 그들이 그 안에서 여호와의 이름을 찾으려 하였으나 그들이 찾을 수 없었다. 44 바로가 모세와 아론에게 말하였다. 보라 내가 너희 하나님의 이름을 이 책에서 찾을 수 없고 내가 그 이름을 모른다. 45 모사들과 현인들이 왕에게 대답했다. 우리가 듣기로 히브리인들의 하나님은 지혜로운 자의 아들이며 고대 왕들의 아들이라 들었습니다. 46 바로가 모세와 아론에게 돌이켜 그들에게 말했다. 나는 너희가 선포한 주를 모르고 내가 그의 백성을 보내지도 않을 것이다. 47 그들이 왕에게 대답하여 말했다. 신들의 하나님 주가 그의 이름이며 그분이 우리 조상들의 날로부터 우리에게 그분의 이름을 선포하셨습니다. 그가 우리를 보내며 말씀하시기를 바로에게 가서 그에게 말하기를 내 백성을 보내어 그들이 나를 섬기게 하라 하셨습니다. 48 그러므로 이제 우리를 보내어 우리가 광야로 사흘길을 가서 그곳에서 그분께 제사를 드리게 하십시오. 이는 우리가 이집트로 내려간 날들로부터 주께서 우리 손에서 번

제나 전제나 희생제를 받지 않으셨기 때문입니다. 만일 당신이 우리를 보내지 않으면 그분의 화가 당신에게 미쳐 그분이 이집트를 전염병이나 칼로 치실 것입니다. 49 바로가 그들에게 말했다. 이제 내게 그의 힘과 능력에 대하여 말하라. 그들이 그에게 대답했다. 그가 하늘과 땅과 바다와 물고기를 창조하시고 그가 빛을 지으시고 어둠을 창조하셨으며 땅에 비를 내려 물을 주시고 채소와 풀이 자라게 하시며 그가 사람과 짐승과 숲의 동물과 공중의 새와 바다의 물고기를 지으셨고 그의 입에 의하여 그들이 살고 죽습니다. 50 주께서 당신을 당신의 어머니의 자궁에서 지으시고 당신 안에 생명의 숨을 넣으셨으며 당신을 기르시고 당신을 이집트의 보좌에 앉히셨습니다. 주께서 당신에게서 당신의 숨과 생명을 거두시고 당신이 난 흙으로 돌아가게 하실 것입니다. 51 왕이 그들의 말을 듣고 화를 내며 그들에게 말했다. 열방의 모든 신들 가운데 누가 이런 일을 할 수 있느냐? 나의 강이 내 것이고 내가 그것을 내 힘으로 만들었다. 52 그가 그의 앞에서 그들을 쫓아내고 그가 어제와 그 전보다 이스라엘에게 더 심한 노역을 지우도록 명령했다. 53 모세와 아론이 왕 앞에서 나갔다. 그들이 이스라엘 자손이 더 고된 상황에 있는 것을 보았으니 감독들이 그들의 노역을 매우 무겁게 했기 때문이다.

하나님이 이스라엘 백성의 구원을 약속하심

54 모세가 주께 돌아가 말했다. 주께서 왜 주의 백성을 어렵게 하십니까? 주께서 나를 바로에게 보내어 말하라고 한 것을 내가 가서 바로에게 말한 것으로 인하여 그가 이스라엘 자손을 심하게 부리고 있습니다. 55 주께서 모세에게 말씀하셨다. 보라 네가 편 손과 무거운 재앙으로 바로가 그의 손에서 이스라엘 백성을 보내는 것을 보게 될 것이

다. 56 모세와 아론이 이집트에서 그들의 형제 이스라엘 자손 가운데 거했다. 57 이집트 사람들이 이스라엘 자손에게 무거운 노역을 하게 하여 그들의 삶을 괴롭게 하였다.

80 이집트에 내린 재앙

피 재앙

1 2년이 지나서 주께서 다시 모세를 바로에게 보내어 이스라엘 백성을 이집트 땅에서 내보내도록 하셨다. 2 모세가 가서 바로의 궁에 이르렀다. 그가 자기를 보낸 주의 말씀을 그에게 전했으나 바로가 주의 목소리를 듣지 않았다. 하나님이 이집트에서 바로와 그의 신하들 위에 권능을 행하셔서 바로와 그의 백성을 매우 크고 심한 재앙으로 치셨다. 3 주께서 아론의 손으로 이집트의 모든 물들과 하천과 강들이 피로 변하게 하셨다. 4 이집트 사람들이 물을 마시고 기르기 위하여 와서 그들이 물동이 안을 보니 모든 물이 피로 변하였다. 그들이 잔으로 물을 마시려고 하자 잔의 물이 피가 되었다. 5 여인이 밀가루로 반죽을 하고 양식을 만들려고 하자 그 모양이 피로 만든 것의 모양으로 변하였다.

개구리 재앙

6 주께서 다시 그들을 보내셔서 그들의 모든 물들에서 개구리들이 나오게 하셔서 모든 개구리들이 이집트 사람들의 집으로 들어갔다. 7 이집트 사람들이 물을 마시자 그들의 배가 개구리로 가득했고 그 개구리들이 강에서 뛰어 다니듯이 그들의 배 안에서 뛰어 다녔다. 8 그

들이 마시는 모든 물과 요리하는 모든 물이 개구리로 변하였고 그들이 그들의 침상에 누웠을 때 그들의 땀에서도 개구리들이 나왔다. 9 이 모든 일에도 불구하고 주님이 그들에게서 화를 돌이키지 않으셨고 주의 손이 온 이집트 사람들을 향하여 뻗어 있어 그들을 모든 무거운 재앙으로 치셨다.

이 재앙

10 주께서 보내셔서 그들의 티끌이 이가 되게 하시고 그 이가 이집트에서 땅 위에 두 규빗 높이가 되게 하셨다. 11 그 이가 매우 많아 사람과 가축의 몸에 있었는데 이집트의 모든 주민과 왕과 왕비에게도 주께서 이를 보내셨다. 이집트가 이로 인하여 크게 근심하였다. 12 이 재앙에도 불구하고 주의 화가 돌이켜지지 않았고 그분의 손이 여전히 이집트 위로 뻗어 있었다.

짐승 떼 재앙

13 주께서 들의 모든 종류의 짐승을 이집트로 보내셔서 그들이 와서 온 이집트, 사람과 가축과 나무와 이집트 안에 있는 모든 것을 멸하였다. 14 주께서 불뱀과 전갈과 쥐와 족제비와 두꺼비를 땅에 기는 다른 것들과 함께 보내셨는데 15 파리와 말벌과 이와 벌레와 모기가 각각 종류대로 떼를 지어 날아왔고 16 모든 파충류와 날개 있는 동물들이 그 종류대로 이집트로 왔다. 그것들이 이집트 사람들을 크게 근심하게 하였다. 17 이와 파리가 이집트 사람들의 눈과 귀로 들어갔다. 18 말벌이 그들 위로 와서 그들을 쫓아냈고 그들이 그것을 피해 그들의 안방으로 들어가면 말벌이 그들을 쫓아왔다. 19 이집트 사람들이 짐승의 떼로 인하여 숨고 문을 잠그자 하나님이 바다에 있는 슬라늣

에게 명하여 올라와 이집트로 들어가게 하셨다. 20 그것은 긴 팔이 있었는데 그 길이가 사람의 규빗으로 10규빗이었다. 21 그것이 지붕 위로 올라가 서까래와 천장을 뜯어 그것을 잘라내고 집 안으로 손을 뻗어 자물쇠와 문빗장을 거두어 이집트 집들의 문을 열었다. 22 그 후에 짐승 떼가 이집트의 집들로 들어가 그 짐승 떼가 이집트 사람들을 죽였다. 그들이 그 일로 크게 근심하였다. 23 이 재앙에도 불구하고 주의 화가 이집트 사람들로부터 돌이켜지지 않았고 그분의 팔이 여전히 그들을 향하여 뻗어 있었다.

전염병 재앙

24 하나님이 전염병을 보내셔서 이집트에 전염병이 창궐하였는데 말과 나귀와 낙타와 소 떼와 양 떼와 사람에게 일어났다. 25 이집트 사람들이 그들의 가축에게 풀을 먹이려고 아침 일찍 일어나 보니 그들의 모든 가축이 죽었다. 26 이집트 사람들의 가축 가운데 열 마리 중 한 마리만 남았고 고센에 이스라엘에게 속한 가축 중에서는 한 마리도 죽지 않았다. 27 하나님께서 이집트 사람들의 몸에 그들의 피부를 터지게 하는 악성 종기를 보내셔서 온 이집트 사람들이 그들의 발바닥부터 정수리까지 심한 가려움증이 생겼다. 28 그들의 몸에 많은 종기가 있어 그 몸이 썩고 악취가 날 때까지 쇠약해졌다. 29 이 재앙에도 불구하고 주의 화가 돌이켜지지 않았고 그분의 손이 여전히 온 이집트 위에 뻗어 있었다.

우박과 불 재앙

30 주께서 매우 무거운 우박을 보내셔서 그것이 이집트 사람들의 포도나무를 치고 그들의 과일나무를 부수고 그것을 말려 그것이 그들

위에 떨어지게 하였다. 31 모든 푸른 채소도 마르고 죽게 되었으니 이는 우박 가운데 섞인 불이 내려왔기 때문이다. 우박과 불이 모든 것을 파괴하였다. 32 불과 우박으로 죽은 사람들과 짐승들이 곳곳에서 발견되었고 모든 어린 사자들은 진이 빠졌다.

메뚜기 재앙

33 주께서 수많은 메뚜기들을 보내어 이집트에 들어가게 하셨는데 가셀과 살롬과 갈골과 가골레와 메뚜기들을 그 종류대로 보내셔서 그 것들이 우박이 남긴 모든 것을 먹어치웠다. 34 그러자 이집트 사람들이 메뚜기들을 보고 기뻐하였다. 그것들이 밭의 산물을 모두 먹어치웠지만 그들이 메뚜기들을 많이 잡아 그것들을 먹으려고 소금을 쳤다. 35 주께서 바다의 강한 바람을 일으켜 모든 메뚜기들, 소금을 친 것들까지 가져가 홍해에 몰아넣으셨다. 이집트 경계 안에 메뚜기가 한 마리도 남지 않았다.

흑암의 재앙

36 하나님께서 이집트 위에 흑암을 보내셔서 이집트와 바드로스 온 땅에 3일 동안 흑암이 있어 사람이 그의 손을 들어 그의 입으로 가져가도 그것을 볼 수 없었다. 37 그 때에 이스라엘 백성 중에서 많은 사람들이 죽었는데 그들은 주를 배반한 자들과 모세와 아론의 말을 듣지 않은 자들과 하나님께서 그들을 보내신 것을 믿지 않은 자들과 38 우리가 이집트에서 나가지 않을 것이니 우리가 황량한 광야에서 굶주려 죽지 않을 것이라 말한 자들과 모세의 말을 듣지 않은 자들이었다. 39 주께서 흑암이 있는 3일 동안 그들에게 재앙을 내리셔서 그 날들에 이스라엘 사람들이 그들을 장사했으나 이집트 사람들은 그들

을 알지도 못했고 그것으로 기뻐하지도 않았다. 40 이집트에서 3일 동안 그 흑암이 매우 심하여 그 흑암이 왔을 때 누구든지 서 있던 자는 그 자리에 서 있었고 앉아 있던 자는 계속 앉아 있었으며 누워 있던 자는 같은 상태로 계속 누워 있었고 걷고 있던 자는 같은 장소에서 땅 위에 앉아 있었다. 그 어둠이 물러가기까지 이 일이 온 이집트 사람들에게 일어났다.

유월절

41 그 흑암의 날들이 지나자 주께서 모세와 아론을 이스라엘 자손에게 보내어 말씀하셨다. 너희 절기를 기념하고 너희의 유월절 어린 양을 잡으라. 보라 이는 내가 밤중에 온 이집트 사람들 가운데 들어가서 내가 그들의 처음 난 것을 사람의 장자로부터 짐승의 첫 새끼에 이르기까지 모두 칠 것이기 때문이다. 내가 너희의 유월절 어린 양을 보면 내가 너희를 지나가리라. 42 이스라엘 자손이 주께서 모세와 아론에게 명하신 모든 명령을 따라 그들이 그 밤에 그렇게 행하였다.

초태생의 죽음

43 그 밤중에 주께서 이집트 가운데로 나아가 이집트 사람들의 처음 난 것을 사람의 장자로부터 짐승의 첫 새끼에 이르기까지 모두 치셨다. 44 밤에 바로와 그의 모든 신하와 온 이집트 사람들이 일어났고 이집트 전역에 큰 부르짖음이 있었으니 이는 죽은 자가 없는 집이 하나도 없었기 때문이다. 45 또 그들의 집의 벽에 새겨져 있던 이집트의 장자들의 형상이 부서져 땅에 떨어졌다. 46 이 일이 있기 전에 죽어 그들이 그들의 집에 장사한 그들의 장자들의 뼈도 그 밤에 이집트의 개들이 그것을 긁어 모아 이집트 사람들 앞으로 끌고 와서 그들 앞에 던

져졌다. 47 온 이집트 사람들이 그들에게 갑자기 임한 화를 보고 온 이집트 사람들이 큰 소리로 울부짖었다. 48 이집트의 모든 가족이 그 밤에 통곡하였는데 각 사람이 맏이인 자기의 아들과 자기의 딸을 위하여 애곡하였다. 그 밤에 이집트의 소란한 소리가 먼 곳까지 들렸다.

바로의 딸 바시아가 모세를 찾아옴

49 그 밤에 바로의 딸 바시아가 왕과 함께 모세와 아론을 찾으려고 그들의 집으로 나아갔다. 바시아와 왕이 그들이 그들의 집 안에서 온 이스라엘과 함께 먹고 마시고 즐거워하는 것을 발견했다. 50 바시아가 모세에게 말했다. 이것이 내가 너를 기르고 너에게 선을 행한 것에 대한 보답이냐? 그리하여 네가 이 화를 나와 나의 아버지의 집에 임하게 하느냐? 51 모세가 그 여자에게 말했다. 분명 주께서 열 가지 재앙을 이집트 위에 내리셨습니다. 그중에서 어느 것 하나라도 당신에게 내린 것이 있습니까? 그 여자가 없다고 하였다. 52 모세가 그 여자에게 말했다. 당신이 당신의 어머니의 맏이지만 당신은 죽지 않을 것이고 이집트 가운데 어떤 화도 당신에게 미치지 않을 것입니다. 53 그 여자가 말했다. 내가 왕과 나의 형제와 온 가족과 신하들에게 이 화가 임하여 그들의 맏이가 이집트의 모든 처음 난 것과 함께 죽은 것을 보는데 그것이 내게 무슨 소용이 있느냐? 54 모세가 그 여자에게 말했다. 당신의 형제와 그의 가족과 신하들과 이집트의 가족들이 주의 말씀을 듣지 않으려 하여 이 화가 그들에게 임한 것입니다.

바로가 이스라엘 자손을 내보냄

55 이집트 왕 바로가 모세와 아론과 그곳에 그들과 함께 있던 이스라엘 자손 중 얼마에게 가까이 가서 그들에게 간청하며 말했다. 56 일

어나 너의 형제들, 이 땅에 있는 온 이스라엘 자손을 그들의 양과 소와 그들의 모든 소유와 함께 데리고 가고 그들이 아무것도 남기지 않게 하고 다만 나를 위하여 너희 하나님 주께 기도하라. 57 모세가 바로에게 말했다. 보십시오. 당신이 당신의 어머니의 장자이지만 두려워 마십시오. 당신은 죽지 않을 것이니 주께서 명하셔서 당신이 살게 하여 당신에게 그분의 큰 힘과 능력과 강한 편 팔을 보이려 하시기 때문입니다. 58 바로가 이스라엘 자손을 보내라고 명하였다. 온 이집트 사람들이 그들을 보내려고 힘을 내었으니 이는 그들이 말하기를 우리가 모두 죽어가고 있다 하였기 때문이다. 59 주께서 우리 조상 아브라함과 맹세하신 대로 온 이집트 사람들이 많은 재물과 양들과 소들과 보물들을 주고 이스라엘 사람들을 보냈다. 60 이스라엘 자손이 밤에 떠나기를 지체하였다. 이집트 사람들이 그들을 내보내려고 그들에게 오자 이스라엘 자손이 그들에게 말하였다. 우리가 밤에 떠나야 하다니 우리가 도둑이냐? 61 이스라엘 자손이 이집트 사람들에게 은 그릇과 금 그릇과 의복을 구하였고 이스라엘 자손이 이집트 사람들의 옷을 벗겼다. 62 모세가 급히 일어나 이집트의 강으로 가서 그곳에서 요셉의 관을 가져와 그것을 들고 갔다. 63 이스라엘 자손도 각기 자기 아버지의 관을 메고 각 사람이 자기 지파의 관을 메고 갔다.

81 이스라엘 자손이 이집트를 떠남

이스라엘 자손이 이집트를 떠남

1 이스라엘 자손이 라암셋을 떠나 숙곳에 이르니 유아와 그들의 아내 외에 보행하는 장정이 육십만 명 가량이었다. 2 수많은 잡족과 양과 소와 심히 많은 가축이 그들과 함께 올라왔다. 3 이스라엘 자손이 이집트에서 거주하고 고된 노동을 하며 거류한 기간이 210년이었다. 4 210년이 지나서 주께서 강한 손으로 이스라엘 자손을 이집트에서 인도해 내셨다. 5 이스라엘 자손이 이집트에서 고센에서 라암셋에서 떠나 첫째 달 15일에 숙곳에 진을 쳤다. 6 이집트 사람들이 주께서 친 그들의 모든 처음 난 것들을 장사 지냈는데 온 이집트 사람들이 그들의 죽은 자들을 3일 동안 장사 지냈다. 7 이스라엘 자손이 숙곳에서 떠나 광야 끝 에돔에 진을 쳤다.

이집트 사람들이 이스라엘 자손을 보낸 것을 후회함

8 이집트 사람들이 그들의 처음 난 것들을 장사 지낸 후 셋째 날에 이집트에서 많은 사람들이 일어나 그들이 이스라엘을 이집트로 데려오려고 그들을 추격하였으니 이는 그들이 이스라엘이 그들을 섬기는 일에서 놓아 보낸 것을 후회했기 때문이다. 9 한 사람이 그의 이웃에게 말했다. 분명 모세와 아론이 바로에게 말하기를 우리가 광야로 사

흘 길을 가서 우리 하나님 주께 제사를 드릴 것이라 하였다. 10 이제 우리가 아침 일찍 일어나 그들이 돌아오게 하자. 만일 그들이 우리와 함께 이집트로 그들의 주인에게로 돌아오면 그들에게 신실함이 있는 줄 우리가 알 것이다. 그러나 만일 그들이 돌아오지 않으면 우리가 그들과 싸워 우리가 큰 힘과 강한 손으로 그들을 돌아오게 할 것이다.

이집트 사람들이 이스라엘 자손을 쫓아옴

11 바로의 모든 귀족들이 아침 일찍 일어나 그 날에 그들이 약 칠십만 명의 사람들과 함께 이집트에서 나아가 이스라엘 자손이 있는 곳에 이르렀다. 12 온 이집트 사람들이 보니 보라 모세와 아론과 온 이스라엘 자손이 비하히롯 앞에 앉아 먹고 마시며 주의 절기를 기념하고 있었다. 13 온 이집트 사람들이 이스라엘 자손에게 말하였다. 분명 너희가 말하기를 우리가 광야로 사흘 길을 가서 우리의 하나님께 제사를 지내고 돌아오리라 하였다. 14 이제 이 날이 너희가 간지 닷새가 되었는데 너희가 어찌하여 너희 주인들에게 돌아오지 않느냐? 15 모세와 아론이 그들에게 대답하여 말했다. 우리 하나님 주께서 우리에게 증거하시며 말씀하시기를 너희는 더 이상 이집트로 돌아가지 말라 하였다. 우리가 우리 하나님 주께서 우리의 조상들에게 맹세하여 우리에게 주겠다고 하신 젖과 꿀이 흐르는 땅으로 갈 것이다. 16 이집트의 귀족들이 이스라엘 자손이 그들의 말을 듣지 않는 것을 보자 그들이 이집트로 돌아가 이스라엘과 싸우기 위하여 무기를 갖췄다. 17 주께서 이집트 사람들에 대하여 이스라엘 자손의 마음을 강하게 하셔서 그들이 이집트 사람들을 크게 쳤다. 전세가 이집트 사람들에게 불리하여 온 이집트 사람들이 이스라엘 자손 앞에서 도망하였으니 이는 그들 중 많은 사람들이 이스라엘의 손에 죽었기 때문이다. 18 바로의 귀족들이 이집

트로 가서 바로에게 말하였다. 이스라엘 자손이 도망하고 더 이상 이집트로 돌아오지 않으려고 합니다. 모세와 아론이 우리에게 이러이러하게 말했습니다. 19 바로가 이 일을 듣고 그의 마음과 그의 모든 신하들의 마음이 이스라엘에게서 돌아섰고 그들이 이스라엘을 보낸 것을 후회하였다. 온 이집트 사람들이 바로에게 이스라엘 자손을 쫓아 그들이 그들의 노역으로 돌아오게 하자고 하였다. 20 그들 각 사람이 자기 형제에게 말하였다. 우리가 이스라엘을 우리를 섬기는 일에서 보내다니 우리가 한 이 일이 무엇이냐? 21 주께서 온 이집트 사람들의 마음을 굳게 하여 그들이 이스라엘 사람들을 쫓게 하였으니 이는 주께서 이집트 사람들을 홍해 가운데 엎으려 하셨기 때문이다. 22 바로가 일어나 그의 병거를 갖추고 그가 온 이집트 사람들이 모이도록 명하여 아이들과 여자들 외에 한 사람도 남은 자가 없었다. 23 온 이집트 사람들이 바로와 함께 나아가 이스라엘 자손을 추격하였는데 이집트의 진영이 약 백만 명으로 매우 크고 무거운 진영이었다. 24 이 진영 전체가 가서 이스라엘 자손을 이집트로 데려오려고 그들을 쫓아 그들이 홍해 곁에 진치고 있는 그들에게 이르렀다.

이스라엘 자손이 이집트 사람들을 두려워함

25 이스라엘 자손이 그들의 눈을 들어 온 이집트 사람들이 그들을 쫓고 있는 것을 보았다. 이스라엘 자손이 그들을 크게 두려워하여 그들이 주께 부르짖었다. 26 이집트 사람들로 인하여 이스라엘 자손이 네 무리로 나뉘었다. 그들이 이집트 사람들을 두려워하여 그들이 그들의 생각에 따라 나뉘어졌다. 모세가 그들에게 각각 말했다. 27 첫째 무리는 르우벤과 시므온과 잇사갈 자손이었다. 그들이 이집트 사람들을 몹시 두려워하여 그들이 바다에 뛰어들기로 하였다. 28 모세가 그들

에게 말했다. 너희는 두려워하지 말고 가만히 서서 주께서 이 날 너희를 위하여 행하시는 구원을 보라. 29 둘째 무리는 스불론과 베냐민과 납달리 자손이었다. 그들은 이집트 사람들과 함께 이집트로 돌아가기로 결심했다. 30 모세가 그들에게 말했다. 두려워 말라. 너희가 이 날 본 이집트 사람들을 영원히 다시 보지 아니하리라. 31 셋째 무리는 유다와 요셉 자손이었다. 그들이 이집트 사람들에게 가서 그들과 싸우기로 결심했다. 32 모세가 그들에게 말했다. 주께서 너희를 위하여 싸우시리니 너희는 너희가 있는 곳에 서서 잠잠하라. 33 넷째 무리는 레위와 갓과 아셀 자손이었다. 그들이 이집트 사람들 가운데로 가서 그들을 혼란스럽게 하려 하였다. 모세가 그들에게 말했다. 너희가 있는 곳에 가만히 있고 두려워하지 말라. 오직 주께 부르짖어 주께서 그들의 손에서 너희를 구원하게 하라.

홍해의 기적

34 이 일 후에 모세가 백성들 가운데서 일어나 그가 주께 기도하여 말했다. 35 온 세상의 하나님 주여 당신의 백성을 당신이 이집트에서 데리고 온 자들에게서 구하시고 이집트 사람들이 힘과 권능이 그들의 것이라 자랑하지 못하게 하소서. 36 주께서 모세에게 말씀하셨다. 너는 어찌하여 내게 부르짖느냐? 이스라엘 자손에게 말하여 앞으로 나아가게 하고 너는 너의 지팡이를 바다 위로 내밀어 그것이 나누이게 하라. 이스라엘 자손이 그것을 지나가리라. 37 모세가 그리 행하여 그가 그의 지팡이를 바다 위로 들고 그것을 나누었다. 38 바다의 물들이 열둘로 나누어졌고 이스라엘 자손이 신을 신고 걸어서 그곳을 지나갔는데 사람이 잘 닦인 길을 지나가듯 하였다. 39 주께서 이집트와 그 바다에서 모세와 아론의 손으로 이스라엘 자손에게 그의 기적을 베

푸셨다. 40 이스라엘 자손이 바다에 들어가자 이집트 사람들이 그들을 쫓아왔으나 바다의 물들이 그들 위로 다시 흘러 그들이 모두 물 속에 잠겼고 바로 외에 한 사람도 남지 않았다. 바로가 주께 감사를 드리고 그분을 믿었기 때문에 주께서 그 때에 바로가 이집트 사람들과 함께 죽지 않게 하셨다. 41 주께서 천사에게 명하여 그를 이집트 사람들 가운데서 데리고 가서 그를 니느웨 땅에 두시니 그가 그곳에서 오랫동안 다스렸다. 42 그 날에 주께서 이스라엘을 이집트의 손에서 구하셨고 온 이스라엘 자손이 이집트 사람들이 죽은 것을 보았다. 그들이 이집트와 그 바다에서 행하신 주의 큰 손을 보았다. 43 주께서 이스라엘 자손 앞에서 이집트 사람들을 쓰러지게 하신 그 날에 모세와 이스라엘 자손이 주께 이 노래를 불렀다. 44 온 이스라엘이 일제히 노래하여 말했다. 내가 주를 노래하리니 그는 매우 존귀하시며 말과 그 탄 자를 바다에 던지셨음이로다. 보라 이것이 하나님의 율법책에 기록되었다.

하나님이 이스라엘 자손에게 만나를 주심

45 이 일 후에 이스라엘 자손이 그들의 길을 계속해서 나아가 마라에 진을 쳤다. 주께서 그곳 마라에서 이스라엘 자손에게 법도와 율례를 주시고 주께서 이스라엘 자손에게 명하셔서 그분의 모든 길들로 걷고 그분을 섬기라 하셨다. 46 그들이 마라에서 떠나 엘림에 이르렀는데 엘림에 물 샘 열둘과 종려나무 일흔 그루가 있었다. 그 백성이 그 물들 곁에 장막을 쳤다. 47 그들이 엘림을 떠나 신 광야에 이르니 그들이 이집트에서 떠난 지 둘째 달 15일이었다. 48 그 때에 주께서 이스라엘 자손이 먹을 만나를 주시고 주께서 이스라엘 자손을 위하여 날마다 하늘에서 양식이 내리게 하셨다. 49 이스라엘 자손이 40년 동안 만나를 먹었는데 그들이 소유할 가나안 땅에 이르기까지 광야에 있는 모

든 날들 동안 그리했다. 50 그들이 신 광야에서 떠나 알루스에 진을 쳤다. 51 그들이 알루스에서 떠나 르비딤에 진을 쳤다.

아말렉과의 전쟁

52 이스라엘 자손이 르비딤에 있을 때에 스보의 형제, 에서의 손자 엘리바스의 아들 아말렉이 이스라엘과 싸우기 위하여 왔다. 53 그가 천팔백 명의 사람들과 마술사들과 마법사들을 데리고 와서 르비딤에서 이스라엘과의 전쟁을 준비하였다. 54 그들이 이스라엘에 대하여 크고 격렬한 전쟁을 벌였으나 주께서 아말렉과 그의 백성을 모세와 이스라엘 자손의 손과 모세의 종 에브랏 사람 눈의 아들 여호수아의 손에 넘기셨다. 55 이스라엘 자손이 아말렉과 그의 백성을 칼날로 쳤으나 전세가 이스라엘 자손에게 좋지 않았다. 56 주께서 모세에게 말씀하셨다. 너희를 위하여 이 일을 기억하기 위하여 책에 기록하고 그것을 너의 종 눈의 아들 여호수아의 손에 맡겨라. 너는 이스라엘 자손에게 명하여 말하기를 너희가 가나안 땅에 이르거든 너희는 하늘 아래에서 아말렉에 대한 기억을 완전히 없애라 하라. 57 모세가 그리 행하여 그가 책을 가져와 이 말들을 그 위에 기록하며 말했다. 58 너희가 이집트에서 나왔을 때에 길에서 아말렉이 너희에게 행한 일을 기억하라. 59 그들이 너희를 길에서 만나 너희의 뒤를 치고 너희가 약하고 피곤할 때에 너희 뒤에 떨어진 약한 자들을 쳤다. 60 그러므로 너희 하나님 주께서 너희에게 기업으로 주어 차지하게 하시는 땅에서 너희 하나님 주께서 그 땅에 사방에 있는 모든 적군에게서 너희에게 안식을 주실 때에 너희는 하늘 아래에서 아말렉에 대한 기억을 지워버리라. 너희는 그것을 잊지 말지니라. 61 아말렉이나 그의 기억이나 그의 씨를 불쌍히 여기는 왕에게는 내가 그에게 그것을 요구할 것이며 내가 그를 그의 백

성 중에서 끊어버리라. 62 모세가 이 모든 일들을 책에 기록하고 그가 이스라엘 자손에게 이 모든 일들에 대한 것을 명령하였다.

82 시내 산에서 율법을 받음

르우엘이 모세를 만나러 옴

1 이스라엘 자손이 르비딤을 떠나 그들이 시내 광야에 진을 쳤는데 그 때가 그들이 이집트에서 나온 지 삼 개월이 되던 때였다. 2 그 때에 모세의 장인 미디안 사람 르우엘이 그의 딸 십보라와 그 여자의 두 아들과 함께 왔으니 이는 그가 주께서 이스라엘 자손에게 행하신 이적들 곧 이스라엘 자손을 이집트의 손에서 구하신 일을 들었기 때문이다. 3 르우엘이 모세가 하나님의 산에 진 친 광야로 왔다. 4 모세가 나가서 그의 장인을 크게 존귀히 여기며 만났고 온 이스라엘이 그와 함께 있었다. 5 르우엘과 그의 자녀가 이스라엘 사람들 가운데 여러 날 동안 머물렀고 그 날 이후로 르우엘이 주를 알았다.

모세가 시내 산에서 십계명 돌판을 받음

6 이스라엘 자손이 이집트를 떠난 지 삼 개월에, 그 여섯째 날에 주께서 시내산에서 이스라엘에게 십계명을 주셨다. 7 온 이스라엘이 모든 계명들을 듣고 그 날에 온 이스라엘이 주 안에서 크게 기뻐하였다. 8 주의 영광이 시내 산 위에 머물렀고 주께서 모세를 부르셔서 모세가 구름 가운데에 이르러 산을 올랐다. 9 모세가 산 위에서 사십 주야를 있었다. 그가 빵과 물을 마시지 않았고 주께서 그에게 이스라엘 자손

에게 가르칠 율례와 법도를 가르치셨다. 10 주께서 이스라엘 자손에게 명하신 십계명을 두 돌판 위에 기록하시고 그것을 모세에게 주셔서 이스라엘 자손에게 명하도록 하셨다. 11 사십 주야가 지나 주께서 시내산에서 모세에게 말씀하기를 마치시고 주께서 하나님의 손으로 쓴 돌판을 모세에게 주셨다.

금 송아지 숭배

12 이스라엘 자손이 모세가 산에서 내려옴이 더딤을 보고 그들이 아론 주변에 모여 말했다. 이 사람 모세가 어찌 되었는지 우리가 알지 못한다. 13 그러므로 이제 일어나 우리에게 우리 앞에서 갈 신을 만들라. 그러면 네가 죽지 않으리라. 14 아론이 백성들을 크게 두려워하여 그가 그들에게 명하여 그에게 금을 가져오게 하고 그가 백성을 위하여 그것을 부어 송아지를 만들었다. 15 모세가 산에서 내려오기 전에 주께서 그에게 말씀하셨다. 너는 내려가라. 네가 이집트에서 인도하여 낸 네 백성이 부패하였다. 16 그들이 자기를 위하여 송아지를 부어 만들고 그것에게 절하며 나를 떠났다. 내가 그들을 땅에서 진멸할 것이니 그들은 목이 곧은 백성이다. 17 모세가 하나님의 얼굴을 구하고 그 백성이 송아지를 만든 것으로 인하여 그가 주께 기도하였다. 그 후에 그가 산에서 내려왔는데 그의 손에는 하나님께서 이스라엘 사람들에게 명하라고 주신 두 돌판이 있었다. 18 모세가 진영에 가까이 이르러 백성이 만든 송아지를 보고 크게 노하여 그가 산 아래에서 돌판을 깨뜨렸다. 19 모세가 진영으로 와서 그가 송아지를 가져다가 불사르고 그것이 고운 가루가 될 때까지 갈고 물에 뿌려 이스라엘 자손에게 주어 마시게 하였다. 20 백성 중에서 송아지를 만든 자들 약 삼천 명이 서로의 칼에 의하여 죽었다.

두 번째 십계명 돌판

21 다음 날에 모세가 백성에게 말하였다. 혹시 내가 너희가 주께 지은 너희의 죄들을 속죄할 수 있을까 하여 주께로 올라간다. 22 모세가 다시 주께로 올라가 그가 주와 함께 사십 주야 동안 있었다. 23 그 40일 동안에 모세가 이스라엘 자손을 위하여 주께 간구하였고 주께서 모세의 기도를 들으시고 그가 이스라엘을 위하여 드리는 간구를 들으셨다. 24 주께서 모세에게 말씀하셔서 그가 두 돌판을 다듬어 그것을 주께로 가지고 올라와 그 위에 십계명을 기록하게 하라고 하셨다. 25 모세가 그리 행하여 그가 내려가서 두 돌판을 다듬고 시내산으로 주께로 올라가니 주께서 십계명을 그 판들에 기록하셨다. 26 모세가 여전히 주와 함께 사십 주야를 있었고 주께서 그에게 이스라엘 백성에게 전할 율례와 법도를 가르치셨다. 27 주께서 그에게 이스라엘 자손에 대하여 명령하여 그들이 주의 이름이 그 안에 거할 주를 위한 성소를 짓게 하셨다. 주께서 그에게 성소의 모양과 그것의 모든 기구의 모양을 보여주셨다. 28 40일이 지나서 모세가 산에서 내려왔는데 두 돌판이 그의 손에 있었다. 29 모세가 이스라엘 자손에게 와서 주의 모든 말씀을 그들에게 말했다. 그가 주께서 그에게 가르치신 율법과 율례와 법도를 그들에게 가르쳤다.

성막을 지음

30 모세가 이스라엘 자손에게 주의 말씀을 전하였는데 주께서 이스라엘 자손 가운데 거하시도록 주를 위하여 성소를 지으라고 하셨다. 31 백성들이 주께서 모세를 통하여 그들에게 말씀하신 모든 선한 일들을 크게 기뻐하였다. 그들이 말하기를 주께서 우리에게 말씀하신 모든 것을 우리가 행하겠습니다 하였다. 32 백성이 한 사람과 같이 일어

나 그들이 주의 성소에 많은 예물을 드렸다. 각 사람이 성소를 만드는 일과 그것을 섬기는 모든 일을 위하여 주의 예물을 드렸다. 33 온 이스라엘 자손 각 사람이 주의 성소를 만드는 일을 위하여 자기 소유 중에서 발견한 모든 것을 드렸는데 금과 은과 놋과 성소를 섬기는 데 쓸만한 모든 것을 드렸다. 34 일에 능숙한 지혜로운 사람들이 모두 와서 주께서 명하신 모든 것에 따라 주의 성소를 만들었는데 각 사람이 자기가 능숙한 일을 하였다. 마음이 지혜로운 모든 사람들이 주께서 모세에게 명령하신 대로 성소와 그것의 기구들과 성소에서 섬기는 데 사용되는 모든 그릇들을 만들었다. 35 다섯 달 후에 성막의 성소를 만드는 일이 끝났고 이스라엘 자손이 주께서 모세에게 명령하신 모든 것을 행하였다. 36 그들이 성소와 그것의 모든 기구를 모세에게 가져왔는데 그것은 주께서 모세에게 보이신 것과 같았고 이스라엘 자손이 그대로 만들었다. 37 모세가 그 만든 것을 보니 그들이 주께서 모세에게 명하신 대로 만들었다. 모세가 그들을 축복하였다.

83 가나안 정탐

제사장 위임식

1 열두째 달 그 달 23일에 모세가 아론과 그의 아들들을 데리고 그가 그들에게 그들의 의복을 입히고 그들에게 기름을 붓고 주께서 그에게 명하신 대로 그들에게 행하였다. 모세가 주께서 그 날에 모세에게 명하신 모든 예물을 가져왔다. 2 그 후에 모세가 아론과 그의 아들들에게 말하였다. 내가 너희에게 명하니 너희는 7일 동안 성막 문에 있으라. 3 아론과 그의 아들들이 주께서 모세를 통하여 그들에게 명하신 모든 것을 행하여 그들이 7일 동안 성막 문에 있었다.

성막이 완성됨

4 여덟째 날에, 이스라엘 사람들이 이집트를 떠난 지 둘째 해 첫째 달 첫째 날에 성막을 세우고 그가 성막의 모든 기구들과 성소의 모든 기구들을 세웠으며 그가 주께서 그에게 명령하신 모든 일을 행하였다. 5 모세가 아론과 그의 아들들에게 명하여 그들이 주께서 모세에게 명하신 대로 그들과 이스라엘 자손을 위하여 번제와 속죄제를 가져왔다.

나답과 아비후가 주께 다른 불을 드려 죽음

6 그 날에 아론의 두 아들 나답과 아비후가 주께서 그들에게 명하

지 않은 다른 불을 주 앞으로 가져오자 주 앞에서 불이 나와 그들을 살라서 그 날에 그들이 주 앞에서 죽었다.

제단 봉헌

7 모세가 성소 세우기를 마친 그 날에 이스라엘 자손의 지휘관들이 제단을 봉헌하기 위하여 그들의 예물을 주 앞으로 가져왔다. 8 그들이 그들의 예물을 가져왔는데 각 지휘관이 하루씩 12일 동안 드렸다. 9 그들 각 사람이 자기 날에 드린 모든 예물은 성소의 세겔로 130세겔 무게의 은 쟁반 하나와 20세겔 무게의 은 바리 하나로 둘 다 소제물을 위한 기름 섞은 고운 가루를 채운 것이며 10 10세겔 무게의 금 수저 하나로 이것에 향을 채웠고 11 번제물로 사용할 어린 수송아지 한 마리와 숫양 한 마리와 일 년 된 어린 숫양 한 마리와 12 속죄제물로 사용할 염소 새끼 한 마리와 13 화목제물로 사용할 소 두 마리와 숫양 다섯 마리와 숫염소 다섯 마리와 일 년 된 어린 숫양 다섯 마리다. 14 이것이 이스라엘의 열두 지휘관들이 날마다, 각 사람이 자기 날에 드린 것이다.

유월절을 지킴

15 이 일 후에 그 달 13일에 모세가 이스라엘 자손에게 유월절을 지키라 명하였다. 16 이스라엘 자손이 그 달 14일에 그 절기에 유월절을 지켰는데 주께서 모세에게 명하신 대로 이스라엘 자손이 행하였다.

이스라엘 자손의 계수

17 둘째 달 그 달 첫째 날에 주께서 모세에게 말씀하셨다. 18 너와 네 형 아론과 이스라엘의 열두 지휘관들은 20세부터 그 이상으로 이

스라엘 자손의 모든 남자의 머리를 세어라. 19 모세가 그리 행하여 아론이 이스라엘의 열두 지휘관들과 함께 왔다. 그들이 시내 광야에서 이스라엘 자손을 계수하였다. 20 이스라엘 자손이 그들의 조상의 가문을 따라 20세부터 그 이상으로 그 수가 603,550명이었다. 21 그러나 레위 자손은 그들의 형제 이스라엘 자손 가운데 계수되지 않았다. 22 한 달 이상 된 이스라엘 자손의 모든 장자의 수는 22,273명이었다. 23 한 달 이상 된 레위 자손의 수는 22,000명이었다. 24 모세가 주께서 모세에게 명하신 대로 제사장들과 레위인들 각 사람에게 그의 할 일과 그의 멜 것을 맡겨 성막의 성소를 섬기게 하였다.

이스라엘 자손이 고기를 탐냄

25 그 달 20일에 구름이 증거 장막에서 떠나갔다. 26 그 때에 이스라엘 자손이 시내 광야를 떠나 사흘 길을 갔고 구름이 바란 광야에 머물렀다. 그곳에서 주께서 이스라엘에게 노하셨으니 이는 그들이 자기들이 고기를 먹게 해달라고 주께 구하여 주를 노엽게 하였기 때문이다. 27 주께서 그들의 목소리를 들으시고 그들이 한 달 동안 먹을 고기를 그들에게 주셨다. 28 이 일 후에 주께서 다시 그들에게 진노하셔서 주께서 그들을 크게 쳐서 죽이셨다. 그 죽은 자들이 그곳에 장사되었다. 29 이스라엘 자손이 그곳을 기브롯 핫다아와라 불렀으니 이는 그들이 고기를 욕심낸 백성을 거기에 장사했기 때문이다.

미리암이 나병에 걸림

30 그들이 기브롯 핫다아와에서 떠나 바란 광야에 있는 하세롯에 진을 쳤다. 31 이스라엘 자손이 하세롯에 있을 때에 주께서 모세의 일로 미리암에게 진노하셔서 그 여자가 나병에 걸려 눈처럼 하얗게 되었

다. 32 그 여자가 나병이 걸린 후에 다시 받아들여질 때까지 진 밖에 7일 동안 갇혀 있었다.

가나안 정탐

33 이스라엘 자손이 하세롯을 떠나 바란 광야 끝에 진을 쳤다. 34 그 때에 주께서 모세에게 명하셔서 한 지파에서 한 사람씩 이스라엘 자손 중에서 열두 사람을 보내어 가서 가나안 땅을 정탐하도록 하셨다. 35 모세가 열두 사람을 사람을 보내어 그들이 가나안 땅을 찾고 조사하러 갔다. 그들이 신 광야에서 하못에 이르는 길에 있는 르홉까지 그 온 땅을 정탐했다. 36 40일이 지나서 그들이 모세와 아론에게 왔다. 그들이 그들의 마음에 있는 말을 모세에게 전하였다. 그 사람들 중에 10명이 그들이 정탐한 그 땅에 대하여 이스라엘 자손에게 악평하여 말하기를 우리가 이 땅으로 가느니 이집트로 돌아가는 것이 낫다. 이 땅은 그 주민을 삼키는 땅이다. 37 그러나 그 땅을 정탐한 자들 중에 눈의 아들 여호수아와 여분네의 아들 갈렙이 말하였다. 이 땅은 심히 좋은 땅이다. 38 주께서 우리를 기쁘게 여기시면 그분이 우리를 이 땅으로 인도하여 그것을 우리에게 주실 것이니 이 땅은 젖과 꿀이 흐르는 땅이다. 39 그러나 이스라엘 자손이 그들의 말을 듣지 않았고 그들이 그 땅을 악평한 열 사람의 말을 들었다. 40 주께서 이스라엘 자손이 원망하는 것을 듣고 노하며 맹세하여 말씀하셨다. 41 이 악한 세대 중에 여분네의 아들 갈렙과 눈의 아들 여호수아 외에는 20세 이상으로 한 사람도 그 땅을 보지 못할 것이다. 42 이 악한 세대가 이 광야에서 죽을 것이고 그들의 자녀들이 그 땅에 이르러 그들이 그것을 차지할 것이다. 주께서 이스라엘 자손에게 진노하셔서 그 악한 세대가 끝날 때까지 그들이 광야에서 40년 동안 방황하게 하셨으니 이는 그

들이 주를 따르지 않았기 때문이다. 43 백성이 바란 광야에서 오랜 시간 동안 머물렀고 그 후에 그들이 홍해 길 곁의 광야로 나아갔다.

84 광야에서의 40년

고라의 반역

1 그 때에 레위의 증손 고핫의 손자 이스할의 아들 고라가 이스라엘 자손 중에서 많은 사람을 이끌고 그들이 일어나 모세와 아론과 온 회중과 말다툼을 하였다. 2 주께서 그들에게 진노하셔서 땅이 그 입을 열어 그들과 그들의 장막과 그들의 모든 소유와 고라에게 속한 모든 사람을 삼켰다.

이스라엘 자손이 세일 산 길을 돌아서 감

3 이 일 후에 하나님께서 백성이 세일 산 길을 따라 오랫동안 돌아가게 하셨다. 4 그 때에 주께서 모세에게 말씀하셨다. 에서 자손과 전쟁을 일으키지 말라. 내가 그들의 소유 중에 어떤 것도 발바닥으로 밟을 수 있는 만큼도 너희에게 주지 않을 것이니 이는 내가 세일 산을 에서에게 기업으로 주었기 때문이다. 5 그래서 옛적에 에서 자손이 세일 자손과 싸울 때에 주께서 세일 자손을 에서 자손의 손에 넘기셔서 그들을 에서 자손 앞에서 멸하시고 그들 대신에 에서 자손이 오늘까지 거주하게 되었다. 6 그러므로 주께서 이스라엘 자손에게 말씀하셨다. 너희 형제 에서 자손과 싸우지 말라. 그들의 땅에 있는 어느 것도 너희의 소유가 아니다. 다만 너희가 그들의 양식을 돈을 주고 사서 먹거나

너희가 그들의 물을 돈을 주고 사서 마실 수 있다. 7 이스라엘 자손이 주의 말씀을 따라 행하였다. 8 이스라엘 자손이 오랫동안 시내 산 길을 따라 돌아서 광야로 갔고 에서 자손에게 손을 대지 않았다. 그들이 그 지역에서 19년 동안 있었다.

아비아누스가 깃딤을 다스림

9 깃딤 자손의 왕 라티누스가 죽었는데 그 때는 그가 다스린 지 45년이었고 이스라엘 자손이 이집트를 떠난 지 14년이었다. 10 그들이 그가 깃딤 땅에 자기를 위하여 지은 그의 장소에 장사하였다. 아비아누스가 그를 대신하여 38년 동안 다스렸다.

이스라엘 자손이 모압 광야 길을 지남

11 19년이 지나 그 날들에 이스라엘 자손이 에서 자손의 경계를 지나고 그들이 와서 모압 광야 길을 지났다. 12 주께서 모세에게 말씀하셨다. 모압을 에워싸지 말고 그들과 싸우지 말라. 이는 내가 그들의 땅 중에 너희에게 아무것도 주지 않을 것이기 때문이다. 13 이스라엘 자손이 모압 광야 길을 19년 동안 지났고 그들이 그들과 싸우지 않았다.

아모리 사람들과 모압 자손의 전쟁

14 이스라엘 자손이 이집트를 떠난 지 36년에 주께서 아모리 사람의 왕 시혼의 마음을 격동시키셔서 그가 전쟁을 일으켜 모압 자손과 싸우러 나아갔다. 15 시혼이 이집트 왕의 모사 발람의 손자 야네아스의 아들 브올과 그의 아들 발람에게 사자들을 보내었으니 이는 모압을 저주하여 그들을 시혼의 손에 넘기려는 것이었다. 16 그 사자들이 가서 야네아스의 아들 브올과 그의 아들 발람을 메소포타미아의 브돌에

서 데려왔다. 브올과 그의 아들 발람이 시혼의 성읍에 와서 그들이 아모리 사람들의 왕 시혼 앞에서 모압과 그들의 왕을 저주하였다. 17 시혼이 그의 온 군대와 함께 나가서 그가 모압으로 가서 그들과 싸워 그들을 점령했다. 주께서 모압을 그의 손에 넘기셔서 시혼이 모압의 왕을 죽였다. 18 시혼이 그 전쟁에서 모압의 모든 성읍을 빼앗고 그가 또한 그들에게서 헤스본을 빼앗았으니 헤스본은 모압 성읍들 중에 하나였다. 시혼이 그의 고관들과 그의 귀족들을 헤스본에 두어 그 날들에 헤스본이 시혼에게 속하였다. 19 그러므로 비유를 말하는 자들인 브올과 그의 아들 발람이 이 말들을 했다. 헤스본으로 오라. 시혼의 성읍을 세워 견고히 할지어다. 20 모압아 네가 화를 당하였도다! 그모스의 백성아 너희가 잃어버린 바 되었다. 보라 이것이 하나님의 율법 책에 기록되었다. 21 시혼이 모압을 정복하고 그가 모압에게서 빼앗은 성읍들에 경비들을 두었다. 모압 자손의 많은 수가 전쟁에서 시혼의 손에 쓰러졌다. 그가 그들 중 많은 사람들, 아들들과 딸들을 포로로 잡고 그가 그들의 왕을 죽였다. 시혼이 자기 땅으로 돌아갔다. 22 시혼이 브올과 그의 아들 발람에게 은과 금의 많은 선물을 주고 그가 그들을 보냈다. 그들이 메소포타미아로 그들의 나라 그들의 집으로 갔다.

미리암이 죽음

23 그 때에 온 이스라엘 자손이 모압 광야 길을 떠나 돌이켜 에돔 광야를 돌아서 갔다. 24 그들이 이집트를 떠난 지 40년 첫째 달에 온 회중이 신 광야에 이르렀다. 25 이스라엘 자손이 그곳 신 광야의 가데스에 머물렀고 미리암이 그곳에서 죽어 그곳에 장사되었다.

에돔 왕이 이스라엘 자손이 지나가는 것을 거부함

25 그 때에 모세가 에돔 왕 하닷에게 사자들을 보내어 말했다. 당신의 형제 이스라엘이 말합니다. 내가 당신에게 구하니 우리가 당신의 땅을 지나가게 하십시오. 우리가 밭이나 포도원으로 지나가지 않을 것이고 우리가 우물의 물을 마시지 않을 것이며 우리가 왕의 도로로 걸어갈 것입니다. 26 에돔이 그에게 말했다. 너희는 내 나라를 지나갈 수 없다. 에돔이 용사들과 함께 이스라엘 자손을 맞으러 나왔다. 27 에서 자손이 이스라엘 자손이 그들의 땅을 지나는 것을 허락하지 않았다. 이스라엘 자손이 그들에게서 떠나고 그들과 싸우지 않았다. 28 이는 이 일이 있기 전에 주께서 이스라엘 자손에게 명하여 말씀하시기를 너희는 에서 자손과 싸우지 말라 하였기 때문이다. 그래서 이스라엘 사람들이 그들에게서 물러나고 그들과 싸우지 않았다.

아론이 죽음

29 이스라엘 자손이 가데스를 떠나 온 백성이 호르 산에 이르렀다. 30 그 때에 주께서 모세에게 말씀하셨다. 네 형 아론에게 그가 그곳에서 죽을 것이라 하여라. 그는 내가 이스라엘 자손에게 준 땅에 들어가지 못할 것이다. 31 아론이 주의 명령에 따라 호르 산에 올랐으니 그 때는 40년 다섯째 달 첫째 날이었다. 32 아론이 호르 산에서 죽을 때에 그가 123세였다.

85 모압 자손이 이스라엘 자손을 유혹함

이스라엘 자손이 아랏을 물리침

1 남방에 사는 가나안 사람 아랏 왕이 이스라엘 사람들이 정탐꾼들의 길로 왔다는 것을 듣고 그가 이스라엘과 싸우기 위하여 그의 군대를 준비하였다. 2 이스라엘 자손이 그를 크게 두려워하였으니 이는 그가 크고 강한 군대를 가졌기 때문이다. 그래서 이스라엘 자손이 이집트로 돌아가기로 결심했다. 3 이스라엘 자손이 돌이켜 마세랏 브니 야아곤으로 약 사흘 길 거리를 갔으니 이는 그들이 아랏 왕을 크게 두려워했기 때문이다. 4 이스라엘 자손이 그들의 장소로 돌아오려 하지 않고 그들이 브니 야아곤에서 30일 동안 있었다. 5 레위 자손이 이스라엘 자손이 돌이키려 하지 않는 것을 보고 그들이 주를 위하여 질투하여 그들이 일어나 그들의 형제 이스라엘 자손과 싸워 그들 가운데 많은 사람들을 죽이고 그들을 억지로 그들의 장소 호르 산으로 돌아가게 하였다. 6 그들이 돌아가자 아랏 왕이 여전히 이스라엘 사람들과 싸우기 위하여 그의 군대를 주둔시키고 있었다. 7 이스라엘이 맹세하여 말했다. 만일 주께서 이 백성을 우리 손에 넘기시면 우리가 그들의 성읍들을 진멸하겠습니다. 8 주께서 이스라엘의 목소리를 들으시고 그 가나안 사람들을 그들의 손에 넘기셨다. 주께서 그들과 그들의 성읍들을 진멸하시고 그곳의 이름을 호르마라 하였다.

하나님이 모압과의 전쟁을 금하심

9 이스라엘 자손이 호르 산을 떠나 오봇에 진을 쳤다. 그들이 오봇을 떠나 모압 경계에 있는 이예 아바림에 진을 쳤다. 10 이스라엘 자손이 모압에 사자들을 보내어 말했다. 우리가 당신의 땅을 지나 우리의 땅으로 가게 하십시오. 그러나 모압 자손이 이스라엘 자손이 자기들의 땅을 지나가는 것을 허락하지 않았으니 이는 아모리 사람들의 왕 시혼이 자기들에게 행한 일 곧 자기들의 땅을 빼앗고 자기들 중 많은 사람들을 죽인 것처럼 이스라엘 자손이 자기들에게 행할까 하여 크게 두려웠기 때문이다. 11 그러므로 모압이 이스라엘 사람들이 자기 땅을 지나가는 것을 허락하지 않았다. 주께서 이스라엘 자손에게 명하여 말씀하시기를 그들이 모압과 싸우지 말라 하여 이스라엘 사람들이 모압에서 물러났다.

이스라엘 자손이 아모리 왕 시혼을 물리침

12 이스라엘 자손이 모압 경계를 떠나 그들이 모압과 아모리 사이에 모압의 경계인 아르논 맞은편에 이르렀다. 그들이 그데못 광야에서 아모리 왕 시혼의 경계에 진을 쳤다. 13 이스라엘 자손이 아모리 왕 시혼에게 사자들을 보내어 말했다. 14 우리가 당신의 땅을 지나가게 해 주십시오. 우리가 밭이나 포도원으로 돌이키지 않고 우리가 당신의 경계를 지날 때까지 왕의 길을 따라 가겠습니다. 그러나 시혼이 이스라엘 사람들이 지나가는 것을 허락하지 않았다. 15 시혼이 온 아모리 백성을 모아 그가 이스라엘 자손을 맞으러 광야로 나아가서 그가 야하스에서 이스라엘과 싸웠다. 16 주께서 아모리 왕 시혼을 이스라엘 자손의 손에 넘기셔서 이스라엘이 시혼의 모든 백성을 칼날로 치고 모압의 원수를 갚았다. 17 이스라엘이 아람에서 얍복까지 암몬 자손에게 이

르기까지 시혼의 땅을 점령하고 그 성읍들의 모든 전리품을 차지하였다. 18 이스라엘이 그 모든 성읍들을 빼앗고 이스라엘이 아모리의 모든 성읍에 거주하였다.

하나님이 암몬 자손과의 전쟁을 금하심

19 온 이스라엘 자손이 암몬 자손과도 싸워 그들의 땅도 빼앗기로 결심하였다. 20 주께서 이스라엘 자손에게 말씀하셨다. 암몬 자손을 에워싸지 말고 그들과 전쟁을 일으키지도 말라. 내가 그들의 땅 가운데 너희에게 아무것도 주지 않을 것이다. 이스라엘 자손이 주의 말씀을 듣고 그들이 암몬 자손과 싸우지 않았다.

이스라엘이 바산 왕 옥을 물리침

21 이스라엘 자손이 돌이켜 바산 왕 옥의 땅으로 가는 바산 길로 올라갔다. 바산 왕 옥이 이스라엘 자손과 싸우러 나왔는데 그가 아모리 백성 중에서 많은 용사들과 강한 군대와 함께 있었다. 22 바산 왕 옥은 매우 강한 자였으나 그의 아들 나아론은 대단히 강하여 그의 아버지보다 더 강하였다. 23 옥이 속으로 말했다. 이스라엘 온 진영이 세 바르사의 거리에 걸쳐 있지만 내가 그들을 칼이나 창 없이 한 번에 칠 것이다. 24 옥이 야하스 산에 올라 그곳에서 커다란 돌 하나를 들었는데 그것의 길이가 세 바르사였다. 그가 그것을 머리에 이고 그것을 이스라엘 자손의 진영 위에 던져 그 돌로 온 이스라엘 사람들을 치려 하였다. 25 주의 천사가 와서 옥의 머리 위에서 그 돌을 뚫자 그 돌이 옥의 목 위로 떨어졌고 그의 목 위에 있는 돌의 무게로 인하여 그가 땅에 엎드러졌다. 26 그 때에 주께서 이스라엘 자손에게 말씀하셨다. 그를 두려워하지 말라. 내가 그와 그의 모든 백성과 그의 모든 땅을 너희

손에 넘겼다. 너희는 너희가 시혼에게 행한 것과 같이 그에게 행하라. 27 모세가 이스라엘 자손 중에서 적은 수와 함께 그에게 내려가서 모세가 그의 발목에 있는 한 막대기로 옥을 쳐서 죽였다. 28 그 후에 이스라엘 자손이 옥의 자손과 그의 모든 백성을 쫓아가 그들이 그들 중에 아무도 남은 자가 없을 때까지 그들을 쳐서 멸하였다. 29 그 후에 모세가 이스라엘 자손 중에 몇 명을 보내어 야셀을 정탐하게 하였으니 야셀은 매우 유명한 성읍이었다. 30 그 정탐꾼들이 야셀로 가서 그곳을 둘러보았다. 그 정탐꾼들이 주를 믿었으며 그들이 야셀의 사람들과 싸웠다. 31 이 사람들이 야셀과 그 마을들을 빼앗고 주께서 그 주민들을 그들의 손에 넘기셔서 그들이 그곳에 살던 아모리 사람들을 쫓아냈다. 32 이스라엘 자손이 아르논 골짜기에서 헤르몬 산까지 요단 건너편에 있는 아모리 사람들의 두 왕의 땅, 60개의 성읍을 빼앗았다. 33 이스라엘 자손이 길을 떠나 모압 평지에 이르렀는데 그곳은 요단 건너편, 여리고 옆이었다.

모압 자손이 이스라엘 자손을 두려워함

34 모압 자손이 이스라엘 자손이 아모리 사람들의 두 왕 시혼과 옥에게 행한 모든 일들을 듣고 모압의 모든 사람들이 이스라엘 사람들을 크게 두려워하였다. 35 모압의 장로들이 말했다. 땅의 모든 왕들보다 더 강한 아모리 사람들의 두 왕 시혼과 옥이 이스라엘 자손을 이길 수 없었는데 우리가 어떻게 그들에게 맞설 수 있겠느냐? 36 이전에 그들이 분명 우리에게 사자를 보내어 우리의 땅을 지나서 그들의 길을 가게 해달라고 하였으나 우리가 그들을 허락하지 않았다. 이제 그들이 우리에게 돌이켜 그들의 무거운 칼들로 우리를 칠 것이다. 모압이 이스라엘 자손으로 인하여 근심하였다. 그들이 이스라엘 자손을 크게 두

려워하여 이스라엘 자손에게 어떻게 행해야 할지 서로 의논하였다.

발락이 발람을 불러 이스라엘을 저주하려고 함

37 그 때에 모압의 장로들이 자기 백성 중 하나인 모압 사람 십볼의 아들 발락을 자기들 위에 왕으로 삼았다. 발락은 매우 지혜로운 자였다. 38 모압의 장로들의 일어나 미디안 자손에게 사람을 보내어 그들과 화친하려 하였으니 모압 평원에서 미디안을 친 에돔 왕 브닷의 아들 하닷의 날들로부터 그 날들에 이르기까지 모압과 미디안 사이에 큰 전쟁과 원한이 있었기 때문이다. 39 모압 자손이 미디안 자손에게 사람을 보내어 그들이 화친을 맺었고 미디안의 장로들이 미디안 자손을 대신하여 모압 땅에 와서 화친을 맺었다. 40 모압의 장로들이 미디안의 장로들과 함께 그들이 이스라엘로부터 자기들의 목숨을 건지기 위하여 무엇을 해야 할지에 대하여 의논했다. 41 온 모압 자손이 미디안 장로들에게 말하였다. 이제 이스라엘 자손이 소가 들의 풀을 먹듯이 우리 주변에 있는 모든 것을 먹어버렸고 그들이 우리보다 강한 아모리 사람들의 두 왕에게 그리 행하였다. 42 미디안 장로들이 모압에게 말했다. 우리가 아모리 사람들의 왕 시혼이 너희와 싸워 그가 너희를 이기고 너희 땅을 빼앗을 때에 그가 사람을 보내어 메소포타미아에서 야네아스의 아들 브올과 그의 아들 발람을 불러 그들이 와서 너희를 저주하여 시혼의 손이 너희를 이기고 그가 너희 땅을 빼앗았다는 것을 들었다. 43 그러니 이제 너희도 그의 아들 발람에게 사람을 보내어 그를 부르라. 그가 여전히 그의 땅에 있기 때문이다. 그에게 그의 삯을 주어 그가 와서 너희가 두려워하는 모든 백성을 저주하게 하라. 모압의 장로들이 이 일을 듣고 그들이 브올의 아들 발람에게 사람을 보내는 것을 기쁘게 여겼다. 44 모압 십볼의 아들 발락이 발람에게 사

자들을 보내어 말했다. 45 이집트에서 나온 백성이 있는데 그들이 지면을 덮고 있고 우리 맞은편에 거하고 있다. 46 그들이 나에게 너무 강하니 이제 와서 나를 위하여 이 백성을 저주하라. 혹시 내가 그들과 싸워 이겨 그들을 몰아낼까 한다. 네가 축복하는 자는 복을 받고 네가 저주하는 자는 저주를 받는다는 것을 내가 들었다. 47 발락의 사자들이 발람에게 가서 모압과 싸우는 백성을 저주하게 하려고 발람을 데리고 왔다.

발람이 이스라엘 저주하기를 거부함

48 발람이 이스라엘을 저주하려고 발락에게 오자 주께서 발람에게 말씀하셨다. 이 백성을 저주하지 말라. 그들을 복을 받은 자들이다. 49 발락이 날마다 발람에게 이스라엘을 저주하게 하였으나 발람이 주께서 그에게 하신 말씀으로 인하여 발락의 말을 듣지 않았다. 50 발락이 발람이 그의 청을 들어주지 않는 것을 보고 그가 일어나 집으로 갔고 발람도 거기서 떠나 그의 땅 미디안으로 돌아갔다.

모압 자손이 이스라엘 자손을 유혹함

51 이스라엘 자손이 모압 평원에서 떠나 모압 평원 끝의 요단 곁에 진을 쳤는데 벧여시못에서 아벨싯딤에까지 이르렀다. 52 이스라엘 자손이 싯딤 평원에 머무를 때에 그들이 모압의 딸들과 음행하기 시작했다. 53 이스라엘 자손이 모압에 가까이 갔고 모압 자손이 이스라엘 자손의 진영 맞은편에 그들의 장막을 쳤다. 54 모압 자손이 이스라엘 자손을 두려워하였다. 모압 자손이 아름다운 용모를 가진 그들의 모든 딸들과 아내들을 데리고 그들에게 금과 은과 값 비싼 의복을 입혔다. 55 모압 자손이 그들의 장막 문에 그 여자들을 앉혀서 이스라엘 자손

이 그들을 보고 그들에게 돌이켜 모압 자손과 싸우지 않게 하려 하였다. 56 온 모압 자손이 이스라엘 자손에게 이 일을 행하여 각 사람이 자기 아내와 딸을 자기 장막 문에 두었다. 온 이스라엘 자손이 모압 자손이 행하는 것을 보고 이스라엘 자손이 모압의 딸들에게 돌이켜 그들을 탐내어 그들에게 갔다. 57 한 히브리 사람이 모압의 장막 문에 이르러 모압의 딸을 보고 마음 속으로 그 여자를 탐내어 그 장막 문에서 그가 탐내는 여자와 말하게 되면 그들이 말하고 있을 때에 그 장막의 사람들이 나와서 그 히브리 사람에게 이렇게 말하였다. 58 너는 우리가 형제이며 우리가 모두 롯의 후손이고 그의 형제 아브라함의 후손이라는 것을 안다. 그런데 어찌하여 너는 우리와 함께 지내지 않으며 우리의 빵과 우리의 제물을 먹지 않느냐? 59 모압 자손이 이렇게 그들의 말로 그를 사로잡고 그들의 아첨하는 말로 그를 꾀면 그들이 그를 장막에 앉히고 그를 위하여 요리하고 제사를 드리고 그는 그들의 제물과 그들의 빵을 먹었다. 60 그들이 그에게 포도주를 주어 그가 마시고 취하게 되면 그들이 그의 앞에 아름다운 처녀를 두고 그 사람은 자기가 좋아하는 대로 그 여자와 행하였으니 이는 그가 포도주를 많이 마셨으므로 자기가 하고 있는 것을 알지 못했기 때문이다. 61 모압 자손이 그곳 싯딤 평원에서 이스라엘에게 그렇게 행하였다. 주께서 이 일로 인하여 이스라엘에게 진노하셔서 그들 가운데 염병을 보내어 이스라엘 사람들 가운데 이만사천 명이 죽었다. 62 시므온 자손 가운데 한 사람이 있었으니 그의 이름은 시므리며 살루의 아들이었다. 그가 온 이스라엘 자손의 눈 앞에서 미디안의 왕 수르의 딸 미디안 사람 고스비와 동침하였다. 63 제사장 아론의 손자 엘르아살의 아들 비느하스가 시므리가 행한 이 악한 일을 보고 그가 창을 들고 일어나 그들을 따라가서 그들 모두를 뚫어서 죽이니 이스라엘 자손에게서 염병이 그쳤다.

86 이스라엘 자손이 미디안을 물리침

이집트에서 나와 계수된 모든 자들이 죽음

1 염병이 있은 후에 그 때에 주께서 모세와 제사장 아론의 아들 엘르아살에게 말씀하셨다. 2 이스라엘 온 회중 가운데 군대로 나아가는 모든 자를 20세 이상으로 그들의 머리를 세어라. 3 모세와 엘르아살이 이스라엘 자손의 수를 그들의 가족에 따라 세니 온 이스라엘의 수가 700,730명이었다. 4 레위 자손의 수는 일 개월 이상 된 자가 이만삼천 명이었다. 이들 가운데 모세와 아론이 시내 광야에서 계수했던 자들은 한 사람도 없었다. 5 이는 주께서 그들에게 말씀하시기를 그들이 광야에서 죽을 것이라 하여 여분네의 아들 갈렙과 눈의 아들 여호수아 외에는 그들이 모두 죽고 그들 중 한 사람도 남지 않았기 때문이다.

이스라엘 자손이 미디안을 물리침

6 이 일 후에 주께서 모세에게 말씀하셨다. 이스라엘 자손에게 말하여 미디안에게 그들의 형제 이스라엘 자손의 원수를 갚으라 하라. 7 모세가 그리 행하여 이스라엘 자손이 그들 가운데 각 지파에서 천 명씩 만이천 명을 택하여 그들이 미디안에게 갔다. 8 이스라엘 자손이 미디안과 싸워 그들이 모든 남자와 미디안의 다섯 왕들과 브올의 아들을 칼로 죽였다. 9 이스라엘 자손이 미디안의 아내들을 포로로 잡

고 그들의 어린 것들과 그들의 가축과 그들의 모든 소유를 빼앗았다. 10 그들이 모든 탈취물과 모든 노략물을 빼앗아 그들이 모압 평야에서 그것들을 모세와 엘르아살에게 가져왔다. 11 모세와 엘르아살과 회중의 모든 지휘관들이 기뻐하며 그들을 맞이하러 나아갔다. 12 그들이 미디안의 모든 노략한 것을 나누었다. 이스라엘 자손이 미디안에게 그들의 형제 이스라엘 자손의 원수를 갚았다.

87 모세의 죽음

여호수아가 모세의 뒤를 이음

1 그 때에 주께서 모세에게 말씀하셨다. 네 날들의 끝이 다가오고 있다. 이제 네 종 눈의 아들 여호수아를 데리고 와서 그를 성막 안에 두라. 내가 그에게 명령하리라. 모세가 그리 행하였다. 2 주께서 성막에서 구름 기둥 가운데 나타나셨고 구름 기둥이 성막 입구에 서 있었다. 3 주께서 눈의 아들 여호수아에게 명하여 그에게 말씀하셨다. 강하고 담대하라. 너는 이스라엘 자손을 데리고 내가 그들에게 주겠다고 맹세한 땅으로 가라. 내가 너와 함께 할 것이다. 4 모세가 여호수아에게 말했다. 강하고 담대하라. 네가 이스라엘 자손이 그 땅을 상속받게 할 것이며 주께서 너와 함께 하시고 그분이 너를 떠나거나 너를 버리지 않을 것이니 두려워하거나 낙심하지 말라.

모세가 이스라엘 자손에게 율법을 가르침

5 모세가 온 이스라엘을 불러 그들에게 말했다. 너희가 너희 하나님 주께서 광야에서 너희를 위하여 행하신 모든 선한 일을 보았다. 6 그러므로 이제 이 율법의 모든 말씀을 지키고 너희 하나님 주의 길로 걸으며 주께서 너희에게 명하신 길에서 우로나 좌로나 치우치지 말라. 7 주께서 모세에게 명하신 대로 그가 이스라엘 자손에게 그들이

그 땅에서 행할 율례와 법도와 율법을 가르쳤다. 8 그가 그들에게 주의 길과 그분의 율법을 가르쳤다. 보라 그것이 주께서 모세의 손을 통하여 이스라엘 자손에게 주신 하나님의 율법책에 기록되었다.

모세가 죽음

9 모세가 이스라엘 자손에게 명하기를 마치자 주께서 그에게 말씀하셨다. 너는 아바림 산에 오르라. 네가 거기서 죽어 네 형 아론이 돌아간 것 같이 네 백성에게 돌아가리라. 10 이스라엘 사람들이 이집트 땅에서 떠난 지 40년에 모세가 주께서 그에게 명하신 대로 올라가서 그가 주의 명령대로 모압 땅 그곳에서 죽었다. 11 이스라엘 자손이 모압 평야에서 모세를 위하여 30일 동안 애곡하였고 모세를 위하여 울며 애곡하는 날들이 끝났다.

88 이스라엘이 요단을 건넘

이스라엘이 요단을 건넘

1 모세가 죽은 후에 주께서 눈의 아들 여호수아에게 말씀하셨다. 2 일어나 요단을 건너 내가 이스라엘 자손에게 준 땅으로 가라. 너는 이스라엘 자손이 그 땅을 기업으로 받게 하라. 3 네 발바닥이 밟는 모든 곳이 너의 소유가 될 것이며 레바논 광야에서 큰 강 프랏 강까지가 너의 경계이다. 4 네 삶의 모든 날들에 누구도 너를 대적하여 서지 못할 것이다. 내가 모세와 함께 했던 것과 같이 너와 함께 할 것이니 오직 강하고 담대하여 모세가 너에게 명한 모든 율법을 지키고 그 길에서 우로나 좌로나 치우치지 말라. 그리하면 네가 하는 모든 일에서 네가 형통하게 될 것이다. 5 여호수아가 이스라엘의 지휘관들에게 명하여 말했다. 진영을 두루 다니며 백성들에게 말하기를 너희 먹을 것을 준비하라 사흘 후에 너희가 요단을 건너 그 땅을 차지할 것이라 하라. 6 이스라엘 자손의 지휘관들이 그리 행하여 그들이 백성들에게 명하였고 그들이 여호수아가 명한 대로 모두 행하였다. 7 여호수아가 두 사람을 보내어 여리고 땅을 정탐하게 하여 그 사람들이 가서 여리고를 정탐하였다. 8 7일이 지나서 그들이 진영으로 여호수아에게 돌아와 그에게 말했다. 주께서 온 땅을 우리 손에 붙이셨고 그 주민들이 우리에 대한 두려움으로 마음이 녹았습니다. 9 이 일 후에 여호수아가 아

침에 일어났고 온 이스라엘이 그와 함께 있었다. 그들이 싯딤을 떠나 여호수아와 온 이스라엘이 요단을 건넜다. 여호수아가 이스라엘과 함께 요단을 건널 때 그가 82세였다.

이스라엘이 여리고를 진멸함

10 첫째 달 10일에 백성이 요단에서 올라와 그들이 여리고 동쪽에 있는 길갈에 진을 쳤다. 11 이스라엘 자손이 그 달 14일에 여리고 평원 길갈에서 모세의 율법에 기록된 대로 유월절을 지켰다. 12 유월절 다음 날 그 때에 만나가 그쳤고 이스라엘 자손에게 더 이상 만나가 없었으며 그들이 가나안 땅의 소산을 먹었다. 13 여리고가 이스라엘 자손에 대하여 완전히 닫혔고 아무도 나오고 들어가는 사람이 없었다. 14 둘째 달 그 달 1일에 주께서 여호수아에게 말씀하셨다. 일어나라. 보라 내가 여리고와 그것의 모든 백성을 네 손에 붙였다. 너희 모든 군사들은 그 성읍을 돌되 하루에 한 번 돌고 6일 동안 그렇게 하라. 15 제사장들은 나팔을 불고 너희가 나팔 소리를 들을 때 온 백성은 크게 소리쳐서 그 성읍의 성벽이 무너지게 하라. 온 백성이 올라가고 각 사람이 그의 대적을 향하여 가라. 16 여호수아가 주께서 그에게 명령하신 모든 것을 따라 행하였다. 17 일곱째 날에 그들이 그 성읍을 일곱 번 돌고 제사장들이 나팔을 불었다. 18 일곱 번째 돌 때에 여호수아가 백성에게 말했다. 외쳐라. 주께서 이 온 성읍을 너희 손에 넘기셨다. 19 이 성읍과 그 안에 있는 모든 것들은 주께 저주 받은 것이니 너희는 그 저주 받은 것에서 너희를 삼가 이스라엘 진영이 저주 받지 않게 하라. 20 그러나 은과 금과 놋과 철은 주께 구별하여 그것들을 주의 창고에 넣어야 한다. 21 백성들이 나팔을 불고 크게 소리치자 여리고의 성벽이 무너졌다. 모든 백성이 올라갔고 각 사람이 자기 앞으로 곧장 가

서 그들이 성읍을 차지하고 그 안에 있는 모든 것, 남자와 여자와 어린 아이와 늙은이와 소와 양과 나귀를 칼날로 진멸하였다. 22 그들이 온 성읍을 불태웠고 오직 은과 금과 놋과 철로 된 그릇은 그들이 주의 창고에 넣었다. 23 그 때에 여호수아가 맹세하여 말했다. 여리고를 건축하는 자는 저주를 받을 것이다. 그것의 기초를 쌓는 자는 그의 맏아들 위에 그것을 쌓을 것이고, 그것의 성문을 세우는 자는 그의 막내아들 위에 세울 것이다. 24 유다의 현손 세라의 증손 삽디의 손자 갈미의 아들 아간이 저주 받은 물건을 훔쳐 그것을 장막 아래에 숨기자 주께서 이스라엘에게 진노하셨다.

이스라엘이 아이에게 패배함

25 이 일 후에 이스라엘 자손이 불타는 여리고에서 돌아왔다. 여호수아가 아이와도 싸우기 위하여 그 성읍에 사람들을 보내어 정탐하게 하였다. 26 그 사람들이 올라가 아이를 정탐하고 그들이 돌아와서 말했다. 당신과 함께 모든 백성이 아이로 올라가게 하지 마시고 오직 삼천 명 정도만 올라가서 그 성읍을 치게 하십시오. 그 성읍의 사람이 적습니다. 27 여호수아가 그렇게 행하여 이스라엘 자손 중에서 약 삼천 명이 그와 함께 올라가 그들이 아이의 사람들과 싸웠다. 28 전세가 이스라엘에게 좋지 않았고 아이의 사람들이 이스라엘 가운데 36명을 죽였다. 이스라엘 자손이 아이 사람들 앞에서 도망하였다.

아간의 죄

29 여호수아가 이 일을 보고 그가 그의 옷을 찢고 주 앞에서 그의 얼굴을 땅에 대고 엎드렸고 그와 이스라엘의 장로들이 티끌을 그들의 머리 위에 뿌렸다. 30 여호수아가 말했다. 주여 어찌하여 주께서 이 백

성이 요단을 건너게 하셨습니까? 이스라엘 사람들이 그들의 적에게 등을 돌렸으니 제가 무슨 말을 해야 합니까? 31 이제 이 땅의 모든 주민들, 가나안 사람들이 이 일을 듣고 우리를 에워싸고 우리의 이름을 끊어버릴 것입니다. 32 주께서 여호수아에게 말씀하셨다. 어찌하여 네가 엎드렸냐? 너는 일어나 떠나라. 이스라엘 사람들이 범죄하여 저주 받은 물건을 훔쳤다. 그들이 그들 가운데에서 그 저주 받은 물건을 멸하지 않으면 내가 더 이상 그들과 함께 하지 않을 것이다. 33 여호수아가 일어나 백성들을 소집하고 주의 명령을 따라 우림을 가져왔더니 유다 지파가 뽑혔고 갈미의 아들 아간이 뽑혔다. 34 여호수아가 아간에게 말했다. 내 아들아 네가 한 일을 내게 말하라. 아간이 대답했다. 내가 노략물 가운데에서 시날의 좋은 의복과 은 200세겔과 50세겔 무게의 금덩이를 보았습니다. 내가 그것들을 탐하여 훔쳤고 그것들이 모두 지금 장막 가운데 땅에 숨겨져 있습니다. 35 여호수아가 사람들을 보내니 그들이 가서 아간의 장막에서 그것들을 꺼내어 그들이 그것을 여호수아에게 가져왔다. 36 여호수아가 아간과 이 물건들과 그의 아들들과 딸들과 그의 모든 소유를 가지고 그들이 그것들을 아골 골짜기로 이끌고 갔다. 37 여호수아가 거기서 그것들을 불로 태우고 온 이스라엘 사람들이 아간을 돌로 쳤다. 그들이 그의 위에 돌 무더기를 쌓고 그가 그곳의 이름을 아골 골짜기라 불렀다. 주의 노가 그쳤다. 그 후에 여호수아가 성읍으로 와서 싸웠다.

이스라엘이 아이를 진멸함

38 주께서 여호수아에게 말씀하셨다. 두려워 말고 낙심하지 말아라. 내가 아이와 그것의 왕과 그 백성을 네 손에 넘겼다. 네가 여리고와 그 왕에게 행한 것처럼 그들에게 행하고 다만 그것의 노략물과 그

것의 가축은 너희를 위하여 전리품으로 취하라. 그 성읍 뒤에 복병을 두어라. 39 여호수아가 주의 말씀대로 행하여 그가 싸우는 자들 가운데 삼만 명의 용사들을 택하여 그가 그들을 보내어 그들이 성읍을 향하여 매복하였다. 40 그가 그들에게 명하여 말했다. 우리가 그들 앞에서 속임수로 도망하고 그들이 우리를 쫓는 것을 보면 너희는 매복에서 일어나 성읍을 점령하라. 그들이 그리 행하였다. 41 여호수아가 싸우자 그 성읍 사람들이 이스라엘을 향하여 나왔으나 그들이 그 성읍 뒤에 그들을 향하여 매복하고 있다는 것을 알지 못했다. 42 여호수아와 온 이스라엘 사람들이 그들 앞에서 지친 체하고 그들이 그들을 속여 광야 길로 도망하였다. 43 아이 사람들이 그 성읍 안에 있던 모든 백성을 모아 이스라엘 사람들을 뒤쫓았다. 그들이 나와서 성읍에서 멀리 떠났고 한 사람도 남지 않았다. 그들이 그 성읍을 열어 놓고 이스라엘 사람들을 추격하였다. 44 매복하고 있던 사람들이 그들의 장소에서 일어나 급히 그 성읍으로 가서 그것을 점령하고 불을 질렀다. 아이 사람들이 뒤를 돌아보니 그 성읍의 연기가 하늘로 올랐고 그들이 이 길이나 저 길로도 도망할 수가 없었다. 45 아이의 모든 사람들이 이스라엘 가운데에 있었는데 얼마는 이쪽에 있고 얼마는 저쪽에 있었다. 그들이 아이 사람들을 쳐서 그들 중 한 사람도 남지 않았다. 46 이스라엘 자손이 아이 왕 멜로쉬를 사로잡아 그들이 그를 여호수아 앞으로 끌고 왔다. 여호수아가 그를 나무에 달자 그가 죽었다. 47 이스라엘 자손이 그 성읍을 불태운 후 그 성읍으로 돌아가 그들이 그 안에 있던 모든 사람들을 칼날로 쳤다. 48 아이 사람들 중에 쓰러진 자들의 수가 남자와 여자 모두 만이천 명이었다. 그들이 주께서 여호수아에게 하신 말씀대로 그 성읍의 가축과 노략물을 취하였다. 49 요단 이편의 모든 왕들, 가나안의 모든 왕들이 이스라엘 자손이 여리고와 아이에게 행한 일을 듣고 그들이 이스라엘과 싸우려고 모였다.

기브온 주민이 이스라엘을 속여 화친함

50 기브온의 주민이 그들이 죽을까 하여 이스라엘 사람들과 싸우는 것을 크게 두려워하였다. 그들이 간교히 행하여 그들이 여호수아와 온 이스라엘에게 와서 그들에게 말했다. 우리는 먼 땅에서 왔으니 이제 우리와 조약을 맺읍시다. 51 기브온 주민이 이스라엘 자손을 속여 이스라엘 자손이 그들과 조약을 맺었다. 그들이 화친하고 회중의 지휘관들이 그들에게 맹세하였다. 그러나 그 후에 이스라엘 자손이 그들이 자기들의 이웃 나라 사람들이며 자기들 가운데 거하고 있다는 것을 알았다. 52 그러나 이스라엘 자손이 그들을 죽이지 않았으니 그들이 주로 그들에게 맹세했기 때문이다. 그들이 나무를 패는 자들과 물 긷는 자들이 되었다. 53 여호수아가 그들에게 말하였다. 너희는 어찌하여 나를 속여 이 일을 우리에게 행하였느냐? 그들이 그에게 대답하여 말했다. 당신의 종들이 당신들이 아모리 사람들의 모든 왕들에게 행한 일들을 들었고 우리가 우리의 목숨을 두려워하여 이 일을 행했습니다. 54 그 날에 여호수아가 그들을 나무를 패고 물을 긷는 자들로 삼고 그가 그들을 온 이스라엘 지파들의 종으로 분배했다.

기브온 전쟁

55 예루살렘 왕 아도니세덱이 이스라엘 자손이 여리고와 아이에 행한 모든 일을 듣자 그가 헤브론 왕 호함과 야르뭇 왕 비람과 라기스 왕 야비아와 에글론 왕 드빌에게 사람들을 보내어 말했다. 56 내게로 올라와 나를 도우라. 우리가 이스라엘 자손과 그들과 화친을 맺은 기브온 주민들을 치자. 57 그들이 모여 아모리 족속의 다섯 왕이 그들의

온 진영과 함께 올라왔는데 그 강한 자들의 수가 해변의 모래와 같이 많았다. 58 이 모든 왕들이 와서 기브온 앞에 진을 치고 그들이 기브온 주민들과 싸우기 시작하였다. 기브온의 모든 사람들이 여호수아에게 사람을 보내어 말했다. 속히 우리에게 올라와 우리를 도와주십시오. 아모리 사람들의 모든 왕들이 모여 우리와 싸우고 있습니다.

여호수아가 아모리의 다섯 왕들을 물리침

59 여호수아와 모든 싸우는 백성이 길갈에서 올라가 여호수아가 그들에게 급히 이르러 이 다섯 왕들을 크게 쳤다. 60 주께서 그들을 이스라엘 자손 앞에서 혼란스럽게 하여 이스라엘 자손이 기브온에서 그들을 크게 치고 그들을 벧호론으로 올라가는 길을 따라 추격하여 막게다까지 이르렀다. 그들이 이스라엘 자손 앞에서 도망하였다. 61 그들이 도망할 때에 주께서 그들 위로 하늘에서 우박을 내리셔서 그들 가운데 이스라엘 자손에 의하여 죽은 자들보다 우박으로 죽은 자들이 더 많았다. 62 이스라엘 자손이 그들을 쫓아 그들이 길에서 계속 가면서 그들을 쳤다. 63 이스라엘 자손이 그들을 칠 때에 날이 저녁으로 기울고 있었다. 여호수아가 온 백성들의 눈 앞에서 말하기를 태양아 너는 기브온 위에 머무르라 달아 너는 아얄론 골짜기에 머무르라 너희는 이 민족이 그 대적들에게 원수를 갚을 때까지 그리하라 하였다. 64 주께서 여호수아의 목소리를 들으셔서 태양이 하늘들의 가운데에 멈추었는데 그것이 서른여섯 때 동안 멈추었고 달도 멈추어 온종일 속히 내려가지 않았다. 65 주께서 사람의 목소리를 들으신 그와 같은 날은 전에도 없었고 후에도 없었으니 이는 주께서 이스라엘을 위하여 싸우셨기 때문이다.

89 가나안 정복

여호수아의 노래

1 주께서 아모리 사람들을 여호수아와 이스라엘 자손의 손에 넘겨주신 그 날에 여호수아가 이 노래를 온 이스라엘의 목전에서 말했다. 2 주여 주께서 놀라운 일들을 행하시고 주께서 큰 일들을 행하셨습니다. 누가 주와 같습니까? 내 입술이 주의 이름을 노래합니다. 3 나의 선하신 분이요 나의 요새요 나의 산성이요 내가 새 노래로 주를 찬양하며 감사함으로 내가 주를 찬양합니다. 주는 나의 구원의 힘이십니다. 4 땅의 모든 왕들이 주를 찬양할 것이고 세상의 고관들이 주를 노래할 것이며 이스라엘 자손이 주의 구원으로 기뻐할 것입니다. 그들이 주의 권능을 노래하고 찬양할 것입니다. 5 주여 우리가 주께 고백합니다. 우리가 말하기를 주는 우리 하나님이시니 이는 주께서 우리의 대적들에게 우리의 피난처이고 견고한 망대이기 때문입니다. 6 우리가 주께 부르짖고 수치를 당하지 않을 것이며 우리가 주를 신뢰하고 구원을 받을 것입니다. 우리가 주께 부르짖으면 주께서 우리의 목소리를 들으시고 우리의 생명을 칼에서 구원하십니다. 주께서 우리에게 주의 은혜를 베푸시고 주께서 우리에게 주의 구원을 주셨습니다. 주께서 주의 권능으로 우리의 마음을 기쁘게 하셨습니다. 7 주는 우리의 구원을 위하여 나아가시고 주의 팔로 주의 백성을 구속하십니다. 주께서

주의 거룩한 하늘들에서 우리에게 대답하시고 주께서 일만 백성에게서 우리를 구원하셨습니다. 8 태양과 달이 하늘에 머물렀고 주께서 진노하시며 우리의 압제자들에 맞서고 그들 위에 당신의 심판을 명하셨습니다. 9 땅의 모든 고관들이 일어나고 민족들의 왕들이 모였으나 그들이 주의 목전에서 움직이지 않았고 그들이 주의 전쟁을 원했습니다. 10 주께서 진노하시며 그들에 대하여 일어나사 주의 진노를 그들에게 내리시고 주께서 주의 진노로 그들을 멸하시고 주의 마음에서 그들을 끊으셨습니다. 11 주의 분노로 열방이 소멸되었고 주의 화로 나라들이 쇠하였으며 주의 진노의 날에 왕들이 쇠하였습니다. 12 주께서 그들 위에 주의 진노를 부으시고 주의 분노가 그들을 붙잡았습니다. 주께서 그들의 악을 그들에게 돌이키시고 그들의 사악함에서 그들을 끊어버리셨습니다. 13 그들이 올무를 놓고 그들이 그 안에 떨어지며 그들이 숨긴 그물에 그들의 발이 걸렸습니다. 14 주의 손이 주의 모든 원수들에 대하여 준비되었습니다. 그들이 말하기를 그들의 칼로 그들의 땅을 차지하였고 그들의 팔로 그들이 성읍에 거주한다 합니다. 주께서 그들의 얼굴을 수치로 가득하게 하시고 주께서 그들의 뿔을 꺾으셨습니다. 주께서 주의 진노로 그들을 두렵게 하시고 주의 분노로 그들을 멸하셨습니다. 15 땅이 진동하고 그들 위에 있는 주의 폭풍 소리로 떱니다. 주께서 그들의 혼을 죽음에서 보호하지 않으셨고 그들의 생명을 무덤으로 내려가게 하셨습니다. 16 주께서 주의 폭풍으로 그들을 쫓으셨으며 주께서 주의 회오리바람으로 그들을 소멸하였습니다. 주께서 그들의 비가 우박이 되게 하시고 그들이 깊은 구덩이에 빠져 그들이 일어날 수 없습니다. 17 그들의 시체가 길 가운데 던져진 쓰레기 같습니다. 18 그들이 주의 진노로 소멸되고 파괴되었으며 주께서 주의 권능으로 주의 백성을 구원하셨습니다. 19 그러므로 우리의 마음이 주로 인하여 즐거워하며 우리의 혼이 주의 구원을 높입니다. 20 우리의 혀가 주의 힘을 말하며 우리가 주의 놀라운 일들을 노래하고 찬양할 것입니다. 21 이는 주께서 우리의 원수들에게서 우리를 구원하셨고 주께서 우리를 대적하여 일어나는 자들에게서 우리를 구하셨기 때문입니다. 주께서 우리 앞에서 그들을 멸하시고 그들을 우리의 발 아래에 복종시키셨습니다. 22 주여 주의 모든 대적들이 죽을 것이며 악한 자들은 바람에 날리는 겨와 같을 것입니다. 주께서 사랑하시는 자는 물들 옆에 심겨진 나무들과 같을 것입니다.

여호수아가 아모리의 다섯 왕들을 죽임

23 여호수아와 온 이스라엘이 모든 왕들을 쳐서 그들 가운데 한 사람도 남은 자가 없게 한 후에 그들이 길갈의 진영으로 돌아왔다. 24 그 전쟁에서 다섯 왕이 걸어서 도망하여 그들이 한 굴에 숨었다. 여호수아가 전쟁에서 그들을 찾으려 하였으나 찾을 수 없었다. 25 그 후에 사람들이 여호수아에게 말하였다. 그 왕들을 찾았으니 그들이 한 동굴 안에 숨었습니다. 26 여호수아가 말하기를 사람들을 동굴 입구에 두어 그들을 지키고 그들이 도망하지 못하게 하여라 하자 이스라엘 자손이 그리하였다. 27 여호수아가 온 이스라엘을 부르고 전쟁의 지휘관들에게 말했다. 너희 발로 이 왕들의 목을 밟아라. 여호수아가 그들에게 말했다. 주께서 너희의 모든 대적에게 이와 같이 하실 것이다. 28 그 후에 여호수아가 명하여 그들이 왕들을 죽이고 그들을 동굴 안에 던지고 큰 돌들을 동굴 입구에 두게 하였다.

여호수아가 가나안 남쪽 땅을 정복함

29 그 후에 여호수아가 그 날에 그와 함께 있던 모든 백성과 함께

막게다로 가서 그가 그 성읍을 칼날로 쳤다. 30 그가 그 성읍에 속한 사람들과 모든 것을 진멸하였다. 그가 여리고에 행한 것처럼 그 성읍의 왕과 백성들에게 행하였다. 31 그가 거기서 립나로 나아가서 그가 그 성읍과 싸웠다. 주께서 그 성읍을 그의 손에 붙이셔서 여호수아가 그 성읍과 그 중의 모든 사람을 칼날로 치고 그가 여리고에 행한 것처럼 그 성읍과 왕에게 행하였다. 32 그가 거기서 라기스로 싸우러 나아갔다. 가사 왕 호람이 라기스 사람들을 돕기 위하여 올라오자 여호수아가 그와 그의 백성 중에 한 사람도 남은 자가 없을 때까지 그들을 쳤다. 33 여호수아가 라기스와 그 성읍의 모든 백성을 점령하고 그가 립나에 행한 것처럼 행하였다. 34 여호수아가 거기서 에글론으로 나아가 그가 그 성읍도 점령하고 그가 그 성읍과 그 중의 모든 백성을 칼날로 쳤다. 35 그가 거기서 헤브론으로 나아가서 싸워 그 성읍을 점령하고 진멸하였다. 그가 온 이스라엘과 함께 그곳에서 돌아와 드빌로 가서 그들과 싸우고 그 성읍을 칼날로 쳤다. 36 그가 그 안의 모든 사람을 멸하고 그가 한 사람도 남기지 않았다. 그가 여리고에 행한 것과 같이 그 성읍과 그 왕에게 행하였다. 37 여호수아가 가데스바네아에서 아사에 이르기까지 아모리 사람들의 모든 왕들을 치고 그가 그들의 나라를 단번에 빼앗았으니 이는 주께서 이스라엘을 위하여 싸우셨기 때문이다. 38 여호수아가 온 이스라엘과 함께 길갈 진영으로 돌아왔다.

여호수아가 가나안 북쪽 땅을 정복함

39 그 때에 하솔 왕 야빈이 여호수아가 아모리 사람들의 왕들에게 행한 일을 모두 듣고 야빈이 미디안 왕 요밧과 시므론 왕 라반과 악삽 왕 이발과 아모리 사람들의 모든 왕들에게 사람들을 보내어 말했다. 40 우리에게 급히 와서 우리를 도우라. 이스라엘 자손이 우리에게 와

서 그들이 아모리 사람들의 다른 왕들에게 행한 것과 같이 우리에게 행하기 전에 우리가 그들을 치게 하라. 41 이 모든 왕들이 하솔 왕 야빈의 말을 듣고 그들이 그들의 온 진영과 열일곱 왕들과 그들의 백성과 함께 나아갔는데 그들의 수가 해변의 모래와 같이 많았고 말들과 병거들이 셀 수 없이 많았다. 그들이 와서 메롬 물 가에 함께 진을 치고 그들이 이스라엘과 싸우기 위하여 모였다. 42 주께서 여호수아에게 말씀하셨다. 그들을 두려워하지 말라. 내일 이맘때에 내가 그들을 모두 넘겨 네 앞에서 몰살시키리니 너는 그들의 말 뒷발의 힘줄을 끊고 그들의 병거를 불사르라. 43 여호수아가 모든 싸우는 자들과 함께 갑자기 그들에게 임하여 그들을 치자 그들이 그들의 손에 쓰러졌으니 이는 주께서 그들을 이스라엘 자손의 손에 넘기셨기 때문이다. 44 이스라엘 자손이 이 모든 왕들과 그들의 진영을 추격하여 그들 중에 한 사람도 남지 않을 때까지 그들을 치고 여호수아가 주께서 그에게 말씀하신 대로 그들에게 행하였다. 45 그 때에 여호수아가 하솔로 돌아와 그곳을 칼로 치고 그 안의 모든 생명을 진멸하고 그곳을 불살랐다. 여호수아가 하솔에서 시므론으로 나아가 그곳을 치고 진멸하였다. 46 그가 거기서 악삽으로 나아가 그가 시므론에 행한 것처럼 그곳에 행하였다. 47 그가 거기서 아둘람으로 나아가 그가 그 안의 모든 사람들을 치고 그가 악삽과 시므론에 행한 것처럼 아둘람에 행하였다. 48 그가 거기서 그가 친 모든 왕들의 성읍으로 나아가 그가 그들 중에 남은 모든 백성을 치고 그가 그들을 진멸하였다. 49 이스라엘이 오직 그들의 노략물과 가축을 전리품으로 취하였으나 그들이 모든 사람을 치고 그들이 한 사람도 살려두지 않았다. 50 주께서 모세에게 행하신 대로 여호수아와 온 이스라엘이 행하였고 그들이 어느 것도 어기지 않았다. 51 여호수아와 온 이스라엘 자손이 주께서 그들에게 명하신 대로 가나안의 온 땅을 치고 그들의 모든 왕들을 쳤는데 그 왕들이 서른하나였다. 이스라엘 자손이 그들의 모든 지역을 점령하였다.

가나안 땅의 분배

52 요단 건너편 시혼과 옥의 나라 외에 모세가 많은 성읍들을 쳤는데 모세가 그 성읍들을 르우벤 지파와 갓 지파와 므낫세 반 지파에게 주었다. 53 여호수아가 요단 이편 서쪽에 있는 모든 왕들을 치고 그 성읍들을 이스라엘의 아홉 지파와 반 지파에게 기업으로 주었다. 54 여호수아가 5년 동안 이 왕들과 전쟁하여 그가 그들의 성읍을 이스라엘 사람들에게 주었고 그 땅이 온 아모리 사람들과 가나안 사람들의 성읍과의 전쟁에서 평온하게 되었다.

90 가나안 땅의 분배

에돔과 깃딤의 전쟁

1 이스라엘 자손이 요단을 건넌 지 5년에, 이스라엘 자손이 가나안 사람들과 전쟁에서 안식한 후에 그 때에 에돔과 깃딤 자손 사이에 크고 심한 전쟁이 일어나 깃딤 자손이 에돔과 싸웠다. 2 깃딤 왕 아비아누스가 다스린 지 31년 그 해에 그가 깃딤 자손 용사들의 큰 군대와 함께 나아가 그가 에돔 자손과 싸우러 세일로 갔다. 3 에돔 왕 하닷이 그의 소식을 듣고 그가 많은 백성과 강한 군대와 함께 그를 맞으러 나아가 에돔 평지에서 그와 싸웠다. 4 깃딤의 손이 에서 자손을 이겨 깃딤 자손이 에서 자손 이만이천 명을 쳤다. 에서의 모든 자손이 그들 앞에서 도망하였다. 5 깃딤 자손이 그들을 추격하여 그들이 에돔 왕 하닷에게 이르렀다. 그가 그들 앞에서 달려가고 있었으나 그들이 그를 사로잡아서 그를 깃딤 왕 아비아누스 앞으로 끌고 갔다. 6 아비아누스가 그를 죽이라 명하였다. 에돔 왕 하닷이 그가 다스린 지 48년에 죽었다. 7 깃딤 자손이 계속해서 에돔을 추격하였다. 그들이 에돔을 크게 쳐서 에돔이 깃딤 자손에게 복종하게 되었다. 8 깃딤 자손이 에돔을 다스렸고 에돔이 깃딤 자손의 수하에 있게 되어 그 날부터 한 나라가 되었다. 9 그 날 이후로 그들이 더 이상 그들의 머리를 들 수 없었고 그들의 나라가 깃딤 자손과 하나가 되었다. 10 아비아누스가 에돔

에 관리들을 두어 온 에돔 자손이 아비아누스에게 복종하고 그에게 조공을 바쳤다. 아비아누스가 그의 땅 깃딤으로 돌아갔다. 11 그가 돌아와서 그의 통치를 새롭게 하고 자기를 위하여 왕의 처소로 크고 견고한 왕궁을 짓고 그가 깃딤 자손과 에돔을 견고히 다스렸다.

요단 서편 땅의 분배

12 그 날들에 이스라엘 자손이 모든 가나안 사람들과 아모리 사람들을 몰아낸 후에 여호수아가 나이가 많아 늙었다. 13 주께서 여호수아에게 말씀하셨다. 너는 나이가 많아 늙고 차지해야 할 땅의 큰 부분이 남아 있다. 14 그러므로 이제 이 땅을 아홉 지파와 므낫세 반 지파에게 나누어 기업이 되게 하라. 여호수아가 일어나 주께서 그에게 말씀하신 대로 행하였다. 15 그가 온 땅을 이스라엘 지파에게 그들의 구분에 따라 기업으로 분배하였다. 16 그러나 레위 지파에게는 그가 기업을 주지 아니하였으니 주께서 모세의 손을 통해 그들에게 말씀하신 대로 주의 예물이 그들의 기업이었다. 17 주께서 모세를 통하여 말씀하신 대로 여호수아가 여분네의 아들 갈렙에게 그의 형제들 위에 한 몫을 더하여 헤브론 산을 주었다. 18 그러므로 헤브론이 오늘까지 갈렙과 그의 자손의 기업이 되었다. 19 여호수아가 주께서 그에게 명하신 대로 온 땅을 제비를 뽑아 온 이스라엘에게 기업으로 나누어 주었다. 20 이스라엘 자손이 주께서 모세에게 명하신 대로 행하여 그들이 자기들의 기업에서 레위 사람들에게 성읍들과 가축과 재산을 위한 목초지를 주었다. 그들이 크든 작든 땅을 제비 뽑아 나누었다. 21 그들이 가서 그들의 경계에 따라 땅을 기업으로 받았다. 이스라엘 자손이 그들 가운데 눈의 아들 여호수아에게 기업을 주었다. 22 그들이 주의 말씀을 따라 그가 요구한 성읍인 에브라임 산지의 딤낫세라를 그에게 주

어 그가 성읍을 짓고 그 안에 살았다. 23 제사장 엘르아살과 눈의 아들 여호수아와 지파들의 족장들이 실로에 있는 장막 문 주 앞에서 제비 뽑아 이스라엘 자손에게 나눈 기업이 이러하다. 그들이 땅 나누는 일을 마쳤다. 24 주께서 이스라엘의 조상들에게 맹세하시고 이스라엘 자손에게 말씀하신 것처럼 주께서 그들에게 땅을 주셔서 그들이 그것을 차지하였다. 25 주께서 이스라엘 사람들에게 그들 주위의 모든 대적들로부터 안식을 주셔서 그들과 맞서는 자가 없었고 주께서 그들의 모든 대적을 그들의 손에 넘겨주셨다. 주께서 이스라엘 자손에게 말씀하신 모든 선한 것이 하나도 이루어지지 않은 것이 없었고 주께서 모든 일을 이루셨다. 26 여호수아가 온 이스라엘 자손을 불러 그가 그들을 축복하고 그들에게 주를 섬기라 명하였다. 그 후에 그가 그들을 돌려보내 그들 각 사람이 자기 성읍으로 각 사람이 자기 기업으로 갔다. 27 이스라엘 자손이 여호수아의 모든 날들에 주를 섬겼고 주께서 그들 주변의 모든 것으로부터 안식을 주셔서 그들이 자기들의 성읍에서 평안히 살았다.

깃딤이 야완과 에돔을 굴복시킴

28 그 날들에 깃딤 왕 아비아누스가 그가 다스린 지 38년에, 그가 에돔을 다스린 지 7년에 죽었다. 그들이 그가 자기를 위하여 지은 그의 처소에 그를 장사하였다. 라티누스가 그를 대신하여 50년 동안 다스렸다. 29 그가 다스릴 때 그가 군대를 이끌고 가서 야완의 아들 엘리사의 자손인 브리타니아와 게나니아 주민들과 싸웠다. 그가 그들을 이겨 그들에게 조공을 바치게 했다. 30 그 후에 그가 에돔이 깃딤의 지배 아래에서 반역하였다는 것을 들었다. 라티누스가 그들에게 가서 그들을 쳐서 그들을 정복시키고 그들을 깃딤 자손의 수하에 두었다. 에돔

이 모든 날들 동안 깃딤 자손과 한 나라가 되었다. 31 여러 해 동안 에돔에는 왕이 없었고 깃딤 자손과 그들의 왕이 에돔 자손을 다스렸다.

여호수아의 마지막 말

32 이스라엘 자손이 요단을 건넌 지 26년, 이스라엘 자손이 이집트를 떠난지 66년에 여호수아가 나이가 많아 늙어 그 날들에 108세가 되었다. 33 주께서 온 이스라엘 사람들에게 그들 주위의 모든 대적들로부터 평안을 주신 후에 여호수아가 온 이스라엘과 그들의 장로들과 그들의 재판관들과 관리들을 불렀다. 여호수아가 이스라엘의 장로들과 그들의 사사들에게 말했다. 보라 나는 나이가 많아 늙었다. 너희는 주께서 모든 민족에게 행하신 일, 그들을 너희 앞에서 쫓아내신 일을 보았으니 이는 주께서 너희를 위하여 싸우셨기 때문이다. 34 그러므로 너희는 힘써 모세의 율법의 모든 말씀을 지켜 행하고 그것에서 우로나 좌로나 벗어나지 말며 이 땅에 남아 있는 그 민족들 가운데 가지 말라. 너희는 그들의 신들의 이름을 부르지 말라. 오직 너희가 이 날까지 행한 것처럼 너희 하나님 주께 붙어 있으라. 35 여호수아가 이스라엘 자손에게 크게 권하여 그들의 모든 날들에 주를 섬기도록 하였다. 36 그러자 온 이스라엘 사람들이 말하기를 우리가 우리의 모든 날들 동안 우리 주 하나님을 섬길 것이며 우리와 우리의 자손과 우리의 자손의 자손과 우리의 씨가 영원히 그리할 것입니다 하였다. 37 그 날에 여호수아가 백성과 언약을 맺고 그가 이스라엘 자손을 보내어 그들 각 사람이 자기 기업과 자기 성읍으로 갔다.

야곱의 아들들이 각각 자기 자손의 기업에 장사됨

38 그 날들에 이스라엘 자손이 그들의 성읍에 안전히 거주할 때에

그들이 이집트에서 메고 온 그들의 조상들의 지파의 관을 묻었는데 각 사람이 자기 자손의 기업에 묻혔다. 이스라엘 자손이 야곱의 열두 아들들도 장사하였는데 각 사람이 자기 자손의 기업에 묻혔다. 39 이스라엘 자손이 야곱의 열두 아들들을 메고 와서 그들을 장사한 성읍들의 이름은 이러하다. 40 르우벤과 갓은 모세가 그들의 자손에게 준 요단 이편 로미아에 장사되었다. 41 시므온과 레위는 그가 시므온의 자손에게 준 마우다 성읍에 장사되었는데 그 성읍의 목초지는 레위 자손의 것이었다. 42 유다는 베들레헴 맞은편 베냐민의 성읍에 장사되었다. 43 잇사갈과 스불론의 뼈는 그들의 자손에게 주어진 기업인 시돈에 장사되었다. 44 단은 그의 자손의 성읍인 에스다엘에 장사되었고 납달리와 아셀은 가데스납달리에 장사되었는데 각각 그가 그들의 자손에게 준 그들의 장소에 장사되었다. 45 요셉의 뼈는 야곱이 하몰에게서 사서 요셉의 기업이 된 세겜의 밭 일부에 장사되었다. 46 베냐민은 베냐민 자손에게 주어진 여부스 사람들 맞은편 예루살렘에 장사되었다. 이스라엘 자손이 그들의 조상들을 각각 그들의 자손의 성읍에 장사하였다.

여호수아가 죽음

47 2년이 지나서 눈의 아들 여호수아가 110세일 때에, 그가 이스라엘을 재판한 지 28년에 그가 죽었다. 이스라엘이 그가 살아 있는 모든 날들 동안 주를 섬겼다. 48 여호수아의 다른 사적과 그의 전쟁과 그가 이스라엘을 훈계한 것과 그가 그들에게 명령한 모든 것과 이스라엘 자손이 그의 날들에 차지한 성읍들의 이름이 여호수아가 이스라엘 자손에게 한 말들을 기록한 책과 모세와 여호수아와 이스라엘 자손이 기록한 주의 전쟁기에 기록되었다. 49 이스라엘 자손이 여호수아를 그가

에브라임 산지에서 받은 그의 기업의 경계에 있는 딤낫세라에 장사하였다. 50 그 날들에 아론의 아들 엘르아살이 죽으니 그들이 그를 그의 아들 비느하스가 에브라임 산지에서 받은 작은 산에 장사하였다.

91 장로들의 다스림

이스라엘이 가나안 사람들을 쫓아냄

1 그 때에 여호수아가 죽은 후에 가나안 사람들의 자손이 여전히 그 땅에 있었고 이스라엘 사람들이 그들을 쫓아내기로 결심하였다. 2 이스라엘 자손이 주께 여쭈어 말했다. 누가 우리를 위하여 먼저 가나안 사람들에게 올라가서 그들과 싸우겠습니까? 주께서 말씀하시기를 유다가 올라가라 하셨다. 3 유다 자손이 시므온에게 말했다. 우리가 제비 뽑아 얻은 땅에 우리와 함께 올라가서 우리가 가나안 사람들과 싸우자. 너희가 제비 뽑아 얻은 땅에도 우리가 함께 올라갈 것이다. 그래서 시므온 자손이 유다 자손과 함께 갔다. 4 유다 자손이 올라가 가나안 사람들과 싸우니 주께서 가나안 사람들을 유다 자손의 손에 넘기셔서 그들이 베섹에서 만 명을 죽였다. 5 그들이 베섹에서 아도니베섹과 싸우자 그가 그들 앞에서 도망하였다. 그들이 그를 추격하여 그를 붙잡았다. 그들이 그를 잡고 그의 엄지손가락과 엄지발가락을 잘랐다. 6 아도니베섹이 말하기를 70명의 왕들이 그들의 엄지손가락과 엄지발가락이 잘리고 내 상 아래에서 그들의 고기를 줍더니 내가 행한 대로 하나님이 내게 갚으셨다. 그들이 그를 예루살렘으로 끌고 가니 그가 그곳에서 죽었다. 7 시므온 자손이 유다 자손과 함께 가서 그들이 가나안 사람들을 칼날로 죽였다. 8 주께서 유다 자손과 함께 하셔

서 그들이 그 산을 차지하였다. 요셉 자손이 벧엘로 올라갔는데 그곳은 루스였다. 주께서 그들과 함께 하셨다. 9 요셉 자손이 벧엘을 정탐하였는데 정탐꾼들이 한 사람이 그 성읍에서 나가는 것을 보았다. 그들이 그를 붙잡고 그에게 말했다. 우리에게 이 성읍의 입구를 보여라. 그러면 우리가 너에게 자비를 보일 것이다. 10 그 사람이 그들에게 그 성읍의 입구를 보이자 요셉 자손이 와서 그 성읍을 칼날로 쳤다. 11 그들이 그 사람과 그의 가족을 보내자 그가 헷 사람들에게 가서 그가 그곳에 성읍을 건축하고 그가 그것의 이름을 루스라 하였다. 온 이스라엘 사람들이 자기들의 성읍에 살았다. 이스라엘 자손이 여호수아의 모든 날들과 장로들의 모든 날들에 주를 섬겼다. 그 장로들은 여호수아 뒤에 그들의 날들을 길게 하였고 주께서 이스라엘을 위하여 행하신 주의 큰 일을 본 자들이었다.

장로들이 이스라엘을 다스림

12 여호수아가 죽은 후에 장로들이 이스라엘을 17년 동안 다스렸다. 13 모든 장로들도 가나안 사람들에 맞서 이스라엘의 싸움을 싸웠다. 주께서 가나안 사람들을 이스라엘 자손 앞에서 쫓아내셨으니 이는 이스라엘 사람들을 그들의 땅에 두시려는 것이었다. 14 주께서 아브라함과 이삭과 야곱에게 하신 말씀과 그들에게 맹세하신 언약을 모두 이루셨으니 이는 그들과 그들의 자손에게 가나안 사람들의 땅을 주시려는 것이었다. 15 주께서 이스라엘의 조상들에게 맹세하신 대로 이스라엘 자손에게 가나안 온 땅을 주시고 주께서 그들의 주위에 있는 자들로부터 안식을 주셔서 이스라엘 자손이 그들의 성읍에서 평안히 거주하였다. 16 주를 영원히 찬송하리라. 아멘 아멘. 17 너희는 강하고 주를 믿는 너희 모두의 마음을 담대히 하라.